探寻与阐释
中国革命中的几个问题

罗平汉——— 著

生活·讀書·新知 三联书店

Copyright © 2022 by SDX Joint Publishing Company.
All Rights Reserved.

本作品版权由生活・读书・新知三联书店所有。
未经许可，不得翻印。

图书在版编目（CIP）数据

探寻与阐释：中国革命中的几个问题／罗平汉著.—北京：
生活・读书・新知三联书店，2022.2
ISBN 978－7－108－07332－7

Ⅰ.①探… Ⅱ.①罗… Ⅲ.①中国共产党－党史－研究
Ⅳ.① D23

中国版本图书馆 CIP 数据核字（2021）第 243633 号

责任编辑	唐明星　柯琳芳	
装帧设计	罗　洪	
责任印制	宋　家	
出版发行	生活・讀書・新知三联书店	
	（北京市东城区美术馆东街 22 号 100010）	
网　址	www.sdxjpc.com	
经　销	新华书店	
印　刷	河北松源印刷有限公司	
版　次	2022 年 2 月北京第 1 版	
	2022 年 2 月北京第 1 次印刷	
开　本	635 毫米 × 965 毫米　1/16　印张 17.5	
字　数	195 千字	
印　数	00,001-10,000 册	
定　价	59.00 元	

（印装查询：01064002715；邮购查询：01084010542）

目 录

中央苏区第五次反"围剿"为何失败　1
　一、蒋介石"围剿"战略与战术的转变　1
　二、军事战略与战术的严重错误　19
　三、对福建事变处理失当致使良机错失　38
　四、根据地内部的"左"倾政策严重影响红军战斗力　49

全民族抗日战争前期中共组织的发展与巩固　64
　一、"十百倍的发展党员"　64
　二、中共组织的大发展　71
　三、中共中央政治局关于巩固党的决议　79
　四、各地中共组织的整顿　85

全民族抗日战争时期中共的经济政策与经费来源　94
　一、制定切合实际的经济政策　94
　二、全民族抗战前期中共的经费来源　110
　三、精兵简政与大生产运动　121

延安整风是如何发动的　135
　一、整风运动的动因　135
　二、整风运动的准备　151
　三、九月政治局会议与延安整风的启动　165

"五四指示"后陕甘宁边区的土地征购　203

  一、陕甘宁边区开展土地征购的背景 203

  二、陕甘宁边区的土地征购条例 211

  三、陕甘宁边区土地征购的试点 218

  四、土地征购的中止 225

老解放区土地改革运动的几个问题 234

  一、从为地主"平反"说起 234

  二、地主、富农的界定 239

  三、旧中国土地是集中还是分散 246

  四、由减租减息转变为土地改革之因 255

  五、老解放区土改之意义 264

  六、余 论 274

中央苏区第五次反"围剿"为何失败

从 1930 年底至 1934 年 10 月,蒋介石指挥国民党军对中央苏区先后发动了五次大规模的"围剿"战争,参加"围剿"的兵力逐次增加,从第一次"围剿"时的 10 万人增加到第五次"围剿"时的 50 万人。前四次"围剿"均被红军打破,并且到第四次反"围剿"胜利时,中央苏区进入鼎盛阶段,1933 年秋,全中央苏区总人口达 453 万,红军 13 万人,面积共约 8.4 万平方公里。然而,1933 年 9 月开始的中央苏区第五次反"围剿"历时一年,却未能取得成功,最后只得放弃中央苏区,中共中央和中央红军不得不进行战略转移,即史上有名的长征。第五次反"围剿"时,中共处于"左"倾教条主义错误统治时期,在中央苏区推行一整套"左"倾政策,不论战略还是战术都严重脱离实际,加之国共两党力量(包括兵力和物质资源)对比悬殊,蒋介石又汲取了以往"围剿"的失败教训且改变了战略战术,由此造成了第五次反"围剿"的失败。

一、蒋介石"围剿"战略与战术的转变

1. 用政治与军事两手展开"围剿"

由于此前连续四次对中央苏区进行的"围剿"战争无一成

功，蒋介石在懊恼的同时也开始反思失败的原因。1933年4月，第四次"围剿"战争刚刚结束，蒋介石就在南昌布置对中央苏区的第五次"围剿"。他这年4月23日在南昌讲武堂扩大纪念周发表演讲时说："我们现在要同赤匪斗争，不是在武器，不是在人数，不是在一切有形的力量，而要注重和他们斗争的精神方面的质素，其中第一件东西，就是纪律，所以土匪的纪律好，我们的纪律比他还要好！一定要做到这样我们才可以以一当百，以百当千，才可以战胜土匪消灭土匪！"又说："现在一切斗争的力量，都是由组织而来，一切斗争的胜败，也都看双方组织的能力如何来决定，赤匪党和匪军以及匪区民众，都有比较严密的组织，这一点我们不及他，所以用这么多军队剿了许多日子还不能剿灭他。今后要剿清他，一定先要能发挥我们组织的力量，要使我们的组织比赤匪严密普遍而完善，然后才可战胜并剿清他！"[1]

4月25日，蒋介石在南昌科学馆又对国民党军各将领与参谋人员说："我们现在和土匪打仗，最要紧的，第一是组织，就是军队的编制和民众的组织。第二是训练，第三是宣传，就是宣传主义，来鼓励军民的精神。第四是纪律，就是使官兵用命，不怕死，不扰民。第五是战术，就是如何运用原则，因地制宜，相机应变，知彼知己，取长补短，夺得最后的胜利。大概土匪在这几点，还要比我们长。"他还具体对上述几个方面国共的短长作了分析。蒋介石承认，共产党政治的组织和民众的组织，都很严

---

[1]《剿匪要从精神、组织与纪律来奋斗》(1933年4月24日)，秦孝仪主编：《蒋介石思想言论总集》卷十一，中国国民党中央委员会党史委员会1984年编印（以下引自该书者略去编印者），第26页。

密,"尤其是民众的组织,我们最不及他",强调今后"最应努力的,就是民众的组织"[1]。

蒋介石看到了宣传工作的重要性,认为"这是非常紧要的一种精神上的战争,也就是战斗精神之所由生",而共产党的宣传"实胜过"国民党。虽然国民党也做了宣传工作,"但是太空洞,实效太少,士兵对于主义,谈不上什么信仰,因此战斗的精神强不起来,而民众也往往对于军队没有好感,所以我们历年的剿匪,往往要遭无谓的伤亡,受无谓的损失。所以对于宣传上缺点的补救,真是刻不容缓"[2]。而且在军纪方面,红军"因为监督的方法很严,除有计划的暴动以外,无论官兵,纪律也很好,所以在战场上能勇敢作战,而对于匪区一般民众,还不致十分骚扰",而国民党军"则对于民众以国家的军队自骄,往往有侵扰的事,且作战也常常不肯牺牲而有趑趄不前的现象,这因为监督的方法不如土匪来得严,而各种赏罚令或因事实的障碍,或为繁琐不切实用,多半未能实行"[3]。

蒋介石知道,国民党军"围剿"红军失败,除了战略战术的问题外,与其军队士气低下亦不无关系。他说:"至于打败赤匪,本来是没有多大的问题,不过能不能根本消灭他们,这就要看我们本身,尤其是江西各地方的民众,以及地方政府和本党同志,有没有与赤匪作殊死战的决心。""只要我们能实事求是,不苟且,不偷安,不存着得过且过的心理,来'实干',赤匪一定容

---

[1]《剿匪基本工作之研究》(1933年4月25日),《蒋介石思想言论总集》卷十一,第37页。
[2]同上书,第44页。
[3]同上书,第45页。

易消灭。"蒋介石又说:"关于剿赤的工作,决不是兵力多少的问题,因为我们的兵力一向要比赤匪大几倍,最大问题全在心理作用。""剿匪的工作,不是单靠军队可以成功,必须要靠决心和精神,尤要先来攻自己的心,才能攻破敌人的心,才可以拿我们的精神,得到真正的胜利。"[1]

由于意识到在反共战争中政治问题远比军事问题重要,因此,在发动对中央苏区的第五次"围剿"过程中,蒋介石的基本政策就是人们所熟悉的"三分军事,七分政治"。这个口号本是政学系分子杨永泰提出的,被蒋介石所采纳,他在发动对中央苏区的第四次"围剿"时,就提出要以"三分军事,七分政治"为方针,一面用军事力量进攻红军,一面用政治手段摧毁苏区。这一方针在第五次"围剿"中得到了充分运用。

何谓"三分军事,七分政治"?用蒋介石自己的话说:"就是我们一方面要发挥军事的力量,来摧毁土匪的武力,一方面更要加倍地运用种种方法,消极地来摧毁所有的组织,及在民众中的一切潜势力,尤其是匪化的心理,更应设法更变,故须积极地组织并武装民众,以树立我们在民众中实质的基础,尤其是要教化一般民众,使能倾向我们的主义,以巩固我们在民众中精神的壁垒。"[2]

1933年6月,蒋介石在一次军事会议上,专门对"七分政治"中的"政治"作了具体阐释:第一,推进政治工作,要有一个中

---

[1]《剿匪要实干》(1933年1月30日),《蒋介石思想言论总集》卷十一,第2、3、4、5页。

[2]《推进剿匪区域政治工作的要点》(1933年6月12日),《蒋介石思想言论总集》卷十一,第234页。

心的目标。就是要使军队所到的地方,其政治、社会、教育,甚至产业,统统要军事化。第二,要推进"匪区"的政治工作,党政军一定要整个相辅为用,通力合作,一切工作尤其要集中,党政军一定要有个统一的机关。第三,就是在"剿匪"区域的党部一定要秘密化。以后在"匪区"所有的党部,都要秘密工作。第四,加强对"匪区"的宣传,"利用一般投诚的匪共官兵来宣传,效力或者格外要大"。第五,办理保甲和民团,用民众的力量"剿共","以后办铲共义勇队、壮丁队,或其他地方团队,也一定要自己军队里派人来监督指导",军队一方面要切实负起监督辅导的责任,一方面要供给枪弹。第六,注意发展"匪区"的教育,"在经过赤匪蹂躏的区域,最紧要只有两件事:一件就是经济的复兴,一件就是教育的发展;前者是要安定人民的生活,以救活他们的身体,后者是要感化人民的心理,并增加其紧要的常识,以救转他们的精神"[1]。

在实际的操作中,"七分政治"的政治还包括"复兴农村经济",颁布《处理匪区土地、地租、田赋、债务办法》,规定1933年以前的地租可以蠲免,债务可以缓还,地主不得夺佃,以使佃农有田可耕;设立农村合作指导员,指导农民参加合作社;颁布《农产品流通中减免税收和运费办法》,规定种子、农具免税,运输免费,以降低农产品运销成本;将各种苛捐杂税合并到田赋一项之中,推行"一税制",试图减轻农民负担,等等。同时,由军队党部人员会同县长,负责采办民食、办理平粜、发放医药、

---

[1]《推进剿匪区域政治工作的要点》(1933年6月12日),《蒋介石思想言论总集》卷十一,第234—237页。

招抚流亡、实施救济、组织"感化"等,以"转化民众心理"。

此外,国民党政府还颁布《剿匪区内招抚投诚赤匪暂行办法》《胁从与自新分子办法纲要》《投诚归来官兵立功奖励办法》等,如规定凡来归者按立功大小,给予数十元至数千元不等的资金。1933年7月,南昌行营通令各路军总部和各级地方政府:"对投诚来归士兵,其未经受伤者,妥为招待;对已受伤者,由前方医院收容,善予治疗。"并要求各路军总部速设"投诚"招待所,专办此事。1933年底,蒋介石亲拟了《欢迎投诚告红军官兵书》,在其文告中第一次不称红军为"共匪"。1934年初,他还亲拟了欢迎投诚标语五条:(一)"自新民众一律保护";(二)"投诚来归者生命有保障";(三)"投诚来归者生活有保障";(四)"投诚来归者不咎既往";(五)"投诚来归者格外优待"。此外,还千方百计实施所谓"感化"。在南昌行营设"感化院"一座,对被俘人员予以集中训练;由各师党部会同县政府、区公所办理"自新自首",设立"感化院"、临时战地"投诚"俘虏收容所及"感化班"、劳动团,以推行心理瓦解战术等。[1] 1934年春,蒋介石还发起了所谓"新生活运动","号召以礼义廉耻表现于衣食住行,借以振奋道德,鼓励风气"[2]。

应当说,蒋介石在对中央苏区的第五次"围剿"战争中,"七分政治"还是起到了一定作用的。例如,根据蒋介石办理保甲

---

[1] 参见熊尚厚:《对蒋介石第五次"围剿"中央苏区的准备之考察》,《民国档案》1992年第1期;陈贻琛:《五次"围剿"中的"七分政治三分军事"见闻》,见政协江西省委员会文史资料研究委员会编:《江西文史资料选辑》第14辑,1984年。
[2] 王健民:《中国共产党史》(第二篇·江西时期),(台北)汉京文化事业有限公司1988年版,第595页。

和保安团队的要求，江西是当时全国第一个实行保甲制度的省份。到1934年上半年，江西已在67个县及凤岗、藤田两个特别区建立了保甲制度，内有保联办公处2022个，保21905个，甲219882个，居民2351963户11673185人，从而严密了国民党对乡村的统治。同时，全省各县成立了保安团63个，下辖268个中队，12个直属分队，并编组了大量的"铲共义勇队"、守望队、童子军等半脱产的准军事武装。到1934年，江西全省这类武装人员达220万人，拥有枪支1万余，土枪土炮近10万件，大刀长矛175万余柄。这些地方武装和准军事组织在协助国民党正规军"围剿"中央苏区中"成绩颇著"[1]。

2. 鼓吹"攘外必先安内"以鼓士气

1931年9月，蒋介石对中央苏区的第三次"围剿"刚刚失败，日本就在沈阳发动了九一八事变，在四个月的时间侵占了东北三省。在蒋介石对中央苏区进行第四次"围剿"的过程中，日军于1933年1月1日进犯山海关。2月下旬，日军集中两个师团又一个旅团向热河发动进攻，并于3月4日占领热河省会承德，随即抵达长城各口。驻在长城内外的中国守军，在全国人民抗日热潮的推动下奋起抵抗，是为著名的"长城抗战"。"长城抗战"前后，国民党军"围剿"中央苏区的部队，在黄陂和草台冈两战被红军歼灭三个师，蒋介石自己称之为"此次挫失，惨凄异常，实有生以来唯一之隐痛"。在这种情况下，不得不结束对中央苏区的此次"围剿"。

台湾地区有学者在检讨蒋介石第四次"围剿"失败原因时，曾有这样的分析："第四次围剿时，较之前三次围剿，情势有显著不

---

[1] 何友良：《江西通史》第11卷，江西人民出版社2008年版，第242—244页。

同。在国军方面：第一，当国军开始围剿之初，二十二年一月（即1933年1月——引者注），日军在我东北，陷锦州，攻热河，三月，陷承德，四省全陷，长城各口发生战争。日军旋越长城，薄平津，华北形势严重。国军以大部兵力从事御侮，自不能一意剿共。第二，国军之抗日者赢得国人声援，而剿共军则被忽视，中共及其同路人且从而非议中伤之，又发动学生请愿示威，要求停止'内战'，一致对外，自不免影响剿共士气。第三，政府兼筹安内攘外，左支右绌，顾此失彼。"[1]这固然不是蒋介石第四次"围剿"失败的全部原因，但至少说明当时国民党军队中，普遍存在不愿与红军打内战，而希望在国防前线抗日的情况。

在全国人民强烈要求停止内战坚决抗日的形势下，蒋介石竟不惜向日本侵略者妥协退让。1933年5月31日，中日双方签订《塘沽协定》。协定规定：（一）中国军队撤至延庆、昌平、通州等一线以西、以南地区，不能越线前进；（二）日军为确认第一款的实行情况，随时可以用飞机或其他方法视察，中方应予以保护，并提供各种便利；（三）日军在确认中方已遵守第一款时，自动撤归长城线；（四）长城线以南及第一款所示之线以北以东地域的治安维持，由中国警察机关负责，上述警察机关不可用刺激日本军感情的武力团体。这个协定实际默认了日本对东三省和热河的占领，使中国主权进一步丧失，但它换取了华北形势的暂时稳定。《塘沽协定》签订之后，由于日本得到了它暂时想要的东西，并且消化协定中取得的既得利益需要一定的时间，加之它

---

[1] 王健民：《中国共产党史》（第二篇·江西时期），（台北）汉京文化事业有限公司1988年版，第591页。

没有做好向中国发动全面进攻的准备，所以此后一段时间中日暂停了在长城一线的武装对抗，这在一定程度上为蒋介石发动对中央苏区的新一轮"围剿"减少了后顾之忧。

当时，国民党官兵普遍不愿与红军打内战，而是愿意到长城一线抗日，陈诚、罗卓英等许多在"剿共"前线的国民党将领，均曾向蒋介石提出要率部北上抗日。为了稳定军心，使国民党官兵为其"剿共"效力，蒋介石乃喋喋不休地大肆宣传他的"攘外必先安内"理论。

"攘外必先安内"口号中的"安内"，原本是为解决国民党内部的派系之争而提出的。经过1930年的中原大战，当时敢于同蒋介石唱对台戏的几个主要的地方实力派遭受重大打击，到1931年夏他重提这一口号时，"安内"的目标就主要针对中共领导的武装力量和广东地方实力派（此时因他扣押胡汉民而引发宁粤之争，双方几达兵戎相见的地步）。九一八事变后，在中日民族矛盾日益尖锐的背景下，面对国内各阶层民众强烈的抗日要求，蒋介石本没有理由不对日作战抗击外侮，但由于对各革命根据地的三次"围剿"连续失败，第四次"围剿"中虽然中共丧失了鄂豫皖和洪湖两个重要的苏区，但这两个地区的红军并没有被消灭，前者转移到了川陕交界处重建了苏区，后者仍坚持在湘鄂西地区活动，而对中央苏区的"围剿"非但没有成功，反而使苏区的面积、人口和红军数量都得到扩大，这使蒋介石感到"剿共"的艰巨性要远大于对付地方实力派。在他看来，共产党的问题不解决就无法"攘外"，于是在准备对中央苏区发动第五次大规模"围剿"之时，为了驱使国民党官兵为其打内战卖力，他不厌其烦地向各级将领灌输"攘外必先安内"的思想，并且牵强附会地宣称日本之所以侵略中国，完全是中共在内部"扰乱"的结果，不先"安内"就无法"攘外"。

蒋介石是这样解释为何"攘外必先安内"的。他说："日寇敢来侵略我们的土地，甚至公然要来灭亡我们整个国家，就是因为我们国内有土匪扰乱，不能统一。帝国主义一向是幸灾乐祸兼弱攻昧取乱侮亡的，所以我们由内乱而招致外侮，是必然的；反转来说，只要能够正本清源，先将这个心腹之患彻底消除，那末外面的皮肤小病，一定不成问题，现在剿匪就是要来治疗心腹之患。只要剿匪成功，攘外就有把握。再就我们主观的战略来看，现在我们国内没有安定统一，并且有土匪拼命的捣乱，若是在这种情形之下，再谋攘外，那我们就是处于腹背受敌内外夹攻的境地了。"[1]

蒋介石又说："自九一八以后，日本既占东北，又攻上海，取热河，情势一天天更加严重；同时在江西的土匪，也就在这个严重情势之下，借日本帝国主义炮火间接的掩护，竟得休养生息的机会，运用其近战防守的狡谋。我们如从事实牵连的关系来说，日本的侵略，就是土匪所招致的。所以我们要抵抗日本，就先要消灭这个祸根的土匪。"因此，国民党在"当前的责任，第一个乃是剿匪来安内，第二个才是抗日来攘外。要晓得剿匪的工作，实是抗日的前提，要抗日就先要剿匪，能剿匪就一定能够抗日"[2]。

蒋介石"攘外必先安内"的理论虽然很牵强，但他对"剿共"

---

[1] 蒋介石：《革命军的责任是安内攘外》（1933年5月8日），《蒋介石思想言论总集》卷十一，第66—67页。

[2] 同上书，第67—68页。

与抗日之间关系的辩解,客观上对其内部统一思想还是起到了一定作用的。蒋介石对这个政策的阐述,使国民党内部及相当多的民众感到,要抗日必须反共,故而在一定程度上安抚了一部分要求出兵抗日将领的情绪。

3. 吸取以往教训采取步步为营之策

蒋介石以往对中央苏区的"围剿",虽然时间长短不一,但就其初衷而言,都想迅速地消灭红军主力,一鼓作气解决问题。但是,红军鉴于敌强我弱的态势,很少与之进行正面防御作战的硬拼,而是采取诱敌深入等策,先避其锋芒,然后选择有利地形,集中优势兵力予国民党军以重大打击,使其不得不暂停对根据地的"围剿"。

在准备和发动对中央苏区的第五次"围剿"时,蒋介石不断对以往失败的教训进行总结,并改进战略战术。他说:"我们过去剿匪失败,每次都是因为受到土匪的暗算,败于他们小小的一点诡计,并不是拿实力,和他正式的用正正之旗,堂堂之鼓,决战而失败的。""过去的失败,有时土匪以静制动,有时土匪以逸待劳,他总是以迂为直,攻我不备,避实击虚,蹈瑕抵隙,他只要晓得我们哪一点力量单弱,哪一处防备不周,不管有几远距离,也不管是如何艰险的道路,就是集结主力来突破一点,或先派小的部队钻进来到处扰乱我们,以牵制我们主力作战,这就是他们的智谋,而'超巅越绝,不畏险阻,耐饥忍渴,不避艰难'就是土匪惟一的惯伎。"[1]

---

[1] 蒋介石:《剿匪最重要的技能是什么》(1933年8月22日),《蒋介石思想言论总集》卷十一,第426页。

在前几次"围剿"中，国民党军由于长驱直入和个别部队孤军冒进，结果屡遭红军伏击，使其"围剿"只得以失败告终。为此，蒋介石在发动第五次"围剿"时，一再告诫其将领："在匪区行军一定不能太快，同时，又因为我们在匪区行军有时间的限制，一定要赶早宿营，所以我们每天行军的路程，不能太远，我现在规定下来，以后在匪区行军，每日以三十里至四十里为原则，比方一师人行三十里，每团平均约行七里至十五里，当然一切联络搜索警戒可以确实而周密，不致再中土匪的埋伏，受到突来的袭击。"他还要求部队在进入根据地后行军时，必须是下午二时以前全部到达预定的宿营地点，迅即集结宿营，二时以后，不得继续行军，因为"土匪来袭击我们，差不多每次都是下午，尤其是下午六点钟以后"，而下午二时后停止行军，就有时间尽快侦察地形，构筑工事，做好抵抗准备。他认为"这是稳扎稳打一个要诀"[1]。

蒋介石认识到，要消灭红军和摧毁苏区，靠以往速战速决的方式不解决问题，必须采取"战略攻势、战术守势"，做到稳打稳扎，步步为营，节节推进。执行这一作战方针的最关键步骤就是"以拙制巧"，广筑碉堡与封锁线，即著名的堡垒政策。

堡垒政策是国民党将领柳维垣、戴岳最初提出的，蒋介石经过权衡后，认为是一个"以拙制巧"的办法，决定予以采纳。蒋介石说："土匪用种种巧妙的方法来骚扰我们，我们只有先集结兵力，坚筑工事，用一个呆笨方法自己固守起来！以后再找好的

---

[1]《为闽变对讨逆军训话——说明讨逆剿匪致胜的要诀》(1933年12月10日)，《蒋介石思想言论总集》卷十一，第633页。

机会来消灭他！土匪用声东击西，摇旗呐喊，以及种种虚声恫吓装模作样的巧妙方法来骚扰我们耳目，打击我们的精神，从而讨取便宜，我们只有一概不管，自己实实在在准备自己的实力，强固自己的工事，拿我们一切实在的东西，来对付土匪一切虚伪的花样，这就是所谓'以拙制巧，以实击虚'，亦即所谓以静制动的办法。"[1]

当时红军的武器装备很差，用蒋介石的话说："不仅是没有高射炮、大炮、飞机、坦克车这一些东西，连得弹药、粮秣、被服，也一概没有办法补充"，枪支弹药等作战物资相当程度上靠战场缴获。然而，"土匪既是物质缺乏，没有后方的接济，不能持久作战，为什么我们剿了这许多时候还不能剿清呢？在物质方面讲起来，最明显、最痛心的一个原因，就是土匪没有后方，而我们一班不争气的军队要做他的后方！要失败去接济他一切的物质，将土匪救活！"[2]蒋介石认为，要是断绝红军武器装备的来源，"最稳实而不费牺牲的方法，就是勤筑工事，坚壁清野"。只要军队把防御工事做好，督促指导并帮助一般老百姓修筑碉堡，设寨围墙，共同坚壁清野，就不会有"一弹一粟落于敌人之手"，如此一来，"土匪一定没有办法进来，匪既攻我们不下，后面又无丝毫的接济，结果一定非溃败不可！"[3]

从1933年6月起，蒋介石就下令各部队构筑碉堡，要求以

---

[1] 蒋介石：《主动的精义与方法》(1933年9月17日)，《蒋介石思想言论总集》卷十一，第544—545页。
[2] 蒋介石：《军人精神教育之精义（一）》(1933年9月12日)，《蒋介石思想言论总集》卷十一，第504—505页。
[3] 同上书，第506—507页。

班碉为基础,三个班碉组成一个排碉群,每一碉群的间隔不超过二华里,碉群之间组成互为应援的火力网,同时修筑连接碉群的公路。蒋介石将中央苏区及邻近地区划分为八个筑碉区,又将抚河、赣江地域划分为七个碉堡群区。据统计,1933 年 10 月前全江西共有碉堡 1157 座,1934 年 2 月增加到 6053 座。到 1934年 10 月中央红军长征时,更是多达 14294 座。[1]

中央苏区在第四次反"围剿"结束后,虽然疆域、人口都有一定的增长,但苏区原本属于经济落后地区,由于长期的战争,物资消耗很大,而且苏区处在国民党统治区的四面包围之中,许多重要的物资如食盐、药品、布匹等不能自产或产量很少,需要从国民党统治区输入。在蒋介石看来:"匪区数年以来,农村受长期之扰乱,人民无喘息之余地,实已十室九空,倘再予以严密封锁,使其交通物资,两相断绝,则内无生产,外无接济,既不得活动,又不能鼠窜,困守一隅,束手待毙。"[2] 蒋介石又说:"我们现在要致土匪的死命,最有效的方法,就是严密封锁,简单地讲就是要做到'使敌无粒米勺水之接济,无蚍蜉蚊蚁之通报'。现在我们有所谓封锁地带,其中堡垒星罗,巡探密布,就是要断绝匪区一切交通,使粮秣食盐等一切经济资源不得丝毫进到匪区。"蒋介石严厉要求各地各部队"要按照一切封锁的办法,严密实施","如果哪一个官兵,有放纵或偷运食盐接济土匪,或

---

[1] 中国工农红军第一方面军史编审委员会:《中国工农红军第一方面军史》,解放军出版社 1993 年版,第 397 页。

[2] 国民政府军事委员会南昌行营:《处理匪区省份政治工作报告》(下),南昌行营 1934 年印行,第 1—2 页。转引自杨奎松:《中国近代通史》第八卷,江苏人民出版社 2007 年版,第 366 页。

是有哪个老百姓奸商和土匪勾通卖东西给土匪的,这种人比土匪还要可恶;我们一定要当作是我们最毒的敌人,比对土匪还要严重来处置他!"[1]

为了彻底摧毁苏区和红军,蒋介石大修碉堡的同时,还利用碉堡和公路组成的封锁网,由各路军总司令、总指挥、纵队司令,在地域上划分为"全匪区""半匪区""邻匪区"等,对中央苏区进行严密的封锁,先后颁布有《匪区封锁办法》《匪区食盐、火油、药材、电器封锁办法》《粮食统制办法》等十余种法令,并汇集成《封锁法规汇编》,"通令各部队遵照法规,严厉执行封锁"[2]。上述办法规定,粮食、食盐、火油、中西药品、布匹、服装、军用品、燃料等,以官督商办为原则,以县、区、联保主任及当地士绅组织公卖委员会,下设公卖处,负责货物的购进、运销事宜。公卖处有运输凭证,凡偷运或"济匪"者,轻者没收货物并罚款,重者判处徒刑甚至死刑。

堡垒政策是蒋介石对中央苏区的第五次"围剿"最终得手的一个很重要的因素。作为第五次"围剿"中国民党军主要前线指挥官的陈诚(北路军前敌总指挥兼第三路军总指挥),在其回忆录中说:"碉堡在当时是最简单可靠的一种防御工事。剿共军每到一地,即择山川平野具有战略价值的地点构筑碉堡。碉堡筑成可以使用人民配合少数军队驻守之,可作防御共军游击战之据点,可作瞭望台之用,碉堡连贯起来,就成了共军无法突破的防

---

[1] 蒋介石:《军人精神教育之精义(一)》(1933年9月12日),《蒋介石思想言论总集》卷十一,第507页。
[2] 王多年:《反共戡乱》上篇第四卷,黎明文化事业公司1982年版,第8页。

御线。其在经济方面,共区虽物产丰饶,但仍赖与外间有无相通,始能维持生活。共区没有盐的生产,碉堡完成后,在经济上就又成了共区的经济封锁线,盐源断绝,淡食之苦,是很难忍受的。"[1]

当年的红军将领也承认蒋介石的堡垒政策,使第五次反"围剿"战争面临前所未有的困难。时任红一军团军团长的林彪曾撰文说:"敌人每到一地,他立即进行筑垒,以立定脚跟,接着构筑联络堡、封锁线、马路,以取得别的联络与策应……在前进中如遇到我军稍有力或有力的阻滞时,他立即停止向预定的目标前进,而进行筑堡,与防御的战斗。""这些方法,都是着眼于使红军在政治军事上的优越条件困难充分运用,而使他自己在物质上兵器的优点能极力发扬。"[2]当时,红军的武器装备很差,几乎没有重炮,连迫击炮也很少,光靠步枪、机枪、手榴弹很难摧毁敌人的堡垒工事,这是第五次反"围剿"失败的一个重要原因。

4. 举办军官训练团提高作战指挥能力

为了鼓动其士气并提高国民党将校指挥作战能力,蒋介石在紧锣密鼓地部署对苏区的第五次"围剿"时,特地在庐山开办军官训练团,由其自任团长,陈诚任副团长,聘请以德国原国防军总司令赛克特为首的德、意、美等国的军事教官组成军事顾问团。

对于蒋介石开办这个训练团的原因,陈诚在其回忆录中说:"剿共历久无功,其原因除前面所述者外,剿共部队良莠不齐,一般军事干部,有的缺乏勇敢牺牲精神,有的缺乏剿共战术训练,而最关重要的,还是一些部队之纪律败坏,不但不能为民除

---

[1]《陈诚先生回忆录——国共战争》,台北,"国史馆"2005年版,第29页。
[2] 林彪:《短促突击论》,《革命与战争》第4期,1934年7月。

害,反而到处增加人民的痛苦,此为剿共困难之最大症结。""委员长发觉这是剿共军的一个极大的危机,因而有办理庐山训练的计画,决定轮流征调剿共军干部,予以短期集中训练。训练内容包括刷新一下受训者的思想,振奋一下受训者的精神,同时并授以剿共必要的知识与技能,以期整肃纪律,提高士气,增加战力。"[1]可见,蒋介石办军官训练团,一则是为了提高中下级军官的"剿共"信心;二则是为了提高其部队的"剿共"技能。

庐山军官训练团的全称是"中国国民党赣粤闽湘鄂北路剿匪军军官训练团"。蒋介石开办这个训练团的目的非常明确,他说:"此次训练唯一的目的,就是要消灭'赤匪',所以一切的设施,皆要以'赤匪'为对象。因此,在这个训练期间,一切训练的方式、动作以及各种战术,统统要适合剿匪战术的需要,统统要针对土匪的实际情形与匪区的实地的地形来作想定并实施训练,使得受训练的一般军官,不是仅仅了解战术上几个名词,知道一些空疏的理论而已。所以我们这次训练,并不在乎学理高深,战术新奇,而是专要就现时实地剿匪战事所最适用的东西,拿来实地演习熟练,并于实地演习之中来讲评证明。"[2]

庐山军官训练团第一期1933年7月18日开学。在两个月时间内,共办理三期,共调训7598人。蒋介石对训练团高度重视,他说:"我们以后能不能清剿'赤匪',与整个革命的成败,党国的存亡,以致个人的生死,统统都要看这次训练能不能发

---

[1]《陈诚先生回忆录——国共战争》,台北,"国史馆"2005年版,第24页。
[2]蒋介石:《庐山军官训练团训练的要旨和训练方法》(1933年7月1日),《蒋介石思想言论总集》卷十一,第275页。

生效力。"[1]

　　蒋介石不但多次到训练团训话授课，而且将其编撰的《剿匪手本》《剿匪要诀》《剿匪部队训练要旨》等印发给训练团作为必读教材。庐山军官训练团训练内容以精神教育为主，同时设置战术、射击、筑城、通信、卫生和政治等功课；训练方式和方法，着重特种气候和特种地形的作战训练，针对红军和苏区的特点，长处与短处，以"简易、轻快、适用"为原则，着重练习山地战、游击战、夜战和夜行军、险路战、伏兵战、瞄准射击等；训练团的作风是，树立法西斯的绝对服从，做到"长官士兵化"与"军民合作"；并提出"军民合作，稳打硬干"的口号。[2]

　　庐山军官训练团对提高国民党军队的"剿共"信心和作战能力，所起的作用是明显的。红军将领普遍认为，第五次反"围剿"时，国民党军的战斗力有了明显提高。彭德怀说："蒋军在第五次'围剿'时，技术装备比以往有所加强。"[3]有红军将领回忆，第五次反"围剿"期间，国民党军表现颇为顽强，"尽管敌人在红军阵地前倒下了一大片，但后面敌人还是一股劲往前冲"[4]。

　　从上述蒋介石为第五次"围剿"所做的准备看，国民党军的战略战术有了重大改变，其军队的战斗力得到了一定的提高。在这种情况下，中央苏区在第五次反"围剿"时面临的形势，比以

---

[1]《庐山训练之意义与革命前途》（1933年7月18日）《蒋介石思想言论总集》卷十一，第283页。

[2] 参见熊尚厚：《对蒋介石第五次"围剿"中央苏区的准备之考察》，《民国档案》1992年第1期。

[3]《彭德怀自述》，人民出版社1981年版，第188页。

[4]《莫文骅回忆录》，解放军出版社1996年版，第230页。

往几次反"围剿"更严峻,尤其是必须针对国民党军战略战术的新变化,制定出克敌制胜的战略战术。

二、军事战略与战术的严重错误

1."两个拳头打人"未消灭敌人有生力量

1933年3月,第四次反"围剿"战争胜利之后,中共临时中央并没有对即将到来的国民党军新一轮"围剿"做认真准备。相反,此次反"围剿"刚一结束,就命令连战场还未清理的红一方面军,北上攻取乐安,以贯彻其扩大苏区和夺取大城市的战略方针。此后,红军多次发动对乐安、宜黄等城的攻击,但由于国民党军构筑了坚固的堡垒而未能奏效。

这年6月13日,中共苏区中央局将中共临时中央做出的《中央对今后作战计划的指示》电,转发给在前线的朱德和周恩来。因为这份电文很长,所以有"长电"之称。"长电"虽以中共临时中央名义发出,但实际上是当时在上海的共产国际驻中共的军事总顾问弗雷德的意见。"长电"指出:"目前的形势,对于南京,在政治上和军事上,都是一月一月的增加困难,投降日本的政策,更加削弱了他的地位,同时广东业已准备着在援救中国的假面具下,取南京而代之。经过对于广东的许多谈判和让步的条件,对于不可避免的冲突虽可延缓,但并不能完全阻止。"[1]

"长电"基于蒋介石与广东、福建军阀间有矛盾的判断,认

---

[1]《中央对今后作战计划的指示》(1933年6月),中央档案馆:《中共中央文件选集》第9册,中共中央党校出版社1991年版,第225页。

为蒋在中央苏区北部采取守势，红一方面军对其不易攻击，而且战果很少，而红军"主力集中于一个单独的作战单位""不能从各方面配合作战""以致对于北方的敌人很少机会再给以有力打击"。为此，"长电"要求"从方面军调出若干部队，为着在六月、七月进行分离的作战"，并具体规定以一方面军的红五军团为主，编成东方军，入闽作战，攻打原在上海"一·二八"事变中坚持抗日、后被蒋介石调到福建"剿共"的第十九路军；一方面军之红一、红三军团等部，仍在抚河、赣江之间的北线作战。

"长电"规定，红一方面军的作战任务分为三个阶段：第一阶段，东方军向福建的宁化、清流进军，消灭驻守在这一带的敌人，而"方面军应避免较大的行动"，并且"巧妙用计划进行次要的战斗目的，以便其真实目的不致过早泄露"；第二阶段，东方军从宁化、清流方向向北进攻，方面军主力向抚河方向发展，威胁南丰、南城、宜黄、乐安，策应东方军作战；第三阶段，"以方面军与东方军团的集中力量，在抚河西岸，开始从抚州区域向南昌的进攻，以便由抚河方向与南丰（南昌）一师一师的消灭敌人"。

"长电"特别提醒前线指挥员："这一计划是夏季行动总路线的大纲，供给你们考虑的。如若你们在这一计划中，发现了许多小的不合处例外（如）时间的限制、地理与地形的条件，以及其他这一类的困难，不要将这些当作反对这一计划的出发点。"[1]

中共苏区中央局在转发这个指示时，一方面要求朱、周等"切

---

[1]《中央对今后作战计划的指示》（1933年6月），中央档案馆：《中共中央文件选集》第9册，中共中央党校出版社1991年版，第226、227、229、231、232页。

实执行这一作战计划",另一方面又"拟改令彭滕(彭德怀和滕代远——引者注)率三军团全部,去做东方军的基干,并拨驻汀州之模范师、上杭附近之第十九军、宁化独十师、十九师、廿师及长汀以北和闽赣边省地方部队等,归其统一指挥","一、五军团依计划在北面地带,积极活动"[1]。中央苏区第五次反"围剿"史上所谓"两个拳头打人"的说法,即由此而来。

集中优势兵力各个歼灭敌人,本是第一至第四次反"围剿"取得成功的重要经验,"相对弱小的红军,与强敌作战必须集中兵力,广大红军指挥员,特别是高级指挥员,对此早已深有体会",所以接到"长电"后,朱德、周恩来和"各军团在前线的领导同志都反对这个计划"[2]。6月18日,朱德、周恩来致电中共苏区中央局,坚持"方面军主力一、三军团目前绝对不应分开",并指出东方军入闽是"酷暑远征",而且攻打清流等地又将使红军陷入攻坚作战,以东方军活动于建宁、泰宁、将乐、邵武、光泽地区为宜,这样,"易于求得补充,并容易求得运动战,且对赣东北目前严重现象也给予了直接帮助"[3]。

但是,苏区中央局拒绝了朱、周的建议,在6月22日的回电中,严责朱、周:"现在非我们从容讨论接受上海整个计划的时(候),请于接电后重新考虑接受上海整个计划及我们的提议,

---

[1]《苏区中央局关于执行中央作战计划指示的布置》(1933年6月13日),中央档案馆:《中共中央文件选集》第9册,中共中央党校出版社1991年版,第232页。

[2]《聂荣臻回忆录》,战士出版社1983年版,第181页。

[3]《周恩来、朱德关于作战具体部署的意见》(1933年6月18日),中央档案馆:《中共中央文件选集》第9册,中共中央党校出版社1991年版,第234页。

即以三军团代五军团立即行动。"[1]在这种情况下，朱、周只得复电苏区中央局，表示"绝对服从命令，并立即执行"。

7月1日，中革军委代主席项英下达命令，以红三军团和红十九师组成东方军，任命彭德怀为司令员。7月2日，东方军从江西广昌出发入闽作战。从这年7月至9月，东方军虽然"在福建的将乐、沙县、顺昌等地打了一些胜仗，但自己搞得很疲劳，伤亡和疾病减员也很大"[2]，而且由于"不让主力部队分散做群众工作，巩固胜利成果"，"所以在闽西占领的地区虽然不小，已有八九个县，但都似猴子摘苞米，摘一个丢一个，一个也没有巩固下来"[3]。

在东方军入闽作战之后，红一军团、红五军团仍停留在抚河和赣江间的吉水、永丰、乐安等地。8月中旬，红一军团和红十四师及几个独立团，组成中央军。在东方军入闽作战的几个月时间里，作为红一方面军主力的红一、红五两个军团，除了这年8月底的吉水乌江圩战斗外，"基本没有打什么仗，只进行了一些小规模的游击战，再就是打土豪征集资财"[4]。中共临时中央原本想用"分兵作战""两个拳头打人"的方式，消灭敌人的有生力量，扩大苏区。事与愿违，"把红军主力分割为二，企图在两个战略方向同时求胜。那时的结果是一个拳头置于无用，一个拳头

---

[1] 中共中央文献研究室：《朱德年谱》（新编本）上册，中央文献出版社2006年版，第337页。

[2] 《聂荣臻回忆录》，战士出版社1983年版，第181页。

[3] 李志民：《回忆东方军的英雄战斗和深刻教训》，《红军反"围剿"·回忆史料》，解放军出版社1994年版，第162页。

[4] 《聂荣臻回忆录》，战士出版社1983年版，第181页。

打得很疲劳，而且没有当时可能取得的最大胜利"[1]。"更主要的是，使蒋介石获得了喘息时间，他一面从容地在庐山与他的高级将领和外国顾问们策划第五次'围剿'的方针和计划，一面命令他的部队在根据地周围休养生息，补充物资、加固工事，准备新的进攻。开脚一步就走错，这是我们第五次反'围剿'失败的一个重要原因。"[2]

2. 擅长运动歼敌的红军遇到新难题

1933年9月下旬，蒋介石在进行充分的准备之后，正式向中央苏区发动了第五次"围剿"。蒋介石此次"围剿"采取步步为营的堡垒战术，在中央苏区的周边修筑了大量碉堡，"企图依托碉堡逐步紧缩中央苏区，消耗红军有生力量，尔后寻求红军主力决战，彻底消灭红一方面军，摧毁中央苏区"[3]。在这种情况下，中共临时中央却机械地搬用苏联红军的经验，采取以"短促突击"、堡垒对堡垒的所谓新战术，使一向机动灵活、善于在运动中歼敌的红军陷于被动挨打的境地。

其实，对于当时的中共临时中央及共产国际而言，并非没有认识到运动战和诱敌深入的重要性。早在1933年3月，共产国际执委会政治书记处在给中共临时中央的电报中就说："在保卫苏区时，对于中央苏区来说特别重要的是要保持红军的机动性，不要以巨大损失的代价把红军束缚在领土上。应当事先制定好可以退

---

[1]《中国革命战争的战略问题》（1936年12月），《毛泽东选集》第1卷，人民出版社1991年版，第225页。

[2]《聂荣臻回忆录》，战士出版社1983年版，第182页。

[3]中国工农红军第一方面军史编审委员会：《中国工农红军第一方面军史》，解放军出版社1993年版，第409页。

却的路线,做好准备,在人烟罕至的地方建立有粮食保证的基地,红军可以在那里隐蔽和等待更好的时机。应避免与敌人兵力发生不利遭遇,要采取诱敌深入、各个击破、涣散敌人军心和使敌人疲惫的战术,还要最大限度地运用游击斗争方法。"[1]

同年4月,共产国际东方部负责人米夫撰文提出:"假使要牺牲很多的战士时,红军绝不固守一个地方。红军避免与集中的大部敌人接触,引诱一部分敌人到苏区内来创造进行决战的胜利环境……红军还用游击战争与革命农民对政府军队士兵的影响来削弱和动摇敌人。红军在分散敌人的集中后,从侧面及后面攻击孤立的队伍,各个击破,消灭敌人。"[2]

在第五次反"围剿"前夕的1933年9月23日,共产国际远东局还致电苏区中央局,提出"在游击战术上要表现出更多的想象力,可以把敌人的部队引诱到没有堡垒防卫的空间,并以突袭方式将之消灭",并要求以后的几个月,"应该作出最大的努力,在与我们领地相邻的地区千方百计发展游击战术,以便在我们保持各兵团力量不受触及和准备采取大规模联合行动时,利用突袭优势干扰和延缓敌人的行动"[3]。9月29日,共产国际执委会政治书记处政治委员会在给中共临时中央的电报中,还认为"中央苏区的主力不应参加阵地战,它们应该进行运动战,从两翼实行夹

---

[1]《共产国际执行委员会政治书记处给中共中央的电报》(1933年3月19—22日),《共产国际、联共(布)与中国革命档案资料丛书》第13卷,中共党史出版社2007年版,第353页。

[2] 米夫:《中国革命危机的新阶段》,《斗争》第23期,1933年8月22日。

[3]《共产国际执行委员会远东局给中央苏区的电报》(1933年9月23日),《共产国际、联共(布)与中国革命档案资料丛书》第13卷,中共党史出版社2007年版,第503页。

击"[1]。10月14日，共产国际远东局在给中央苏区的电报中，又提出要"改变敌人主攻方向，把敌军从中央苏区引开"，"实行运动战，以赢得时间"[2]。

中共临时中央也并非没有认识到运动战、游击战的重要性。1933年10月，中共临时中央在给中共闽浙赣省委的指示中，曾提出"消极的堵防的政策，不论军事上与政治上都是有害的。在军事上，在部队数量暂时我们还比敌人小得多的时候，分兵把口，实际上就是使我们在敌人的残酷的集中兵力的进攻面前解除自己的武装"，认为"最好的巩固苏区的办法，就是积极的开展深入白区的游击战争，发展与扩大苏区"[3]。随后，中革军委代主席项英还撰写了《挺进游击队的任务》一文，提出"应在敌人后方要道，发展井冈山时代游击袭击的精神、第四次战役的挺进成绩，来配合作战以及转变战局"[4]。

问题的关键是，虽然共产国际和中共临时中央都认为运动战和游击战重要，但真正到了指挥作战时，却没有对之充分加以运用，打的是不折不扣的阵地战。其原因在于国民党军吸取了以往失败的教训，改变了战略战术，不再采取长驱直入根据地、企图

---

[1]《共产国际执行委员会政治书记处政治委员给中共中央的电报》(1933年9月29日)，《共产国际、联共(布)与中国革命档案资料丛书》第13卷，中共党史出版社2007年版，第509页。

[2]《共产国际执行委员会远东局给中央苏区的电报》(1933年10月14日)，《共产国际、联共(布)与中国革命档案资料丛书》第13卷，中共党史出版社2007年版，第547页。

[3]《中共中央给闽浙赣省委的信》(1933年10月4日)，闽浙赣党史工委：《闽浙赣革命根据地》，中共党史出版社1991年版，第653页。

[4]《项英军事文选》，中共中央党校出版社2003年版，第251页。

速战速决的作战方式，而是利用其占有绝对优势的人力物力条件，在发动新一轮"围剿"时已在中央苏区四周广筑堡垒，采取"蚕食"之术一步步向中央苏区进逼，并不急于进入根据地腹心，而是"在步、炮火力完全有效的掩护下，一次推进四、五华里，堡垒筑成后，再推进"[1]，使得以往红军擅长的诱敌深入伏击歼敌的战略战术无法运用。而红军主动出击，又必须突破其堡垒与封锁线。由于国民党军在修筑大量堡垒的同时修筑了与之相连的交通线，使其在作战中进退有据并能迅速调动兵力，所以红军想要在外线运动作战大量歼敌并非易事。

对于这个问题，1934年11月，中央红军离开中央苏区开始长征后，王明在苏联外国工人出版社中国部全体工作人员会议上作的报告中曾这样说："以前红军用以战胜敌人底策略，主要是所谓'诱敌深入，击破一方'。而现在因为敌方采取集团军和方面军为作战单位，以及力戒轻进深入等办法的关系，这个旧日特别于红军有利及常用以取胜的策略，现在已经是比较少有成效了。"[2]对第五次反"围剿"失败负有重大责任的李德，也在其回忆录中说："至于在我们区域内进行歼灭战的有利条件，只要不能诱敌深入，也就是说敌人不放弃堡垒战，那就没有希望得到。""我们埋伏在这里，而敌人就可以丝毫不受干扰地继续推行它计划中的堡垒政策。这岂不意味着，我们自己放弃了苏区的重要地区，而不去利用时机歼灭敌人的有生力量。"[3]

---

[1]《彭德怀自述》，人民出版社1981年版，第188页。

[2]《六次战争与红军策略》(1934年11月)，《王明言论选辑》，人民出版社1981年版，第387页。

[3][德]奥托·布劳恩：《中国纪事》，现代史料编刊社1980年版，第60页。

李德这里所说的确是实情。在第五次反"围剿"战争之初，中共临时中央曾在中央苏区的北大门黎川失守后，命令东方军夺取黎川北面的硝石，并以中央军的一部分兵力出击南城县的新丰街地区，配合东方军作战。结果东方军激战数日，非但不能将硝石夺取，反而使自己"转入敌堡垒群纵深之中，完全失去机动余地，几被敌歼灭"[1]，中革军委不得不放弃攻占硝石的计划。随后，中革军委又命令红一军团和东方军进攻硝石东南、黎川之北的资溪桥，由东方军中的红五军团向资溪桥以北发动攻击，以求牵动国民党军，而将红三军团配置于黎川东北的洵口、石峡一带，准备突击被牵动的国民党军，红一军团作为战略预备队置于洵口以南的湖坊，以随时增援红三军团。可是，驻守这里的国民党军薛岳和周浑元部，"坚守阵地，很少出击"，红军连攻四日，不但未能牵动国民党军，反而使自己暴露于国民党军的堡垒之间，"部队实力消耗很大"，不得不放弃在资溪桥一带与国民党军决战的计划。[2]

3. 以堡垒对堡垒的"短促突击"

当然，如果在第五次反"围剿"之初就下定破釜沉舟之决心，选择有利的进攻方向，主动果断地使红军主力突破国民党军的封锁，跳出中央苏区进行外线作战，并以此调动国民党军离开固守的堡垒，寻找运动战歼敌的战机，第五次反"围剿"或许是另一种局面。但是，当时的中共临时中央及实际掌握了红军指挥权的

---

[1]《彭德怀自述》，人民出版社1981年版，第185页。
[2] 中国工农红军第一方面军史编审委员会：《中国工农红军第一方面军史》，解放军出版社1993年版，第415—416页。

李德，又没有这样的决心，反而提出要以堡垒对堡垒，实施"短促突击"，并以此作为领导第五次反"围剿"的主要战术。

所谓短促突击，就是国民党修碉堡，红军也修碉堡，待敌人从碉堡中出来，推进至距红军碉堡二三百米，红军进行短距离的突击，迅速猛扑上去将国民党军消灭。1934年4月，李德以华夫的笔名，在《革命与战争》上相继发表《革命战争的迫切问题》《论红军在堡垒主义下的战术》等文章，专门论述了"短促突击"这种战术的主要原则和实施办法，其要点是：

红军在敌人主攻方向上应部署防御体系来直接保卫苏区，要以最少数的兵力钳制敌人，因此应在重要的战略地点构筑支撑点或堡垒地域，以少数的兵力及火器守备堡垒，而主力则用来实施短促的突击及袭击，以便于堡垒前瓦解敌人，在某一方向集中主力以行坚决的突击并在堡垒外消灭敌人的有生力量。

红军应当在敌人堡垒主义条件下寻求运动战，向敌人运动中的部队进行短促的侧击。当敌人离开堡垒稍向前行进时，突击其先头部队，当敌人前进到十里以外时，突击其后续梯队；红军总应使敌人处于基本堡垒有效火力援助范围以外，并切断敌人被突击部队与后续梯队及堡垒间的联系。

红军应注意利用夜间及昏暗条件，进行机动及局部的战斗；采取积极和消极的防空方法；应隐蔽地接近敌人并主要进行白刃战斗。

为更有效地钳制敌人，红军的堡垒不仅要能抵御敌人机枪火力，而且要能抵御敌人的迫击炮弹和飞机炸弹。红军守备队的火力队应在堡垒内，而突击队则在堡垒外进行反突击，突击队应有三分之二或更多的兵力。

加强在敌人前线、侧翼及近后方的游击战争,游击队主要进行埋伏、急袭和袭击,并配合正规红军的短促突击。

李德是这年9月进入中央苏区的,他刚刚到来,第五次反"围剿"便已开始。由于博古不懂军事,而李德在苏联系统地学习过军事理论,于是博古将红军的指挥权交给了他。作为一个刚来中国不久的外国人,自然不懂得中国的情况,加之李德来自共产国际,而当时的中共上上下下对共产国际充满敬畏,博古等人对李德言听计从也就不足为怪。李德一到中央苏区就获得了这样的权力,也就俨然以军事家自居了。由这样的人指挥这支并不正规的红军,与训练和装备都大大优于自己的国民党军作战,第五次反"围剿"的结局也就可想而知了。

李德到中央苏区不久,红军就开始使用其"短促突击"战术。这年10月中旬,中革军委代主席项英在关于红三军团和红五军团作战行动及任务的指示中,就要求"三军团应力图在十三、十四两日,向西及西南以个别的短促的打击在一师以内之先头部队,不应与敌之大兵力作战,不应向硝石作任何攻击"[1]。据聂荣臻回忆:"军委于(1933年)11月下旬专门下达了命令,要部队用这种战术作战。这个战术,就是敌人修碉堡,我们也修碉堡,待敌人进至距我碉堡二三百米,我们即用短促突击去消灭敌人。"[2]

1933年11月下旬,由红一、红三军团及几个独立团编成的西方军,奉令向永丰以南的丁毛山地区发动进攻,驻守在这里的

---

[1]《项英军事文选》,中共中央党校出版社2003年版,第217页。
[2]《聂荣臻回忆录》,战士出版社1983年版,第189页。

国民党军已修筑了大量的碉堡,有的地方平均两公里就有一座碉堡,而且相当多的是石碉。根据"短促突击"的战术,"面对着他们修筑的堡垒线,我们也修筑堡垒与之对抗,打了一个多星期,结果完全是得不偿失的消耗战"[1]。虽然红军指战员英勇杀敌,并包围了国民党军第五军之第九十三师,但由于红军缺乏重武器,不但无法消灭堡垒内的敌军,反而因为自己暴露在国民党军的强大火力下,遭受重大伤亡。然而,李德等人并没有从中吸取教训,1934年1月底,红一军团被东调到福建建宁以北地区,"这时各军团从战斗部队到直属机关、分队,都被分配担任修筑堡垒任务,企图依托堡垒,实行'短促突击'。他们甚至将五军团以连排为单位分散去守堡垒。由于他们采取这种战法,从1934年1月下旬到3月底,红军所进行的一系列战役、战斗,其结果,不是打成顶牛,就是中途撤退"[2]。

"短促突击"战术在1934年4月的广昌保卫战中运用最为典型。在第五次反"围剿"时,中央苏区的北部是国民党军进攻的主要方向,蒋介石在南丰、泰宁地区作战得手后,集中11个师的兵力向广昌发动进攻。黎川失守之后,广昌就成为中央苏区的北部门户,离瑞金不到100公里,有两条道路可通瑞金,一条是经石城,一条是经宁都,机械化部队两个小时就可抵达,广昌的得失关系到瑞金乃至整个苏区的安危。中革军委自然清楚广昌的战略地位,早在1933年10月,就曾派出一个团的兵力在此构筑

---

[1]《聂荣臻回忆录》,战士出版社1983年版,第189页。
[2] 同上书,第191页。

工事，以后又多次派部队进驻该地，并一再下令加强广昌地区的防御工事，准备在这里同国民党军进行"决战"。当国民党军向广昌发动进攻时，中革军委集中了红一、红三、红五、红九等军团共9个师的兵力，"采取集中对集中、堡垒对堡垒、阵地对阵地的所谓'正规战争'，保卫广昌"[1]。为了"誓死保卫广昌"，博古和李德还决定组建临时司令部，由朱德兼司令员，博古为政治委员，李德也亲自来到前线指挥。

4月10日，广昌保卫战开始。对于战斗进行的情况，彭德怀在其自述中说："进攻广昌之敌七个师，一个炮兵旅轰击，每天约三四十架次飞机配合，拖着乌龟壳（堡垒）步步为营前进。前进一次只一千至二千米；在其火力完全控制之下，站稳了脚跟，先做好了野战工事，配备好火力，再进第二步；每次六七架飞机轮番轰炸。从上午八九时开始至下午四时许，所谓永久工事被轰平了。"[2]聂荣臻后来回忆："我们在'死守广昌'、'寸土必争'的错误口号下，打了十八天所谓'守备战'。这就是说，我们在敌人飞机大炮轮番轰炸下，仍死守阵地，进行'短促突击'，等敌人刚从工事里出来，推进到离我们的工事几十或上百公尺时，我们就像猛虎一样扑上去打击敌人。可是等敌人一缩回碉堡，我们又得暴露在敌人飞机大炮的火网下战斗。"[3]时任红一军团第二师第四团团长的耿飚回忆："当时我们在甘竹'守备'。敌人前进半里多一点，便开始修乌龟壳。他们有炮火掩

---

[1] 中国工农红军第一方面军史编审委员会：《中国工农红军第一方面军史》，解放军出版社1993年版，第441页。

[2]《彭德怀自述》，人民出版社1981年版，第189—190页。

[3]《聂荣臻回忆录》，战士出版社1983年版，第194页。

护,修好之后,李德便让我们'短促突击',与敌人'寸土必争'。这点距离,对英勇善战的红军来说,本来不算什么。然而敌人有碉堡依托,火力又猛,我们的掩护部队由于弹药匮乏,根本无法对射。等我们冲锋部队冲到双方中间地带时,敌人的大炮便实施集火射击。由于敌人事先早已设计好火力层次,炮火很准。我们一次又一次被炮火压回来,除了增加一批伤员,牺牲一些同志外,一无所获。"[1]

红军苦战十余日,未能阻挡国民党军进攻,广昌的外围阵地尽失,红军退守广昌城一线。在这种情况下,广昌实际已无法守住了。可是,中共临时中央、中革军委和红军总政治部却于4月21日发布《保卫广昌之政治命令》,强调:"我支点之守备队,是我战斗序列之支柱,他们应毫不动摇地在敌人炮火与空中轰炸之下支持着,以便用有纪律之火力射击及勇猛反突击,消灭敌人的有生力量。"突击部队应努力隐蔽接敌,对敌人进行出乎意料的突然攻击,并"在攻击时应不顾一切火力,奋勇前进,坚决无情地消灭敌人"[2]。随后,将保卫广昌的红军,组成东方集团、西方集团和支点地域守备队"坚守广昌"。

4月27日,国民党军集中10个师的兵力会攻广昌,红军虽给予国民党军一定的杀伤,但自身也伤亡惨重。当天,博古、李德和朱德联名致电留在后方的周恩来,建议放弃广昌,周恩来复电表示同意。4月28日,朱德下达撤出广昌的命令,历时18天

---

[1]《耿飚回忆录》,中华书局2009年版,第110页。
[2]《中共中央、中革军委、总政治部关于保卫广昌的政治命令》(1934年4月21日)。总政办公厅编:《中国人民解放军政治工作历史资料选编》第二册,解放军出版社2002年版,第723页。

的广昌保卫战以毙伤俘敌2600余人，红军自身伤亡5000余人而结束。

广昌保卫战后，林彪致信中革军委，认为从蒋介石规定之各路军出动时间、地点和到达时间、地点来看，仍然有求得在运动战中消灭敌人的充分机会，因为敌人每前进一段须修筑一段的堡垒和马路，每期堡垒至少四日才能完成，如地形天气不好，或受我军扰乱或遇其他故障，则需时更长。"据此可判断敌每次前进通常至少要走十五里至二十五里甚至三十里，这种距离内完全允许我们进行运动战"，"我主力军应尽可能不放过有消灭敌人可能的机会，宁可多走点路，宁可万一扑空，只要时间上赶得上则应当去赶那个机会"。信中强调："我主力兵团可以取得胜利的仗不应放过，对于得不偿失的仗，对于胜利条件不足的仗，则不应以主力进入战斗，这一点应该成为每一战役的最高首长下决心时和我主力军团首长机断专行时的最高原则。"[1]但是，林彪的这一建议并没有为博古、李德所采纳。不但如此，"中革军委更加重视堡垒的修筑，欲以堡垒对堡垒，与国民党军展开寸土必争的保卫战，阵地防御成为红军基本的战斗方式"[2]。

"短促突击"的战术对于红军来说，显然是"扬短避长"。从兵员数量和武器装备上看，国民党军占有绝对优势，"当时我既无炮兵，步、机枪子弹也很少"，"过去我们作战，就是突然袭击，坚决勇敢，灵活机动。丢掉自己的长处，现在来死拼硬打，

---

[1] 参见中国工农红军第一方面军史编审委员会：《中国工农红军第一方面军史》，解放军出版社1993年版，第447页。
[2] 黄道炫：《中央苏区第五次反"围剿"军事策略考察》，《历史研究》2006年第2期。

当然吃亏。"[1]粟裕回忆说:"从战术上看,敌人在向我发起反击时,派飞机、装甲车协同步兵作战,这是红七军团未曾经历过的。五十八团团长是一位打游击出身的干部,人称'游击健将',打仗很勇敢,但从来没有见到过飞机轰炸的场面。敌机集中投弹,他叫喊:'不得了啦,不得了啦!'其实他不是胆小怕敌,而是没有经过敌人空袭的场面。十九师是红七军团的主力,战斗力强,擅长打野战,但没有见到过装甲车,这次敌人以两辆装甲车为前导冲击他们的阵地,部队一见两个铁家伙打着机枪冲过来,就手足无措,一个师的阵地硬是被两辆装甲车冲垮。"[2]耿飚回忆说:"那时我们一无飞机大炮,二缺枪枝弹药,长期不打歼灭战,没有缴获和补给,只得依靠红军兵工厂自己造的再生子弹补充。那些子弹里装的是土造的硝盐,是从厕所墙壁上刮下来的尿碱熬成的,燃烧速度慢,动力不足。弹丸是用电线拧成的一坨铁蛋蛋,不能啮合膛线,初速很低,所以打出去之后在空中折跟斗。"[3]

遵义会议决议曾评价说:"五次战争中,由于对于堡垒主义的恐惧所产生的单纯防御路线与华夫同志的'短促突击'理论,却使我们从运动战转变到阵地战,而这种阵地战的方式仅对于敌人有利,而对于现时的工农红军是极端不利的。"[4]"短促突击的结果,使一九三三年红五月直到一九三四年九月扩大来的十五万

---

[1]《彭德怀自述》,人民出版社1981年版,第190页。
[2]《粟裕战争回忆录》,解放军出版社1988年版,第103—104页。
[3]《耿飚回忆录》,中华书局2009年版,第108—109页。
[4]《中共中央关于反对敌人五次"围剿"的总结决议》(1935年1月17日),中共中央党史资料征集委员会、中央档案馆:《遵义会议文献》,人民出版社2009年版,第10页。

以上（将近二十万）的新战士，除去因为政治工作的薄弱、动员扩大红军时工作上的错误而使一部减员以外，都在这个战术之下损失了。"[1]

4. 命令主义使前线指挥员不能临机决断

李德以其共产国际派来的军事顾问身份和博古的信任，成为第五次反"围剿"战争的实际指挥者。但是，李德对中国的情况了解有限，加之他仅凭着看地图指挥作战，"连迫击炮放在地图上某一曲线都规定了"[2]，而当时地图的误差很大，有的根本没有实测过，如此红军与国民党正规军进行正规战争，仗怎能打好？

博古在军事上是外行，李德虽然学过军事理论，但没有真正指挥过作战，更遑论了解当时国共战争双方的特点了。博古和李德都没有参与中央苏区的创建，他们来到中央苏区之后在党内和军内的权威，主要靠中共下级服从上级的严格组织纪律和当时共产国际在中共党内的神圣地位。由于这种权威并非来自于他们革命的实绩，没有深厚的群众基础，因此，为了贯彻自己的作战意图和体现自己的权威，他们指挥作战时，往往采取命令主义和惩办主义，使前线指挥员不能临机决断，只能被动执行他们的错误指挥。

李德进入中央苏区初来乍到，就发生了黎川失守。本来黎川是守不住的。此地原本由闽赣军区的部队防守，由于军区部队都

---

[1] 陈云：《遵义政治局扩大会议传达提纲》（1935年2月或3月），中共中央党史资料征集委员会、中央档案馆：《遵义会议文献》，人民出版社2009年版，第41页。
[2]《彭德怀自述》，人民出版社1981年版，第191页。

被调去配合东方军作战，防守黎川只有一个兵力仅七十余人的教导队和一些地方游击队。闽赣军区司令员兼政委萧劲光曾建议红军主力应集结于黎川东北的光泽、资溪一带，从侧翼打击进攻黎川之敌，不必死守黎川。毛泽东亦建议放弃黎川，诱敌深入到福建的建宁、泰宁地区，寻找战机在运动中歼敌。但是，中共临时中央并没有采纳他们的建议，而是命令死守黎川，声称不能放弃苏区一寸土地。国民党军集中三个师向黎川进攻，虽然中革军委急令东方军增援黎川，但为时已晚，等到东方军开始北移时，黎川已被国民党军占领。为了收复黎川，博古和李德强令红军进行反击，于是有了硝石、资溪桥和浒湾等战斗，但这几战均告失利，并导致第五次反"围剿"全局被动。

这年12月12日，红三军团一万余人在黎川东南的团村与国民党军三个师四万余人发生激战。由于博古、李德采取分离作战方针，使红一和红三两个主力军团分开，此战虽击溃国民党军三万余人，但俘敌不及千人，大部分国民党军逃回黎川城的堡垒里。"如果当时我一军团在，一三军团靠拢作战，敌三个师十五个团当能全部歼灭。"[1]13日，在前线直接指挥反"围剿"作战的周恩来致电中革军委，报告团村战斗情况，说如果红一、红三两个军团会合作战，战果必不如此，乃建议集中红一、红三、红五、红七、红九军团主力在东山、得胜关与入闽作战的国民党军主力决战。对于这个建议，中革军委于13日、14日两次致电周恩来、朱德，表示不能接受，并命令红军主力西调永丰地区，进攻国民党军的堡垒封锁线。不但如此，中革军委

---

[1]《彭德怀自述》，人民出版社1981年版，第187页。

还在 24 小时内四次变更作战命令，造成部队指挥混乱。针对这种做法，12 月 16 日，周恩来致电博古、项英，对其"连日电令屡更""使部队运转增加很大困难"提出批评，请求"在相当范围内给我们部署与命令全权，免致误事失机"[1]。接到此电后，李德不但不接受批评，反而以统一前后方指挥为名，建议并经中共中央局决定，取消中国工农红军总司令部和红一方面军的名义和组织，将原"前方总部"撤回后方，并入中革军委机关，由中革军委（实际上是由博古、李德）直接指挥中央苏区各军团和各独立师、团作战。

1934 年 4 月 1 日，彭德怀以个人名义致信中革军委，认为在以往的历次战役中，把战术运动限制得过于严格，失掉了下级的机动，变成机械的行动，使前线指挥员不能根据敌情的变化和地形的特点，"灵活机断专行地完成所给予的任务"，强调"每一次战斗，军委只需给予前方总的任务和各个的任务，不能限制其执行的机动。如规定每一战役或战斗的一切手段，这是不可能的事"，而前线指挥员每次接到中革军委的命令，"差不多完全没有一点思索的时间，甚至请向导、下命令的电话都没有办法执行"，因此要求中革军委"予前敌各首长以可能余裕时间，以最大机动余地"[2]。对于彭德怀的这一建议，李德等人置之不理。正是由于李德一意孤行，而博古对李德又言听计从，中央苏区的第五次反"围剿"自然是日益陷入被动。对此，遵义会议决议指出："军

---

[1]《周恩来军事文选》，人民出版社 1997 年版，第 311 页。
[2] 转引自黄少群：《中区风云——中央苏区第一至第五次反"围剿"战争史》，中共中央党校出版社 1991 年版，第 314 页。

委的一切工作为华夫同志个人所包办,把军委的集体领导完全取消,惩办主义有了极大的发展,自我批评丝毫没有,对于军事上一切不同意见,不但完全忽视,而且采取各种压制的方法,下层指挥员的机断专行与创造性是被抹杀了。"[1]

三、对福建事变处理失当致使良机错失

1. 福建事变的发生与中共临时中央的最初反应

1933年11月在福州发生的福建事变,本曾给红军打破蒋介石的第五次"围剿"提供了一个契机。但遗憾的是,由于共产国际的错误指导,中共临时中央用"左"的眼光去对待事变中成立的福建人民政府,不但未给福建人民政府以有力的支援,也未利用这个机会给蒋介石的"围剿"军以重创。结果,福建人民政府迅速宣告解体,使蒋介石再次集中全力"围剿"中央苏区。

在1932年的"一·二八"事变中,国民党第十九路军官兵曾奋起抗战,一时为全体国人所敬仰。这年5月,国民党政府与日本签订《淞沪停战协定》,淞沪抗战结束,第十九路军被蒋介石从上海调到福建"剿共"。1933年7月,彭德怀率红一方面军东方军入闽作战,给第十九路军以较大打击。这时,第十九路军领导人蒋光鼐、蔡廷锴感到,在蒋介石的控制之下,与红军作战胜则削弱自己力量,败则根本无法存在,乃决定采取联共反蒋抗日

---

[1]《中共中央关于反对敌人五次"围剿"的总结决议》(1935年1月17日),中共中央党史资料征集委员会、中央档案馆:《遵义会议文献》,人民出版社2009年版,第21页。

方针。

据彭德怀回忆:"8月（实为9月——引者注），红军进到离闽侯不到二百里处，蒋光鼐和蔡廷锴派代表陈××（名字记不起了）（陈公培，中共早期党员，后与中共党组织失去联系。——引者注）前来试探。我们在闽西行动时，对他们是有争取也有批评。说他们抗日是对的；来闽'剿共'是错误的，也是蒋介石的阴谋——'剿共'和消灭蒋光鼐、蔡廷锴，对蒋介石都有利。把这些意思和'八一宣言'中的三条（中华苏维埃政府、工农红军革命军事委员会1933年1月17日发表的，《为反对日本帝国主义侵入华北，愿在三条件下与全国各军队共同抗日宣言》。——引者注）向陈谈了。陈说：他们要反蒋抗日，不反蒋就不能抗日。我说，对！抗日必须反蒋，因为蒋执行的是'攘外必先安内'的卖国政策。只有抗日才能停止内战。请他们吃了饭，大脸盆猪肉和鸡子，都是打土豪得来的。宿了一晚。我给蒋光鼐、蔡廷锴写了信，告以反蒋抗日大计，请他们派代表到瑞金，同我们中央进行谈判。把上述情况电告中央，中央当即回电，说我们对此事还不够重视，招待也不周。我想还是重视的。"[1]

彭德怀的这段回忆表明，中共临时中央原本是赞成联合第十九路军的。在此之前，第十九路军的老长官陈铭枢及福建方面，曾到上海与中共中央上海局有过接洽，但始终未得要领，他们乃决定直接与中央苏区方面联系。当时，中共临时中央虽对其动机有所怀疑，猜测"蒋蔡此种行动极有可能想求得一时缓和，

---

[1]《彭德怀自述》，人民出版社1981年版，第182页。

等待援兵之狡计"[1]，尽管如此，中共临时中央对于与第十九路军谈判仍表现出了积极的态度。9月25日，中共苏区中央局发出《中央局对谈判之指示》，明确指示："在反日反蒋方面：我们不仅应说不妨碍并予以便利，（而且）应声明在进扰福建区域时红军准备实力援助十九路军之作战，亦已与十九路军军事合作过，详细协定在作战中规定之。""应将谈判看成重要之政治举动，而非简单之玩把戏。"[2]

9月22日，陈公培在延平（今福建南平）红三军团总部见到了彭德怀。当天晚上，彭德怀给蒋光鼐、蔡廷锴写信，对第十九路军寻求与红军合作表示欢迎，并请其派代表到瑞金与中共临时中央直接谈判。彭德怀还向中共临时中央汇报了有关情况，并建议先以其个人名义与第十九路军接触，在第十九路军承诺若干条件后再进行谈判，希望就此得到中央的指示。23日凌晨1时，中革军委回电，提出了与第十九路军谈判的先决条件：一是第十九路军停止军事进攻与经济封锁，不干涉红军在将乐、顺昌的行动；二是释放福州监狱中的政治犯，保证反帝组织自由；三是发表反日和反蒋的宣言。9月23日，彭德怀和红三军团政治委员滕代远、政治部主任袁国平，又与陈公培举行了会谈。

10月初，第十九路军全权代表徐名鸿在陈公培的陪同下，来瑞金进行谈判。10月26日，陈公培与中华苏维埃共和国临时中央政府及工农红军全权代表潘健行（潘汉年）签订了《反日反蒋

---

[1]《中央局关于与蒋、蔡谈判的先决条件》（1933年9月23日），《江西党史资料选辑》第21辑上，第131页。

[2]《中央局对谈判之指示》（1933年9月25日），《江西党史资料选辑》第21辑（上），第132页。

的初步协定》。双方表示:"为挽救中华民族之垂亡,反对帝国主义殖民地化中国之阴谋,并实现苏维埃政府及红军屡次宣言,准备进行反日反蒋的军事同盟。"[1]初步协定的内容共分十一条,其要点是:(一)双方立即停止军事行动,暂时划定军事疆界线,各在该线不得控置主力部队。(二)双方恢复输出输入之商品贸易,并采取互助合作原则。(三)福建省政府及十九路军方面立即解[释]放在福建各牢狱中的政治犯。(四)福建省政府及十九路军方面赞同福建境内革命的一切组织之活动,并允许出版、言论、结社、集会、罢工之自由。(五)在初步协定签订后,福建省政府及十九路军即根据订立本协定原则发表反蒋宣言,并立即进行反日反蒋军事行动之准备。(六)初步协定签订后,互派全权代表常川互驻,应由双方政府负责,保护该代表等人员之一切安全。

10月30日,中共临时中央曾给福州中心市委与福建全体同志发了一封指示信,信中指示要抓住机遇,"尽可能地造成民族的反帝统一战线,来聚集和联合一切可能的虽然是不可靠的动摇的力量,共同反对日本帝国主义及其走狗国民党南京政府"。这封信总的精神是要求福建党组织采取与第十九路军积极合作的态度,反对"关门主义"。

《反日反蒋的初步协定》的签订,坚定了第十九路军反蒋抗日的决心。1933年11月20日,第十九路军在福州召开中国人民临时代表大会,并发表《人民权利宣言》,宣告"否认南京反动

---

[1]《中华苏维埃共和国临时中央政府及工农红军与福建政府及十九路军反日反蒋的初步协定》(1933年10月26日),中央档案馆:《中共中央文件选集》第9册,中共中央党校出版社1991年版,第570页。

政府""号召全国反帝反国民政府之革命势力,立即组织人民革命政府",并主张"实行关税自主""计口授田""发展民族资本,奖励工业建设"。大会决定成立中华共和国人民革命政府,以"排除帝国主义在华势力,打倒军阀,铲除封建残余制度,发展国民经济,解放工农劳苦群众"为使命。

福建人民政府成立后,于11月27日与中华苏维埃共和国临时中央政府签订了《闽西边界及交通条约》。条约划定了双方的边界及不得驻军的"中立区",并对双方之间的通商、交通问题做了具体的规定。此后,福建人民政府向中央苏区送去了一批食盐、布匹、药品、军械等物资。福建人民政府还下令通缉蒋介石、汪精卫、何应钦等人,释放了包括一批共产党员、共青团员在内的政治犯。

2. 采取"左"的政策坐视福建人民政府解体

作为中共临时中央的主要负责人,博古原是主张联合第十九路军的,但随后不久,中共临时中央的态度发生了根本性的变化,其中,共产国际的指示是重要的因素。10月25日,共产国际致电中共临时中央,警示应与第十九路军保持足够的距离,强调:"国民党的广东派,以反日的武断宣传、护符,隐蔽地为英帝国主义的奴仆,这种假面目是应该揭穿的。"要求中共中央"对右倾机会主义的主要危险,应该用实际工作来克服"。[1]

受共产国际的影响,中共临时中央对第十九路军的立场立即发生转变。11月18日,中共临时中央指示福建中共组织,断定福建政府和第十九路军即使批准了《反日反蒋的初步协定》,"他

---

[1] 转引周国全等:《王明评传》,安徽人民出版社1989年版,第251页。

们也决不会执行的","因为福建政府代表着如国民党统治的区域其他地方的政府所代表的同样的阶级,就是豪绅地主资产阶级;因为十九路军是豪绅地主资产阶级的武装部队"[1]。中共临时中央认为,福建事变是"第三党"和"社会民主党"领袖们的诸集团,"看到国民党更加瓦解,估计到目前南京政府濒于倒台,所以在工农开始建立他们的苏维埃的时候,他们就举起他们老的反革命的旗帜,为了要将群众把持在地主资产阶级的营垒之中,为了要拦阻群众走向他们的先锋队所指示的革命道路起见,这些企图采择了冒充的民族革命和武断宣传的社会改良主义的词句,口号,政纲"。指示强调:"这些'左的'民族改良主义政党之力量之任何增加是在中国革命的进步上放了新而非常可怕的障碍物,因此,我们必须在下层革命统一战线的策略的基础上竭力和这些政党奋斗,来争取现在仍然附和他们的劳苦群众及士兵。"[2]

12月5日,中共临时中央发表《为福建事变告全国民众书》,认定福建人民政府"不会同任何国民党的反革命政府有什么区别,那它的一切行动,将不过是一些过去反革命的国民党领袖们与政客们企图利用新的方法来欺骗民众的把戏。他们的目的不是为了要推翻帝国主义与中国地主资产阶级的统治,而正是为了要维持这一统治,为了要阻止全中国民众的革命化与他们向着苏维埃道路的迈进!"中共临时中央还断定福建人民政府"必然遭到惨酷

---

[1]《中央给福建党的书记的信》(1933年11月18日),中央档案馆:《中共中央文件选集》第9册,中共中央党校出版社1991年版,第392页。
[2]同上书,第397页。

的失败,而变为反革命进攻革命的辅助工具"[1]。

此前的 11 月 24 日,周恩来、朱德致电中革军委,并以红一方面军名义致电博古、项英、李德,报告福建事变后的敌情变化,提出蒋介石目前正在推延进攻中央苏区,调集兵力由浙入闽,镇压福建人民政府,要求派红三、红五军团侧击向福建运动的国民党军,希望中共临时中央早作决定。不料,中革军委第二天发出的关于红一方面军行动的训令却规定:"我们不应费去大的损失来与东北敌人新的第一路军作战,而让十九路军替我们去打该敌";"我们要看新的第一路军与十九路军作战的结果以及敌人新的部署如何,可能在十二月中旬突然将我们的主力转移到西方对付敌人的第二路军"[2]。聂荣臻曾回忆说:"12 月初,当蒋介石抽调北线'围剿'的部队去镇压福建人民政府时,它的第三、第九两个师由蒋鼎文率领从南丰以南向闽西开进,而我们一军团当时刚打完大雄关战斗,就在附近休整。我们正处在敌人的侧面。敌人移动时,我们看得很清楚,一路一路地移,正好打。大家都说,这个时候不打什么时候打,再不打机会就没有了。可是上面就是不叫打,说打是等于帮助了小军阀。他们硬是把敌人放过去了。"[3]

在蒋介石大军压境的情况下,福建人民政府岌岌可危,乃派其参谋处长尹时中到中央苏区来求援,请求红军出兵配合作

---

[1]《中共中央委员会为福建事变告全国民众》(1933 年 12 月 5 日),中央档案馆:《中共中央文件选集》第 9 册,中共中央党校出版社 1991 年版,第 451、453 页。

[2] 中共中央文献研究室:《朱德年谱》(新编本)上册,中央文献出版社 2006 年版,第 358 页。

[3]《聂荣臻回忆录》,战士出版社 1983 年版,第 188—189 页。

战,并派一军事代表去福州联络。由于第十九路军的将领多为广东人,博古就派广东文昌(今属海南)籍的红一方面军司令部副参谋长张云逸去福州担任这一职务。临行前,博古特地指示张云逸,"此行的目的是设法争取点队伍过来",可是,关于如何利用这个有利时机推动革命形势发展,如何出兵配合作战,支持第十九路军反蒋抗日,克服其软弱动摇等等问题,他却只字未提。[1]此时,中共临时中央不但没有将红军主力东调去配合第十九路军作战,反把主力西调永丰地区,继续劳而无功地攻打国民党军的堡垒阵地。第十九路军在失去红军为后援的情况下,蒋介石利用军事和政治两手,迅速将福建人民政府摧垮。

从事后看,中共临时中央没有直接出兵援助福建人民政府,是于己于人都有害无益的,但在当时,人们的认识却未必有事后那样清楚。首先,共产国际的指示使得一向对其敬畏的中共临时中央领导人,不得不修正自己对福建事变性质的认识,在那个年代要向莫斯科说一点"不",并不是一件容易的事情。其次,红军与第十九路军曾多次在战场上相见,几个月前,东方军还在与第十九路军作战,双方的许多将领对两军能否合作都是存疑的。第十九路军的一些团长明确提出:"十九路军历来是反共的,为什么要和共产党合作?"[2]作为第十九路军主要领导人之一的蔡廷锴曾参加八一南昌起义,在南下途中投蒋,后在中央苏区的第二次、第三次反"围剿"战争中,蔡部又是国民党军的

---

[1]张云逸:《一次重大失误》,中国人民解放军历史资料丛书编审委员会:《红军反"围剿"·回忆史料》,解放军出版社1984年版,第180页。
[2]麦朝枢:《福建人民革命政府的回忆》,《文史资料选辑》第37辑,中国文史出版社1986年版,第89页。

主力之一，特别是第三次反"围剿"战争中的高兴圩之战，蔡率部与红军展开血战，双方伤亡都很大，红四军第十一师师长曾士峨、红三军团第四师代理师长邹平均在战斗中牺牲。因此，中共内部对第十九路军的反蒋活动持观望心态者，恐怕不只是博古等少数人。

3. 拒听正确建议丧失反"围剿"的有利时机

第十九路军是北伐时期的国民革命军第四军一部发展起来的。这支部队不论在北伐时期，还是参加军阀混战，都取得过不小战绩；它曾参与对中央苏区的第二、三次"围剿"，也表现出较强的战斗力；在"一·二八"淞沪抗战中因其抗日坚决，获得国人高度赞誉。此时已拥有正规军33个团，共七万余人，另有四万余人的地方武装归其指挥，如果红军给予其有力配合，虽然要打败蒋介石对其军事进攻有一定的困难，但其垮台必不致那么迅速，并且极有可能打乱国民党军对中央苏区的"围剿"部署，使这次反"围剿"战争出现另一种局面。可惜，中共临时中央受共产国际指示的影响，放弃最初比较正确的立场，对福建人民政府采取了关门主义的态度，致使蒋介石在很短的时间内解决了第十九路军的问题，随后又全力重新对中央苏区进行"围剿"。

彭德怀在与陈公培进行会谈后，与红三军团政治委员滕代远于10月23日至25日三天内，连续三次向中革军委提出建议，其主要内容是：在敌人大举集中并利用堡垒掩护谨慎稳进的情况下，我军能在敌运动中将敌各个击破的机会减少。因此，红军应充实和集中主力，离开敌人堡垒地带，在战略上向东北之金溪、贵溪、东乡、景德镇一带挺进，首先消灭浙赣边区警备司令赵观涛部，建立东北作战区，进而威胁江苏、浙江、安徽等敌人心脏地区，调动敌主力部队北进而离开中央苏区。当前，在敌人碉堡林立、工事相当坚固的情况下，我军切忌将主力部队摆在敌垒周围。彭、滕还提出，要使群众了解战争的意义，广泛动员起来配合红军，封锁扰敌，截敌捉敌，夜间袭敌，使所有男女、老少都为保卫苏区而战，为粉碎敌人第五次"围剿"而战。从而使红军能够集中兵力，机动秘密，出敌不意地打击消灭敌人，夺取反"围剿"战争的胜利。不过，彭德怀和滕代远的建议没有被中革军委所接受，中革军委认为，彭、滕的意见"目前是不能实行的"。10月27日，中革军委代主席项英电告朱德、周恩来："军委已决定了战役问题，望转告彭、滕，停止建议。"[1]

福建人民政府成立后，彭德怀认为："福建事变是国民党内部矛盾的表面化，是'一·二八'事变后抗日派和亲日派斗争的继续和发展，是小资产阶级和民族资产阶级反对买办地主阶级的代表蒋介石的斗争。我们应利用这一新形势，打破蒋介石正在准备的第五次'围剿'。"[2]为此，彭德怀于11月20日写了一个电报给周恩来转中共临时中央，建议留红五军团保卫中央苏区；集中红一、红三军团和红七、红九军团，向闽浙赣边区进军，依方志敏、邵式平根据地威胁南京、上海、杭州，支援第十九路军的福建事变，推动抗日运动，破坏蒋介石的第五次"围剿"计划。但是，博古拒绝采纳彭的建议，并指责说这是脱离中央苏区根据地

---

[1] 转引自《李志民回忆录》，解放军出版社1993年版，第227—228页。
[2] 《彭德怀自述》，人民出版社1981年版，第184页。

的冒险主义。[1]

对于博古等人在福建事变期间的所作所为，遵义会议决议曾评价说："然而当时的××同志等却在'左'的空谈之下，在战略上采取了相反的方针，根本不了解政治上军事上同时利用十九路军事变是粉碎五次'围剿'的重要关键之一。相反地，以为红军继续在东线行动打击进攻十九路军的蒋介石部队的侧后方，是等于帮助了十九路军，因此把红军主力西调，劳而无功地去攻击永丰地域的堡垒。失去了这一宝贵的机会，根本不了解十九路军人民政府当时的存在对于我们是有利益的，在军事上突击蒋介石的侧后方以直接配合十九路军的行动，这正是为了我们自己的利益。"[2]毛泽东也在《中国革命战争的战略问题》一文中评价说："第五次反'围剿'进行两个月之后，当福建事变出现之时，红军主力无疑地应该突进到以浙江为中心的苏浙皖赣地区去，纵横驰骋于杭州、苏州、南京、芜湖、南昌、福州之间，将战略防御转变为战略进攻，威胁敌之根本重地，向广大无堡垒地带寻求作战。用这种方法，就能迫使进攻江西南部福建西部地区之敌回援其根本重地，粉碎其向江西根据地的进攻，并援助福建人民政府，——这种方法是必能确定地援助它。此计不用，第五次'围剿'就不能打破，福建人民政府也只好倒台。"[3]

---

[1] 彭德怀传记组：《彭德怀全传》，中国大百科全书出版社2009年版，第260页。

[2] 《中共中央关于反对敌人五次"围剿"的总结决议》（1935年1月17日），中共中央党史资料征集委员会、中央档案馆：《遵义会议文献》，人民出版社2009年版，第16页。

[3] 《毛泽东选集》第1卷，人民出版社1991年版，第236页。

四、根据地内部的"左"倾政策严重影响红军战斗力

1. 肃反扩大化和查田运动的"左"倾政策为丛驱雀

战争是政治的继续。第五次反"围剿"之失败,除了中共在战略战术上的错误、在对福建事变的处理上失当等因素外,亦与根据地内部一系列"左"的政策的推行,严重影响了红军战斗力有着密切的关系。

在残酷的革命斗争中,肃清内部暗藏的敌对分子,自然有其必要性和合理性。当时,各个根据地都曾开展了肃反斗争,而且都存在扩大化的问题,中央苏区也不例外。

中央苏区肃反的扩大化主要表现在两个阶段,一是1930年底至1931年上半年,主要在赣西南反AB团,在闽西肃清社会民主党。在这一时期肃反出现了极其严重的扩大化,1931年底,周恩来进入中央苏区就任中共苏区中央局书记后,对肃反中的扩大化倾向做了一定的纠正。二是1933年春中共临时中央进入中央苏区后,使已经有所降温的肃反运动再次升温,在"严厉镇压反革命"的口号下,肃反进一步扩大化。

中共临时中央刚到瑞金不久,中华苏维埃共和国中央临时政府就根据博古等人指令,发布了《关于镇压内部反革命问题》的第21号训令,从有的地方群众大会上有人呼喊反革命口号、一些地方发现反动标语"奸商进行着破坏苏维埃国币计划""各地奸商操纵物价,同时大量运送现金出口"等事实,"证明敌人在苏区内是有计划地组织反革命,从政治上经济上各方面进行破坏苏维埃革命战争的毒计",要求"按照各地实际情况,立即动手

对付反革命",并且"一遇有反革命分子潜藏及活动的事实,要采取坚决敏捷的办法,给他们以严厉的镇压""为了严厉镇压反革命,对于重要反革命分子,要不犹豫的迅速的给以逮捕和处决"[1]。

随后,中央苏区的肃反运动再起高潮,而肃掉者大多并非真正的反革命。1934年5月,仅有数万人的西江县,在"下半月短短的半个月中,即捕获了几百名反革命分子,光判处死刑的就有二三百名(城市区在红五月中共杀了32名反革命分子,破获了AB团、暗杀团、铲共团、社民党、保安会的组织,共捉了四个暗杀团长、两个AB团长、数十名连长、排长、宣传队长等)","同时又以武装力量消灭了一部分因为肃反工作的加紧而逃跑到高山上去了的反革命武装"[2]。与此同时,"会昌县破获了大批的'铲共团'",其中包括一名原县军事部长、一名区军事部长、十一个乡苏主席和区的审讯科长等,并在5月下旬的一次群众与红军的联欢会上,当场枪决了二十余名所谓"铲共团"分子。[3]

登贤县(1934年3月,中央苏区为了纪念在白区工作牺牲的罗登贤,划出原于都、赣县、安远、会昌四县的一部分,另设该县,以原于都县的畲岭为县苏维埃政府所在地)的情况亦是一个例证。当时,"白区的老百姓来畲岭圩卖盐,登贤的干部说他们是来赤

---

[1]《中华苏维埃共和国临时中央政府中央执行委员会训令第二十一号——关于镇压内部反革命问题》(1933年3月15日),江西省档案馆等:《中央革命根据地史料选编》下册,江西人民出版社1982年版,第671—672页。

[2]《西江县——红五月扩红突击中的第二名》,《红色中华》第199期,1934年6月7日。

[3]《会昌麻州区破获一"铲共团"》,《红色中华》第199期,1934年6月7日。

色区域探听消息,不分青红皂白,统统捉起来杀掉";"捉到嫖妇女的男人,不是采取批评教育,让人家有机会改正错误,而是作坏人杀掉";"班房的人逃走了,看守班房的人要杀头";"参与迷信活动的人都要杀头";"只要一听是'AB'团分子,就拿去杀头";"招待客人在家住宿,也要作坏人论罪";"没有好菜招待县里干部,也要当坏人杀头";"有部分群众逃往白区,这些人捉到统统作为反革命分子杀掉"[1]。登贤的情况或许不能代表中央苏区的肃反全貌,但此间肃反的严重扩大化却是不争的事实。

1933年春中共临时中央进入中央苏区后,还开展了声势浩大的查田运动。实际上,中央苏区自开展土地革命以来,土地问题已基本解决,个别地方土地分配不公的问题,稍作调整即可。由于用大规模群众运动的方式去查土地、查阶级,这要么就是将已斗争倒了的地主富农再拿出来斗争一遍,要么就是清查所谓漏网的地主富农,人为地将中农拔高成富农,富农上升为地主,扩大斗争对象。所以在查田运动中也出现了严重的"左"的偏差,结果出现了"一人在革命前若干年甚至十几年请过长工的,也把他当作富农"[2];"把稍微放点债,收点租,而大部分靠出卖劳动力为一家生活来源的工人当地主打"[3]。这年底,毛泽东针对查田运动的过火现象,采取了一些措施进行纠偏,但中共临时中央一向认为毛泽东是"右倾",担心他主持这项工作又重犯"右倾机会主义"错误,使"地主不分田,富农分坏田"的政策不能

---

[1] 于都县部分革命老干部:《毛泽东同志写信给登贤县》,《回忆中央苏区》,江西人民出版社1981年版,第449—450页。
[2] 毛泽东:《查田运动的初步总结》,《斗争》第24期,1933年8月29日。
[3] 刘少奇:《农业工会十二县查田大会总结》,《斗争》第34期,1933年11月12日。

彻底贯彻,再次对毛泽东进行排挤打击,剥夺了他对查田运动的领导权,并将他提出的纠偏举措当作右倾加以批判,强调"右倾机会主义是目前的主要危险",于是查田运动再次滑向"左"倾的轨道。

1934年6月,张闻天曾在苏区中央局机关刊物《斗争》上撰文,对于中央苏区肃反的扩大化提出批评,说"在某些地方,赤色恐怖变成了乱捉乱杀,'阶级路线'与'群众路线'也不讲了。在一些同志中间正在形成'杀错一两个不要紧'或者'杀得愈多愈好'的理论"。"极左主义者""采取了消灭富农的路线,他们有意扩大'战区'范围,不问有无军事上的必要,把地主富农都编入永久的劳役队,地主富农的家属一律驱逐出境,完全没收富农的土地财产","要求把全苏区的地主富农,不分大小都捉起来,一律杀尽"。"这种小资产阶级的疯狂,必然会在群众中造成不必要的不安与混乱,必然会影响到我们同中农的联合,必然会使大批的地主富农登山,使地主富农影响一部分群众来反对我们。"[1]

中央苏区肃反的扩大化和查田运动的"左"倾错误,产生了严重的后果,其中最直接的是造成苏区群众的恐慌和对革命政权的不信任,破坏了苏区良好的党群关系和民(众)政(权)关系,不但影响到根据地人民对反"围剿"胜利的信心,而且影响到他们对红军反"围剿"战争的支持度。

前几次反"围剿"之所以取得胜利,除了正确的战略战术外,还与根据地老百姓的全力支持密不可分。第一次反"围剿"时,

---

[1] 洛甫:《反对小资产阶级的极左主义》,《斗争》第67期,1934年7月10日。

"共军坚壁清野,民众悉被裹胁入山,探索未得一人,最后捕获一共谍,佯哑不言,经再三审讯,始供龙冈以东以北山地均有伏兵"。"但苏区遍布共谍,国军行动,均被侦悉,而国军对于共军行动则甚少明了。"第二次反"围剿"时,"在共军方面,由于其凭借其军区制度,严密之恐怖组织,裹胁民众,充任外围,不断以迟滞、袭击、扰乱等手段,掩蔽其主力之行动;充分利用崇山峻岭之特殊地形,及时发挥稠密机动集中之能力,对国军形成局部之绝对优势"。"总之,在伪苏区作战,国军为纯军事的,而共军则因民众被其控制而为总体的,是以国军虽在军事上占优势,而不易发挥威力,捉捕敌人主力而予以消灭,反往往为敌所乘。"[1]

到了第五次反"围剿"时,情况就有了很大的变化。造成苏区有相当一部分群众由于肃反与查田运动而逃往白区。例如,于都县在查田运动中"致被地主富农反革命利用来煽惑群众向白区逃跑(小溪等地发生几百人跑往白区)"[2]。1934年2月,万泰县"发生二千六百群众逃跑"[3]。甚至还有"一部分被欺骗群众首先是中农群众登山逃跑,或为地主富农所利用来反对苏维埃政权"[4]。

---

[1] 王健民:《中国共产党史》(第二篇·江西时期),(台北)汉京文化事业有限公司1988年版,第569、574、579页。
[2] 项英:《雩都检举的情形和经过》,《红色中华》第168期,1934年3月29日。
[3] 转引自张闻天:《人民委员会为万泰群众逃跑问题给万泰县苏主席团的指示信》,《红色中华》第173期,1934年4月10日。
[4] 张闻天:《是坚决的镇压反革命还是在反革命前面的狂乱?》,《红色中华》第208期,1934年6月28日。对于苏区肃反与查田运动给第五次反"围剿"造成的不利影响,参见黄道炫:《第五次反"围剿"失败原因探析——以中共军事政策为主线》,《近代史研究》2003年第5期。

这与前几次反"围剿"那种密切的军民关系，形成了强烈的反差。在这样的情况下，反"围剿"战争又怎能取得最终胜利？

2. 不顾实际的"扩红"致使兵源素质下降

第五次反"围剿"战争中，蒋介石投入中央苏区的兵力约50万人，中央苏区红军到1933年秋发展到13万人。从敌我兵力对比上看，比例除低于第一次反"围剿"（国民党军10万人，红军约4万人）外，均高于第二次至第四次反"围剿"战争（第二次反"围剿"，国民党军队20万人，红军3万余人；第三次反"围剿"国民党军30万人，红军3万人；第四次反"围剿"国民党军40万人，红军约7万人）。但是，应该看到，此时红军的数量虽然有一定的增加，装备也由于前几次反"围剿"战争的胜利有所改善，但红军的兵源素质并没有随之提高。第四次反"围剿"战争尚在进行中，中共苏区中央局就提出了"创造一百万铁的红军"的口号。同年6月6日，苏区中央局专门作出《关于扩大红军的决议》，强调"创造一百万铁的红军，来同帝国主义国民党军队作战"，要求动员"所有模范营模范赤少队整营整团加入红军"，并通过"彻底解决土地问题""彻底实行优待红军条例""加紧政治动员""采用突击方式以扩大红军""有计划的领导和动员赤少模范队整个组织加入红军"等措施来完成这个任务。

同年7月24日，中共临时中央作出《关于帝国主义国民党五次"围剿"与我们党的任务的决议》，重申要"继续以突击的精神猛烈扩大红军，在创造一百万铁的红军的口号之下，创立新的军团、新的师，必须在规定的时期中，完成中革军委最近的动员计划,必须在短时期内增加一倍至一倍以上的红军的实力"[1]。所以,与第五次反"围剿"战争相伴随的,是中央苏区开展了一浪接一浪的"扩红"运动。

中央苏区全盛时期人口只有四百多万,要创建"一百万铁的红军"显然是做不到的,而且战争的胜负并不完全取决于双方人数的对比。第四次反"围剿"胜利后,由于中共临时中央过高估计了当时的革命形势,急于扩大苏区和夺取中心城市,以实现一省或数省的首先胜利,乃将"扩红"看成头等大事。

由于连续不断地进行"扩红",在有的地方这项工作开展起来难免有些困难。例如,"兴国县在去年(1932年。——引者注)十天动员中扩大1500多人,而今年2月只扩大2500多人,公略县1月份只扩大15人,瑞金县两个半月才完成两个月的数目"[2]。在这种情况下,由于一味强调红军的数量,只得采取命令主义的方式开展"扩红"运动,结果在"扩红"过程中发生了较为严重的强迫命令现象。如有的地方在"扩红"时,"召集群众大会,把前后门关起,一个简单的号召以后,就要到会的一致报名加入,公开宣告,有一个不报名即不散会(反正大门关上了,群众要跑也跑不了)。在这一方式之下,少数的人起来报名了,主席就叫报名的另坐地边,夸奖他们勇于参加红军之后,要已报名的向未报名的作斗争"。此外,还采取"不去当红军就分房子","把16岁至45岁的群众花名册抄起来,就算扩红的成绩,把花

---

[1]《中共中央委员会关于帝国主义国民党五次"围剿"与我们党的任务的决议》(1933年7月24日),中央档案馆:《中共中央文件选集》第9册,中共中央党校出版社1991年版,第277页。

[2] 颖超:《为创造一百万铁的红军而斗争》,《斗争》第7期,1933年3月15日。

名册送到区苏,区苏马上派人送光荣匾到这个乡,按名册指令集中",在不愿意参加红军者家门口钉可耻牌等方式"扩红"。有的地方为了完成"扩红"任务,竟然出现花几块大洋雇人当红军的现象。[1]

用这样的方式"扩红",红军新战士不但良莠不齐,而且由于他们中有的并非自觉自愿参加红军,因而经常发生逃亡现象。据1933年11月的统计,"一军团补充区域到11月15日集中到区的1663人,到补充师的只有728人,路上跑了935人。这儿还没有计算在乡村报了名根本未集中以及从乡到区逃跑的人数。大概算起来我们只集中了报名人数中的十分之三、四"[2]。1933年6月至9月的四个月中,博生县"开小差回来的不下三千人"[3]。一个时期,"瑞金全县开小差的有三千余人之多"[4]。到1933年12月底,"江西全省约有两万逃兵"[5]。以至于中央苏区在开展"扩红"运动的同时,还不得不开展反逃兵运动。

在第五次反"围剿"中虽然经过"扩红",并组建了新的军团,但由于战争紧迫,这些部队刚一组建就得参加反"围剿"作战。这些兵源素质参差不齐、装备又很差,并且全无教育训练和战斗经验的新部队,其战斗力就可想而知了。在以往的反"围剿"

---

[1] 潘汉年:《工人师少共国际师的动员总结》,《斗争》第24期,1933年8月29日。
[2] 王稼蔷:《为扩大红军二万五千人而斗争》,《斗争》第37期,1933年12月5日。
[3] 《光荣的博生的模范动员,十天内扩大一千八百名》,《红色中华》第116期,1933年10月6日。
[4] 《廿天来瑞金的突击运动》,《红色中华》第137期,1933年12月23日。
[5] 《江西省第二次工农兵代表大会扩大红军与地方武装决议案》(1933年12月28日),江西省档案馆等:《中央革命根据地史料选编》中册,江西人民出版社1982年版,第714页。

战争中，虽然红军在人员与装备上占劣势，但战略战术上占优势，而红军战士又具有不怕牺牲的革命英雄主义精神，而第五次反"围剿"中使用的是错误的战略战术，红军人数有了增加，但有些人在"扩红"中是被动参加红军的，其战斗力的发挥必然有所影响。

此外，由于"扩红"之后不是将新兵补充到各部队，以老带新，而是一味看重新军团的组建，结果老部队战斗力没有增强，新部队战斗力又弱。后来朱德总结说："在这中间，我们整顿队伍的缺点，是没有好好把新兵补充到老兵里面去。一、三、五军团都很强，但是没给很好的补充"，"新的军队则没有经过很好训练，就拿去打，都打垮了，老军队也没得到补充"。"他们没有注意到这个质量，都注意到搞新军队那方面去。搞起几个新的师来，但是吃穿都非常困难，这些新军队都很勇敢，敢打仗，但是每次都是牺牲很大，又不把他们编进老军队去，譬如一个军团一个师只剩下一两千人都不管。其实扩军应该从老的军队里带出来才可能，否则，想重新建立新军就不是那么简单的事情。"[1]

第五次反"围剿"中，红军采取的是与国民党军堡垒对堡垒的"短促突击"战术，除了初期的硝石、资溪桥战斗外，其余的战斗都是在根据地内部进行的。由于国民党军采取堡垒政策，而红军又无力攻克其堡垒，第五次反"围剿"中的战斗大都以红军失败告终。即使取得胜利的几次战斗，也多只是击溃敌人，不但未能歼灭敌有生力量，而且缴获亦少，这对于武器装备主要靠战

---

[1] 中共中央文献研究室：《朱德传》，人民出版社1993年版，第315页。

场获得的红军来说，这种击溃战并没有太大的意义。

在创建根据地之初，红军的给养除了战场缴获外，主要靠打土豪获得，"打土豪、分田地"曾是动员群众参加红军、支持红军的最有力的口号和动员方式。土地革命之后，根据地的内部已无土豪可打，国民党军的堡垒政策又使红军无法到根据地外去打土豪，所以反"围剿"战争后勤供应，全都来自根据地群众的负担。

由于大规模的"扩红"，使得农村青壮年劳动力大量减少。据1933年11月毛泽东对有"模范乡"之称的兴国县长冈乡和上杭县才溪乡的调查，长冈乡全部青壮年男子（16岁至45岁）407人，其中外出当红军、做工作的320人，占79%。才溪乡分为上才溪和下才溪，上才溪全部青壮年554人，外出当红军、做工作的485人，占88%；下才溪全部青壮年765人，外出当红军、做工作的533人，占70%。[1]此后，又经过多次"扩红"，最后整个才溪乡二千余人口中，只剩下壮丁7人。[2]有学者统计，第五次反"围剿"时"扩红"的数量"已占到可征召壮年男子的近1/4。这其中还不包括各级政权工作人员、工厂工人、前后方夫役以及不能加入部队的地主、富农分子等，如果总计起来，大部分可以参加红军的青壮年男子实际都已被征发"[3]。"扩红"数量的增加不单是苏区劳动力减少的问题，而且还意味着留在乡间从事生产的青壮年劳动力负担相应加重。历时一年的第五

---

[1]《才溪乡调查》，《毛泽东农村调查文集》，人民出版社1982年版，第341页。

[2]《李志民回忆录》，解放军出版社1993年版，第223页。

[3]黄道炫：《第五次反"围剿"失败原因探析——不以中共军事政策为主线》，《近代史研究》2003年第5期。

次反"围剿"作战,根据地的群众承担了繁重的支前和优待红军家属任务,而且随着反"围剿"的失利和苏区面积的缩小,苏区人口也在减少,根据地的群众负担日重。实际上,红军长征前夕,面积所剩不大、人口所余不多的中央苏区,已出现了粮食、食盐和其他生活必需品严重短缺的局面。在这样的物资供应下,如果红军没有办法打破国民党军的堡垒,跳出其包围封锁线转入外线作战,就算能守住剩余的根据地,战争也是无法长久坚持下去的。

3. 舍不得放弃中央苏区

事后看来,如果在福建事变之时采纳彭德怀等人外线作战的建议,或许这次"围剿"也是可以打破的,但由于当时形势还没有后来那样严峻,所以"此计不用"。"到打了一年之久的时候,虽已不利于出浙江,但还可以向另一方向改取战略进攻,即以主力向湖南前进,不是经湖南向贵州,而是向湖南中部前进,调动江西敌人至湖南而消灭之。"可惜"此计又不用,打破第五次'围剿'的希望就最后断绝,剩下长征一条路了"[1]。

为何博古、李德等人两计都不用?除了其思想上的教条主义外,还有一个重要的原因,就是舍不得放弃中央苏区。1933年4月3日,共产国际远东局在给共产国际执委会政治书记处政治委员会的电报中说:"我们不能采取诱敌深入到苏区然后将其消灭的战术,因为要做到这一点,苏区还是太小了。如果我们失败,当地老百姓就会对我们失望,我们就会丧失补充红军队伍的可靠

---

[1]《中国革命战争的战略问题》(1936年12月),《毛泽东选集》第1卷,人民出版社1991年版,第236页。

来源。"[1] 4月8日，共产国际驻中共代表埃韦特在给共产国际执委会的报告中也说："我们的地区太小，不能遵循将敌人较大部队拖入陷阱的战术。我们应尽可能地进行大的战斗，或者在我们地区，或者在敌占区。""如果敌人暂时占领我们的地区，他们在离开时会把它洗劫一空。在物质方面，这会削弱我们的作战能力，而在道义方面，我们离开团结一致的苏区，使之完全失去了防御能力，这会损害农民对我们的信任。"[2]

共产国际远东局和埃韦特的这些话，很大程度反映了当时中共临时中央对于诱敌深入和外线作战的态度。因为这两种战略方针，前提都是根据地的暂时放弃。前者意味着必须首先放国民党军进入根据地，才能寻求到歼敌之机；后者则在主力红军离开根据地之后，国民党军必然迅速将之占领。如果诱敌深入时不能歼敌，或者外线作战失利，后果都是已有根据地的丢失。客观上国民党军大量构筑堡垒使红军运动战略难以施展，即使诱敌而敌并不深入，在根据地外作战又难以跳出国民党军的堡垒；主观上又在根据地问题上患得患失，舍不得对已有根据地的暂时放弃。于是，唯一的办法是"御敌于国门之外"，千方百计保住已有的根据地。

1931年11月成立的中华苏维埃共和国，被称之为"共和国的摇篮"，是中国共产党人建立全国政权的最初尝试，它也为后

---

[1]《共产国际执行委员会远东局给共产国际执行委员会政治书记处政治委员会的电报》（1933年4月3日），《共产国际、联共（布）与中国革命档案资料丛书》第13卷，中共党史出版社2007年版，第374页。

[2]《埃韦特给共产国际执行委员会的报告》（1933年4月8日），《共产国际、联共（布）与中国革命档案资料丛书》第13卷，中共党史出版社2007年版，第394页。

来全国政权的建立积累了初步的经验，对其意义已有相当多的论著作了论述。

早在1930年7月，共产国际执委政治秘书处就作出《关于中国问题议决案》，强调："苏维埃的运动，已经对于党提出组织苏维埃中央政府，以及调节这一政府的行动的任务。这个任务是有第一等重要意义的。"[1]但是由于种种原因，中华苏维埃共和国临时中央政府到1931年11月才宣告成立。中华苏维埃共和国作为一个全国性的政府，面积人口都很有限，虽然模仿苏联组建了政府的各个部门，但这些机关有的仅具有象征意义（如外交人民委员会）。

既然中华苏维埃共和国已是一个"国家"，自然就有了相应的疆域，作为这个"国家的武装力量"的红军，就承担了守卫疆土的责任。因此，中华苏维埃共和国成立之后，中央苏区的反"围剿"战争，就已经不单是从军事上打破敌人"围剿"的问题，而是在反"围剿"的同时，必须千方百计扩大这个共和国的疆域，至少要不惜一切代价守住这个共和国的疆域。第五次反"围剿"初期的冒险主义，反"围剿"后期的"御敌于国门之外"的保守主义，都是由此而来。

1933年7月，中共临时中央作出《关于帝国主义国民党五次"围剿"与我们党的任务的决议》，指出："阶级敌人对于苏维埃和红军的新的'围剿'，是在疯狂般的准备着，五次'围剿'是

---

[1]《共产国际执委政治秘书处关于中国问题议决案》（1930年7月23日），中央档案馆：《中共中央文件选集》第6册，中共中央党校出版社1989年版，第585页。

更加剧烈与残酷的阶级决战。"[1]为此，中共临时中央提出第五次反"围剿"的动员口号是："粉碎敌人的新的五次'围剿'","保卫与扩大苏区"，"不让敌人蹂躏一寸苏区"，"争取苏维埃在全中国的胜利"。同年10月，中共临时中央在给中共闽浙赣省委的指示中又强调："在目前正当着我们还只在一部分中国领土上胜利的时候，我们的最高的任务就是巩固苏区，扩大苏区，争取苏维埃政权在全中国的胜利。我们应该用一切力量来保卫苏区，巩固苏区，而这里最重要的最好的方法，就是坚决的发展与扩大苏区，苏区的扩大将使我们能够更好保卫他。"[2]

中华苏维埃共和国成立之后，中央苏区就不再仅是若干苏区中的一块，而是这个共和国的核心区和首都所在地，从一定意义上讲，中华苏维埃共和国就是中央苏区，中央苏区象征着中华苏维埃共和国。因此，其他的苏区即使暂时放弃了，并不意味着中国苏维埃运动的失败，而中央苏区一旦因国民党的第五次"围剿"而丢失，则表明中华苏维埃共和国事实上就不复存在。结果，这支还不强大的红军在敌我力量悬殊的情况下，几乎成为守卫这个共和国的国防军，不但肩负着保卫其疆域的使命，而且承担着扩大其版图的责任。如此一来，使原本灵活作战，尤其擅长于运动中歼敌的红军，一方面由于国民党的堡垒政策无法进行外线作战，另一方面又担心一旦自身转入外线作战国民党军就会乘机占

---

[1]《中央委员会关于帝国主义国民党五次"围剿"与我们党的任务的决议》(1933年7月24日)，中央档案馆：《中共中央文件选集》第9册，中共中央党校出版社1991年版，第275页。

[2]《中央给闽浙赣省委信》(1933年10月3日)，中央档案馆：《中共中央文件选集》第9册，中共中央党校出版社1991年版，第345页。

领苏区（这将意味中华苏维埃共和国就没有固定的疆土了）而不敢离开根据地。

　　这个问题在中共临时中央到来之前尚不那么严重。当时中华苏维埃共和国临时中央政府虽然已经成立，但它所代表的是一个"国家"的概念还没有形成，中共苏区中央局及毛泽东等人并没有过多地看重其政治意义，所以毛泽东虽然担任了临时中央政府的主席，但他的工作重心仍在军事而没有在政府工作中。而中共临时中央到来之后，中央苏区不但代表着中华苏维埃共和国，成为中共临时中央的所在地，也成了中国革命的中心和革命成败的象征。正因为害怕这个共和国的丧失，故而在反"围剿"的过程中患得患失，既不敢大踏步地前进进入国民党统治区，亦不敢大踏步地后退诱敌深入，反"围剿"战争也由此越来越被动，要想保存革命的有生力量，唯有战略转移即长征一途。

全民族抗日战争前期中共组织的发展与巩固

全民族抗日战争时期是中共力量得到大发展的重要阶段，全国党员人数由约 4 万人发展到 120 万人，其中相当数量的党员又是在这一时期的头两年发展起来的。全民族抗战前期各抗日根据地中共组织的大发展，一方面壮大了党的队伍，另一方面也难免出现"拉夫"式地发展党等问题。那么，当时各地的中共组织是如何发展起来的？在大发展中又出现了哪些问题？当年是如何开展中共组织整顿工作的？这些问题虽然也偶有著述提及[1]，但就此进行专门的论述尚不多见，下面拟就此作一点简要的探讨。

一、"十百倍的发展党员"

从目前了解到的情况看，全民族抗战开始之时，中共在全国的党员人数大多是笼统的 4 万人之说，未见有具体的数字。这 4 万

---

[1] 如张明楚主编的《中国共产党基层组织建设史》(福建人民出版社 2008 年版)，卢先福、龚永爱主编的《农村基层党建历程》(湖南师范大学出版社 2011 年版)等，在相关章节中对此有所介绍，但由于这些著作属于通史性质，未就此展开深入论述。此外，亦有关于全民族抗战时期党的建设的论文对此有所谈及，如王新生的《试论抗战时期党的建设的历史经验》(《中共党史研究》2005 年第 6 期)一文，评述了全民族抗战期间中共组织的发展与巩固情况。

党员主要集中在陕甘宁地区特别是军队中，据任弼时1938年5月向共产国际的报告，"开往山西省的八路军部队45%的指战员是共产党员"[1]。因此，除军队及陕甘宁地区外，中共在全国其他地方党的力量甚为薄弱。

全民族抗战爆发后，八路军迅速出兵华北抗日前线。华北地区虽然较早就建立了中共组织，如北京、山东在中共一大前就成立了中共的早期组织，1921年底中共河南洛阳党组建立，1924年夏山西成立了中共太原支部。但在1931年至1935年的"左"倾教条主义统治时期，华北地区的中共组织也遭受严重破坏。1936年春，中共中央决定由刘少奇担任中共中央北方局代表，负责指导华北党的工作。随后，刘少奇对白区工作中存在的关门主义和冒险主义作了系统纠正，恢复了河北省京东、津南、保属、直南等地区的中共组织，重建了中共山东省委、山西省委和河南工委，使华北地区中共组织得到了恢复和发展，到全民族抗战爆发之时，党员人数达到了5000余人。

然而，随着大片抗日根据地的开辟和中共及八路军影响的日益扩大，中共的组织力量和党员数量仍严重落后于形势的发展。作为全民族抗战爆发后中共创建的第一个敌后根据地，晋察冀边区中共的组织基础十分薄弱，平汉路以西的地区，与上级保持联系的，只有平山、定襄、五台、东冶、完县、涞源、定县等地有党组织；阜平、灵寿、行唐、曲阳、唐县、正定、新乐、井陉等县，有一部分党员在坚持活动，但人数很少，组织也不健全，与上级

---

[1]《共产国际、联共（布）与中国革命档案资料丛书》第18册，中共党史出版社2012年版，第229页。

的联系是时断时续。党员数量最多的平山县,虽有党员400余人,但有确切组织关系,能切实坚持工作的只有几十人。[1]全民族抗战爆发前,中共山西省工委下辖太原市委、定襄中心县委、阳泉矿区委、运城区委、祁县支部及寿阳、介休等县的一些零碎关系,加上省工委在太原直属的几个支部,共有党员360余人。[2]中共山东省委在给中共中央的报告中说,到1937年11月,冀南及鲁北地区的乐陵、无棣、商河等十余县,"党的基础薄弱",仅有党员200余人。[3]1937年5月,中共中央决定重建中共河南省委,并指定朱理治负责省委的筹建工作。当时,中共中央交给朱理治的组织关系,除原中共河南省工委和中共鄂豫边省委的150余人外,还有中共苏鲁边特委300人,中共皖西北特委30人。[4]

在这种形势下,迫切需要党组织加速建立和党员人数能迅速增长。当时,党内较早提出应当大量发展党员的负责干部是刘少奇。1937年10月10日,刘少奇撰写了《为发动华北广大群众的抗日救亡运动而斗争》一文,强调指出:"在敌占区域,在我军后方,都应立即大大地发展党,建立党的地方组织与支部。因为目前正是华北最严重的时候,红军的威望与共产党的政治影响,已有极大的增长,很多革命分子此时均在寻找红军与共产党,愿意参加红军与共产党,舍身加入革命。同时又因为我党在华北尤

---

[1] 谢忠厚、肖银成主编:《晋察冀抗日根据地史》,改革出版社1992年版,第69页。

[2] 山西省史志研究院:《中国共产党山西历史(1924—1949)》,山西人民出版社1999年版,第271页。

[3] 山东省档案馆:《山东革命历史档案资料选编》第4辑,山东人民出版社1982年版,第4页。

[4] 中共河南省委党史工作委员会:《中共河南党史》上卷,河南人民出版社1992年版,第362页。

其在山西的组织基础是太薄弱了,我们要领导华北数十万群众的游击运动,并获得胜利,必须十倍百倍地发展我党的组织,才能保证我党的领导。因此,党在全华北各地必须开门,大量地发展党员,吸收在革命斗争中产生的工农积极分子与经过锻炼的知识分子,在每一县、每一个地区与乡村及武装部队中都建立起党的组织。"刘少奇认为,在当前形势下,建立各地党的组织,"应该采取一些由上而下的方式",即先在各县建立党的工作委员会或临时县委,"由县工作委员会负责去介绍同志,建立各乡村各城市中党的支部,等许多支部建立后,再成立正式县委"[1]。同年10月22日,刘少奇在给八路军第一二〇师负责人贺龙、关向应及华北各地党组织的电报中又指出:"在已失及未失地区,都要大大发展地方党,吸收在抗日斗争中积极的工农与经过锻炼的知识分子入党。要在各县首先成立党的工作委员会,负责建立全县各乡村党的支部。"[2]

党的发展问题也引起了中共中央和毛泽东的重视。1937年11月12日,毛泽东在延安党的活动分子会议作了《上海太原失陷以后抗日战争的形势和任务》的报告,强调:"几个月来,更广大的小资产阶级的左翼群众是在我们的影响下团结起来了,国民党营垒中的新生力量是在增长中,山西的群众斗争是发展了,党的组织在许多地方也发展了。""但是必须清楚地懂得,党的组

---

[1] 刘少奇:《为发动华北广大群众的抗日救亡运动而斗争》(1937年10月10日),《中共中央北方局》资料丛书编审委员会编:《中共中央北方局——抗日战争时期》上册,中共党史出版社1999年版,第60—61页。

[2] 刘少奇:《给贺龙、关向应及华北各地党组织电》(1937年10月22日),《刘少奇选集》上卷,人民出版社1991年版,第93页。

织力量，在全国，一般地说来还是微弱的。全国的群众力量也还是很薄弱，全国工农基本群众还没有组织起来。所有这些，一方面由于国民党的控制和压迫的政策，另一方面则是由于我们自己的没有工作或工作不足。这是我党在现时抗日民族革命战争中的最基本的弱点。不克服这个弱点，是不能战胜日本帝国主义的。"[1] 1938年1月15日，中共中央在给中共山东省委的指示中亦指出："在目前民族革命的高潮中，应当大量的吸收积极的工农成份和革命的学生入党，但同时必须严密党的组织不使一个奸细和投机分子混入党内。"[2]

在1938年2月召开的中共中央政治局会议上，大量发展党员成为会议讨论的一个重大问题。会议认为：（一）党今天在数量上还远不能适应抗战事业的需要。因此，要求全党把发展党员看作日常工作中的一种最基本工作；（二）党的质量（即社会成分）须要有大的变更；过去几年因为特殊的历史环境和种种原因，所以党员的社会成分是农民雇农和手工工人占多数，大城市产业工人的比例不够，现在应当努力克服这一弱点，应当努力吸收重要产业的先进工人和先进知识分子入党；（三）因为国内外政治环境的复杂和紧张，因为新党员增加和老干部理论修养的不够，加强党内马克思列宁主义的经常政治教育，加强党内对三民主义的深刻研究，已经成为全党刻不容缓的严重任务；（四）加紧选

---

[1]《上海太原失陷以后抗日战争的形势和任务》（1937年11月12日），《毛泽东选集》第2卷，人民出版社1991年版，第394—395页。

[2]《中央关于发动游击战争建立根据地和党的工作问题给山东省委的指示》（1938年1月15日），中央档案馆：《中共中央文件选集》第11册，中共中央党校出版社1991年版，第419页。

拔和培养大批新的党的干部和非党的革命干部，以增强抗战的力量；（五）为适应抗战环境的需要，建立和健全地方党部的独立工作能力；等等。[1]毛泽东在会议上提出要"大量的发展党员"，并建议中共中央对这个问题作出决议。[2]张闻天表示同意毛泽东的意见，说目前只有9万余党员，人数太少。要发展民运，便要发展党。干部人数也很不够，今后要注意培养新干部，而新干部也只有在发展党的过程中来培养。[3]

根据毛泽东的建议，时任中共中央书记处书记、中央组织部长的陈云，主持起草了《中央关于大量发展党员的决议》。这年3月15日，中共中央正式通过了这个决议。决议认为，由于日本帝国主义的压迫与民族革命的新高潮，由于党的抗日的民族统一战线政策的正确领导与党的影响的威信的扩大与提高，大批的革命分子要求入党，这给了发展党以极端有利的条件。"但应该指出，目前党的组织力量，还远落在党的政治影响之后，甚至许多重要的地区，尚无党的组织，或非常狭小。因此大量的十百倍的发展党员，成为党目前迫切与严重的任务。"决议为此提出了大量发展党员的具体要求，如打破党内在发展党员中关门主义的倾向，反对把党的注意力局限在恢复与审查旧关系和旧线索的狭窄圈子内；打破在统一战线中忽视党的发展，以为党的扩大无足轻重，甚至于取消党的发展的严重倾向；大胆向着积极的工人、雇

---

[1] 陈绍禹：《三月政治局会议的总结》(1938年3月11日)，中央档案馆：《中共中央文件选集》第11册，中共中央党校出版社1991年版，第359—461页。
[2] 中共中央文献研究室：《陈云传》上卷，中央文献出版社2005年版，第238页。
[3] 《继续抗战与国共关系》(1938年2月28日)，《张闻天文集》第2卷，中共党史出版社1992年版，第388页。

农、城市中与乡村中革命的青年学生、知识分子、坚决勇敢的下级官兵开门,把发展党的注意力放在吸收抗战中新的积极分子与扩大党的无产阶级基础之上;特别注意在战区在前线上大量地吸收新党员,建立强大的党的组织;在后方无党的组织的地区,应有计划地与迅速地去重新建立与发展党的组织;把发展党员作为每一个党员及各级党部的经常的重要工作之一,进行经常的检查与推动;等等。[1]

随后,中共中央又一再强调,必须加快党的发展,1938年3月24日,张闻天、毛泽东、刘少奇联名致电朱瑞等,要求"大大发展党,建立与健全各级党的领导机关,办一、二个较大的学校,训练政治军事群众团体及政府的干部,党办训练班"。[2]

1938年9月29日至11月6日,扩大的中共六届六中全会在延安召开。毛泽东在《论新阶段》的政治报告中,明确提出要将"大胆发展而又不让一个坏分子侵入"作为发展党的总方针。他指出:"为了克服困难战胜敌人,共产党必须扩大其组织,向着真诚革命,而又信仰党的主义、拥护党的政策,并愿意服从纪律、努力工作的广大工人农民与青年积极分子开门,使党变为伟大的带群众性的党。在这里,关门主义倾向是不能容许的。但同时,对于奸细混入的警觉性也决不可少。"[3]张闻天在会上所作的《关

---

[1]《中央关于大量发展党员的决议》(1938年3月15日),中央档案馆:《中共中央文件选集》第11册,中共中央党校出版社1991年版,第466—467页。

[2]《关于目前晋冀豫党与八路军的任务的指示》(1938年3月24日),中央档案馆:《中共中央文件选集》第11册,中共中央党校出版社1991年版,第480页。

[3] 毛泽东:《论新阶段》(1938年10月12日至14日),中央档案馆:《中共中央文件选集》第11册,中共中央党校出版社1991年版,第645页。

于抗日民族统一战线的与党的组织问题》报告中，专门有一节讲到发展党员的问题，强调"有计划的发展党员，建立支部，使党成为全国性的、群众的、布尔什维克的党——是目前中心任务之一"。报告还提出发展党与巩固的原则，应是"在工作的开展中去发展党，在斗争中去发展党"；"发展到一定程度后，需要一时期的清理、整顿与巩固（消化），然后再发展"。对于党员成分问题，报告提出要保证全党内工人、雇农、手工业者、劳动农民占优势，但许多地方党在开始时，应多吸收革命知识分子，认为这样做"不是坏倾向，而正是一般的规律。党一般的要经过革命的知识分子的帮助，而深入到下层群众中去"。报告指出，在发展党员的过程中，必须克服两种错误倾向，即关门主义与拉夫主义。[1]

二、中共组织的大发展

全民族抗战爆发之后，中共各级组织花了很大的力气从事党员发展的工作。1937年9月，中共中央北方局决定成立由李葆华、王平、刘秀峰等组成的中共晋察冀临时省委（1938年10月改称中共晋察冀区委），与同时到达这一地区的八路军部队一起，"担负起发动群众，并大力发展党组织的任务"。"边区部队和工作团、工作组分散各地，采取大刀阔斧的大量发展党的方针，在

---

[1] 洛甫：《关于抗日民族统一战线的与党的组织问题》（1938年10月15日），中央档案馆：《中共中央文件选集》第11册，中共中央党校出版社1991年版，第718页。

发动群众的过程中，培养和吸收群众中的先进分子入党，恢复抗战前失掉的党的关系。在没有党组织的地方，便由工作团、工作组组成党的临时县委、区委，积极发展新党员，着手建立党的组织。"[1]很快，在中共晋察冀临时省委下组成了四个特委，县以下的党组织也逐步建立起来。据中共晋察冀临时省委组织部的不完全统计，到1938年6月，全边区平汉路以西的地区党员发展到10460人，其中90％以上是全民族抗战爆发之后新发展的。到1940年10月，该区党委所属党员发展到70600名。[2]与此同时，冀中地区的党组织发展迅速。到1937年10月，冀中全区党员发展到5000名左右。1938年1月，中共冀中省委成立，所属党员达到12000人。这年四五月间，冀中多数县恢复了县委组织。到1939年，冀中全区中共党员发展到9万多名。[3]

1938年4月，中共晋西北省委（1938年8月改称中共晋西北区委员会）在岢岚召开晋西北地区党的活动分子会议，决定在全区大力发展党的基层组织。到1939年春，晋西北区党委下辖的党组织，由原来的3个县委发展到8个地委，30余个县委，党员人数达到1万余人。[4]在晋西南地区，全民族抗战爆发之初，全区党员只有几十人，到1938年9月，晋西南地区中共党员发展到5900名。到1939年1月，全区共有26个县委，中共党员发展

---

[1] 谢忠厚、肖银成主编：《晋察冀抗日根据地史》，改革出版社1992年版，第70页。
[2] 中共中央组织部等：《中国共产党组织史资料》第3卷（下），中共党史出版社2000年版，第442—443页。
[3] 同上书，第488—489页。
[4] 山西省史志研究院：《中国共产党山西历史（1924—1949）》，山西人民出版社1999年版，第293页。

到11000名。[1]中共晋西南区委书记林枫后来谈到晋西南建党工作的情况时曾说:"严格说,当初晋西南没有党,只有运城有几十个党员。洪赵是否有,不记得了。那时办了个党校,训练一礼拜,派七个人去洪赵;从程子华那里又派人去晋西。在不到两年的时间里,全区党员由抗战初期的几十个发展到18000多,增长了200多倍。"[2]

1938年2月,中共晋冀豫省委(1938年8月改称晋冀豫区委员会,1940年10月更名为中共太行区委)召开党的活动分子会议,这时地方中共党员仅1000余人,1938年6月增至1万人,到1939年9月召开全区第一次党代表大会时,党员增加到30150人。[3]中共晋冀豫区委组织部长徐子荣在该区第一次党的代表大会开幕词中,曾对该区党员发展的情况作了这样的描述:"在开始初创时间,不过30多同志;在辽县活动分子会议(指1938年1月底至2月上旬中共晋冀豫省委在山西辽县召开的党的活动分子会议。——引者注)时,不过1000多党员;现在都要超过了好多倍。我们党在这个区域可以说是唯一的大党,可以说是群众的党,不但生长了党的力量,而且创造了武装,推动了全区政治文化上的前进,把落后的区域变成先进的区域。"[4]

---

[1]中共中央组织部等:《中国共产党组织史资料》第3卷(下),中共党史出版社2000年版,第339页。

[2]穆欣:《晋西南抗日根据地漫记》,中国人民解放军总参谋部《一二〇师战史》编写办公室1996年编印,第84页。

[3]太行革命根据地史总编委会:《太行革命根据地史(1937—1949)》,山西人民出版社1987年版,第44页。

[4]《徐子荣同志在中共晋冀豫区第一次代表大会上的开幕词》(1939年9月),山西省档案馆:《太行党史资料汇编》第2卷,山西人民出版社1989年版,第469页。

山东地区的中共组织在全民族抗战爆发后也得到迅速发展。据中共鲁西区党委1939年11月《关于党的工作报告》，"为着响应党中央3月15日关于大量发展党的号召，为着纪念'七七'事件一周年，便规定7月为突击月。在党的工作上，这一月来实行突击运动，并规定各级在发展党为一倍的比率（例）数，7月前鲁西特委领导的党员总数是500余，7月底县委联席会议上的总结是1700余了，工农的比例数也大大增加。并在鲁西特委领导的县份，领导机关健全起来。8月中旬，在冀鲁豫区党委召集了各特委书记联席会议，除去一般的检查工作、指示工作外，并规定9月为冲锋月，各地委间并举行竞赛（鲁西和直南、鲁西北和冀南一地委），这和7月的突击一样，兴奋了鲁西的党，和完成7月的突击运动一样，紧张地度过冲锋的9月，胜利地完成了党给予的任务。组织的开展，在这一月是由1700到3800，鲁西北特委区域内也由300多党员到600多"[1]。

1939年1月，以鲁西北、鲁西、泰西特委和苏鲁豫边区特委领导的郓（城）濮（阳）巨（野）菏（泽）中心县委为基础，在馆陶县成立中共鲁西（山东第二）区委员会。该区党委从成立至1939年8月，以恢复党的组织、发动群众组织地方武装为中心任务，全区36个县中，有34个县恢复或建立了县委或工委，共有党员20003名。[2]1939年7月12日，中共中央山东分局（1938

---

[1]《鲁西区党委关于党的工作报告》（1939年11月），中共冀鲁豫边区党史工作组办公室等：《中共冀鲁豫边区党史资料选编》第2辑（文献部分）（上），河南人民出版社1988年版，第115—116页。

[2] 中共中央组织部等：《中国共产党组织史资料》第3卷（下），中共党史出版社2000年版，第776页。

年12月由原中共苏鲁豫皖边区省委改称），在给中共中央北方局的报告中说："现在党员：第一区委（鲁南）15000人，第二区委（鲁西）8000人，第三区委（胶东）12200人，第四区委（冀鲁及清河区）共8000人，第五区委（苏鲁豫边）6月前约8000余人，第六区委（苏皖边）4月前已300余人。"[1]也就是说，山东各抗日根据地党员总数已达5万余人。

河南的党员人数也有了很大增长。1937年9月，中共河南省委在开封正式成立。随后，省委相继作出了《关于发展组织的决定》和《关于发展与恢复党组织问题的报告》，强调各地党组织一方面要克服忽视工农，忽视发展党，敌视、排斥知识分子的"左"倾关门主义；另一方面又要纠正不讲条件、不负责任、随意发展的自由主义。到1938年3月，全省党员增加30倍，人数达3000余人。1938年3月中共中央发出《大量发展党员的决议》后，中共河南省委指示各地党组织：大胆向工农阶级的劳苦大众开门，大量吸收雇农、贫农、中农入党，大批提拔工农干部，扩大党在农村的基础。此后，河南全省党员有更大发展，到1938年10月，全省（豫北在外）党员发展到8000余人，为河南省委建立前的50倍。[2]

包括豫北地区在内的冀鲁豫边区，经过1938年7月"冲锋月"、8月"突击月"、9月"国难月"的大发展，党员人数增加

---

[1]《山东分局关于政权、党务等工作情况向北方局的报告》（1939年7月12日），中共冀鲁豫边区党史工作组办公室等：《中共冀鲁豫边区党史资料选编》第2辑（文献部分）（上），河南人民出版社1988年版，第66页。

[2] 中共河南省委党史工作委员会：《中共河南党史》上卷，河南人民出版社1992年版，第362、364页。

了一倍,达到 1780 人。随后,该地区"党仍在集中力量发展,直到 1939 年 5 月都是提出一倍或数倍的发展",清丰县党员由数百人发展到 1900 人,南乐县由六七十人发展到 1000 人。1939 年 4 月,边区分为中共直南、豫北两个地委,直南地委有清丰、南乐、大名、濮(阳)内(黄)滑(县)4 个县委,党员 6000 余名。豫北地委有濮阳、滑县、东明、长垣 4 个县委,仅滑县 1939 年 6、7 两个月中,即由数百人发展到 9000 余人。[1]

在国民党统治区,全民族抗战爆发之后中共组织也得到了较大发展。1937 年 8 月 23 日,中共中央政治局常委会决定成立以周恩来为书记的长江沿岸委员会,具体负责恢复、重建南方各省党组织的工作。同年 11 月,长江沿岸委员会和八路军驻南京办事处随国民党中央和国民政府机关迁到武汉。12 月,中共中央政治局会议决定在武汉设立中共中央长江局,全面领导长江以南国民党统治区和部分沦陷区党组织的工作;同时,撤销原苏区中央分局,在南昌设中共中央长江局东南分局,领导南方各游击区。1938 年 11 月,中共中央决定撤销长江局,将由长江局领导的原东南分局改为中共中央东南局,领导长江以南东南地区中共组织;在原长江局管辖的长江以北、陇海路以南地区设中共中央中原局;在长江以南及西南设中共中央南方局,负责四川、贵州、云南、广西、广东、湖南、湖北、福建、江西及港澳地区和海外的中共组织。

---

[1]《冀鲁豫区党委的工作总结》(1941 年 9 月 20 日),中共冀鲁豫边区党史工作组办公室等:《中共冀鲁豫边区党史资料选编》第 2 辑(文献部分)(中),河南人民出版社 1988 年版,第 90 页。

在中共长江沿岸委员会、长江局及后来的南方局、东南局领导下,南方各省建立了相应的中共省委或省工委以及一些地方特委,大力开展中共组织的恢复重建和发展工作。

1937年11月,经中共中央批准,中共江苏省委在上海成立。到1939年10月,江苏省委所属各委员会共领导169个支部,省委外县工作委员会在各地农村发展党员760名。

"七七"事变后,八路军南京办事处派人去浙江从事中共组织的恢复发展工作,1938年2月,正式成立中共浙江省委。到1939年7月,浙江全省党员发展到1.9万人。

1938年5月,中共福建省委成立,到1939年7月,全省党员发展到3000人。

1937年12月,中共湖南省特别委员会成立,次年1月,改称中共湖南省工作委员会,到1938年4月,全省32个县(市)恢复或建立了中共组织,党员人数800多人。同年7月,中共湖南工委改称中共湖南省委,所属党员发展到3000余人。

全民族抗战爆发前,中共在四川没有省级地方组织。1938年1月,中共四川省工委成立,随后开展党员审查与组织发展工作。同年5月,全省有党员300多人,到11月,发展到3258人。同月,中共四川省工委撤销,分别成立中共川西、川东特委,到1939年9月,中共川西特委所属党员由特委成立时的1700人发展到4500人,川东特委所属党员也由特委成立时的1200人发展至3600人。

在广东,1937年10月,中共南方工作委员会成立,领导广东、广西两省的中共组织。次年4月,南方工委撤销,成立中共广东省委,随后,中共广东省委提出党的工作"以建立党组织为中心",到1938年10月,广东(不包括潮州、梅州地区)共有中共党员7500人。同月广州失陷,广东的建党工作由城市转入农村,到1938年冬,中共广东省委所属的党员发展到18000余人(不包括潮梅地区的4000人,包括赣南8个县的3000人)。[1]

在陕西,"七七"事变后,中共陕西省委设在泾阳县的云阳镇,以"八路军一一五师留守处"的名义作掩护,在国统区开展抗日救亡活动。到1938年8月,在全省53个县建立了中共组织,其中在25个县建立了县委或县工委,党员发展到约8000人。

与此同时,八路军、新四军中的党员人数也大增。全民族抗战爆发时两军中党员总数3.5万人,约占全体军人的55%。根据1939年底的统计,八路军、新四军中共有党员14万人左右,占全军总人数34%—36%。其中八路军一二〇师全军34400人,党员12962人,占37.7%;八路军留守兵团12747人,党员6765人,占53%;冀中军区共有指战员25613人,党员9518人,占37.1%;军委直属队4506人,党员2536人,占56%,为全军党员比例最高者。全民族抗战两年后,八路军、新四军增加了约6倍,部队中党员增加了4倍。在全军的14万名党员中,全民族抗战以前入党的已是少数,大致在2.6万人至3万人之间,在全体党员中不到20%。有的连队全民族抗战前入党的老党员没有一个,相当多的连队老党员只有两三个干部,只有极少数的连队有

---

[1] 中共中央组织部等:《中国共产党组织史资料》第3卷(上),中共党史出版社2000年版,第946、1008、1028、1175、1212—1213页。

七八个或十个以上的老党员。[1]到1939年9月，全国党员人数达50万人。[2]到1940年7月，更是发展到80万人[3]。仅晋察冀抗日根据地，至1940年12月，中共党员达到17万多人。[4]

三、中共中央政治局关于巩固党的决议

全民族抗战爆发之后，随着中共政治影响的日益扩大和各抗日根据地的迅速建立，客观上需要克服关门主义倾向，大力发展党的组织。中共中央同时也意识到，在大发展的过程中，难免出现鱼龙混杂的问题，因而不断提醒各地在大发展中必须注意组织的巩固。

1938年8月18日，刘少奇在给中共晋冀豫省委的指示信中指出："党的组织在你们那里特别是路东还须大大发展，同时也要反对拉夫主义。你们要推动各级党部和党员去真正进行发展党员的工作，真正去寻找、考察对象，真正去进行共产主义的宣传教育，这对党员应该是很庄严的工作，而不可以用拉夫主义来了事的。""机械的［地］规定每人介绍两个同志三天发展一个同志的办法是不对，因为事情并不能这样平均发展。"对于某些地方、某些村庄、某些机关和部队中已有大量发展的，"那么这些地方、

---

[1] 总政治部：《政治工作总结》(1940年)，中国人民解放军政治学院政治工作教研室：《军队政治工作历史资料》第5册，1982年1月编印，第274页。

[2]《关于巩固党的几个问题》(1939年8月24日)，《王稼祥选集》，人民出版社1989年版，第214页。

[3] 中共中央党史研究室：《中国共产党历史大事记》，人民出版社1989年版，第120页。

[4] 中共中央组织部等：《中国共产党组织史资料》第3卷（上），中共党史出版社2000年版，第10页。

机关和部队即可暂时停止发展党员,专俟[做]一时期巩固和教育训练工作。发展的工作集中在那些党的组织薄弱的与地位重要的地方去"[1]。同年11月23日,中共中央在《关于冀南工作的指示》中明确提出:"在党的问题方面,冀南党的发展是经过突击月冲锋月国难月的突击发展,因此目前理整〔整理〕与巩固工作成为中心,必须注意党员成份之改善。"[2]

根据中共中央的相关指示,各抗日根据地的党组织在大量发展党员的同时,也开始了党组织的整顿工作。1938年4月,中共晋察冀省委在五台县的金刚库召开晋察冀边区第一次党的代表大会,省委书记黄敬在报告中指出:"党员的质量跟不上数量的发展",有的地方"党员数量的发展特别可惊,但是这些党员的实际力量和他们所起的作用却小得可怜"。"今后应按照北方局的通知,彻底转变对于恢复关系和入党的办法,严格重新实行党员登记和干部调查,把投机分子洗刷出去。这是为了党的组织的严密所必需的,不然把党的纯洁性污毁了,就无异于我们自己解除了党的武装。我们应该使各个干部和同志们都能了解这一意义,把这一问题要交到各支部、小组中热烈地讨论。今后对于恢复党籍和入党问题上如遇有错误,各级党部应该负责。"[3]会议决定加强各级党的领导机关,建立集体领导与个人负责制,实行民主集中

---

[1]《胡服同志给晋冀豫省委的指示信》(1938年8月18日),山西省档案馆:《太行党史资料汇编》第1卷,山西人民出版社1989年版,第272页。

[2]《中央关于冀南工作的指示》(1938年11月23日),中央档案馆:《中共中央文件选集》第11册,中共中央党校出版社1991年版,第786页。

[3]黄敬:《地方党五个月工作总结与今后工作方针》(1938年4月),《晋察冀抗日根据地》史料丛书编审委员会、中央档案馆:《晋察冀抗日根据地》第1册(文献选编上),中共党史资料出版社1988年版,第135、136页。

制,健全支部小组生活,发挥党员的主动性与积极性;加强党的无产阶级成分与马列主义教育,提高党员的政治质量;严密党的组织与组织生活,实行党员重新登记,考查干部,发展党内批评与自我批评等,以此作为巩固党的重要内容。

到1939年夏,随着抗战进入相持阶段,国内形势发生了重大变化。此前的1938年12月,国民党副总裁汪精卫因对抗战失去信心,准备降日,潜入越南河内。1939年5月31日,汪精卫与周佛海、梅思平等人抵日本,公开投敌,沦为汉奸。与此同时,日本方面加紧了对蒋介石集团的诱降活动。蒋介石集团虽然仍在抗日,但在对待中共问题上日益右转。1939年1月,国民党召开五届五中全会,提出了"溶共""防共""限共"的具体政策,随后不断制造反共磨擦事件。这年3月,国民党山东省第十二区行政特派员兼保安司令秦启荣指挥所部在博山、益都两县边界的太河镇,伏击八路军山东纵队第三支队通讯营,惨杀八路军干部百余人;同年6月,国民党张荫梧部袭击冀中深县八路军后方机关,惨杀干部战士四百余人;国民党杨森部包围新四军平江通讯处,屠杀涂正坤等六人。这些反共磨擦活动,使中共中央认为"投降可能成为当前的最大危险""国民党已在进行投降的主要准备工作,即反共,反共是投降准备的最重要的组成部分"[1]。

在这种情况之下,毛泽东要求全党特别是党的高级干部,必须提高警惕,做好准备,以应对随时可能发生的突然事变。这年6月,毛泽东在延安高级干部会议的报告及会议的结论中,强

---

[1]《反投降提纲》(1939年6月),《毛泽东文集》第2卷,人民出版社1993年版,第209页。

调"要在思想上组织上准备自己,并准备舆论,准备群众"。他之所以在这个时候将此作为一个严重问题提出来,这也是鉴于1927年大革命失败的教训。在大革命高潮时期,全国党员的人数曾一度达到近六万人,可是,随着蒋介石、汪精卫相继背叛革命,全国陷入白色恐怖局面,相当数量的在革命高潮时参加组织的新党员,相继脱党甚至自首或叛党。全民族抗战爆发之后,党员的数量迅速增加,但许多新党员没有经过严格的组织生活,许多党的基层组织不健全,如果不采取措施巩固党的组织,提高党的质量,一旦再次发生1927年那种状况,后果将是十分严重的,故而毛泽东强调:"那时,因反动时期到来,党又没有准备,没有经验,以致队伍混乱,步骤错误";"那时,新党员大批脱党或叛变;现在则在某种情况下也有可能发生这类事情,故须先有准备"。他提醒全党:"华北局面有变到极严重的可能,敌人主力有进攻华北的可能,因此八路军与华北党必须严重注意这种情况的可能到来,而从军事、政治、财政、党的组织、统一战线各方面进行准备,以适合坚持游击战争应付最大困难为原则。"故而进行党的巩固工作就显得尤其重要。毛泽东明确提出,党的组织"现在不是普遍发展的时候了,一般应停止发展,以精干为原则"。他又说:"去年三月会议决定大大发展党之后,党已在全国有了大数量的发展。现在的任务是巩固它,故须暂时地一般地停止发展。当然不是一个也不准入党,有些地方还是应发展。停止发展为的是便于清理、除奸和教育,将来还是要再发展的。"[1]

---

[1]《反投降提纲》(1939年6月),《毛泽东文集》第2卷,人民出版社1993年版,第218、226、225、232页。

8月24日，中共中央政治局召开会议，讨论巩固党的问题。第二天，中共中央政治局作出《关于巩固党的决定》。该《决定》指出：中国共产党自抗战以来，特别自1938年3月15日中央关于大量发展党的正确决定以来，已经获得了很大的发展，吸收了大批的优秀分子入党，建立了全国的群众性的布尔什维克的党的基础，但正因为在短时期内党得着了猛烈的发展，所以党的组织很不巩固，在征收新党员的工作中是有严重的错误与缺点存在的。某些地方党部为追求新党员的数目字，便进行所谓发展党的突击运动，集体加入与不经过个别的详细审查地征收党员。因此许多普通抗日分子或党的暂时同路人，也加入了党。异己分子、投机分子以及奸细，也乘机混入了党。使党的组织之无产阶级先锋队的作用和党的组织之巩固程度大大受到损害，使党的组织与群众抗日团体之区别，在某些地方模糊起来。这些办法都是错误的。这些现象都是党的严重弱点。同时，在目前政治形势下，对日投降与国内分裂的危险存在与发展着，严重的困难的任务放在党的面前。因此在思想上政治上组织上巩固党，成为中国共产党今天极端严重的任务，成为完成党的政治任务的决定因素。

《决定》指出："估计到党的组织的现状与目前环境，党的发展一般的应当停止，而以整理紧缩严密和巩固党的组织工作为今后一定时期的中心任务。只有在某些个别地方与某些个别部门根据环境与上级指示有必要时才许可进行一些发展工作，但仍须注意发展党的已有经验，进行个别的慎重的经过审查的征收新党员，纠正追求数目字与采用突击方式的错误，只求精不求多。尤其在我后方地区更应注意，一切已有相当数量党员的地方一律停止发展，进行巩固工作。"《决定》还指出，为了巩固党，必须从详细审查党员成分，清刷混入党内的异己分子、投机分子以及敌探奸细；必须加强党内马克思列宁主义的教育、阶级教育与党的教育；必须加强对党的各级干部的教育工作；必须加强党的保卫工作和反对奸细的斗争；必须加紧党的秘密工作；必须提高党的纪律和加强党的团结等。总之，要通过"一切的努力来巩固党的组织，严密党的队伍，把党团结得像一个人一样，才能使党有所准备来克服目前困难，反对国内投降分裂的危险，团结全中国人民，引导抗战到最后的彻底的胜利"[1]。

9月20日，中共中央又就华北地区中共组织巩固等问题作出专门指示，着重指出："根据中央关于巩固党的决定，华北地方党应一般的停止发展并以巩固为中心，因此山东分局发展到十五万人的计划与晋察冀以十万党员贡献给七次大会的计划，都是不适当的。华北各地应一律停止发展，在山东可以继续发展，从小到大应求精不求多，要不重复华北发展之弱点。"[2] 9月27日，中共中央发出《对晋察冀工作的指示》，重申现在党的工作中心是巩固，不是发展，"贡献给七次大会应当是巩固党的模范，而不是十万党员。中央巩固党的决定，应详细讨论，不要认为干部和党员都已经审查，不须再注意了"[3]。

---

[1]《中央政治局关于巩固党的决定》(1939年8月25日)，中央档案馆：《中共中央文件选集》第12册，中共中央党校出版社1991年版，第155—158页。

[2]《中央关于华北党的巩固及洗刷托派奸细的指示》，1939年9月20日文件。

[3]《中央对晋察冀工作的指示》(1939年9月27日)，中央档案馆：《中共中央文件选集》第12册，中共中央党校出版社1991年版，第177页。

四、各地中共组织的整顿

根据中共中央政治局《关于巩固党的决定》的精神，各地迅速开展整顿党的组织的工作。1939年10月，中共中央北方分局在曲阳县的青山村召开组织工作会议，决定"党在组织方面的总方针是：党的发展一般的停止，集中力量从事党的组织的整理与巩固工作；但同时决定加紧克服工作的不平衡"[1]。北方分局还制定了在组织上、思想上、政治上巩固党的具体政策与方法。关于组织上巩固党的问题，分局提出：（一）严格干部标准。应提拔政治坚定、历史清楚、能力强的党员干部，即正确执行党的政策路线，完成党的任务，善于为党工作，在困难和紧要关头不屈服不动摇，并与群众密切的干部，加强对于干部的审查、教育和培养。（二）审查党员，洗刷阶级异己分子、投机分子和奸细；（三）加强民主作风与铁的纪律，做到集体领导与科学分工；（四）分类分期进行组织整理。关于思想上政治上巩固党，分局要求加强对党员的思想教育，提高认识，促使党员思想意识无产阶级化，加强党员与干部的教育训练，各级负责干部轮流入党校学习，开办各种训练班培训党员；经常召开各种干部、活动分子会议，各级党的会议，对组织工作及各种具体政策进行讨论；坚持干部每日两小时学习制度等。[2]

1939年11月2日，中共晋冀豫区委发出关于巩固组织的指

---

[1] 彭真：《关于晋察冀边区党的工作和具体政策报告》，中共中央党校出版社1981年版，第144页。

[2] 谢忠厚、肖银成主编：《晋察冀抗日根据地史》，改革出版社1992年版，第183—184页。

示信，明确提出党的发展一般应停止，而以紧缩、整理、严密和巩固党的组织为今后一时期组织工作的中心任务，在党的力量薄弱的地区或部门，可以进行一些发展工作，但必须履行严格的征收新党员手续。党员数量相当大的地区应完全停止发展。指示信还对如何审查各级干部提出了具体要求：（一）首先审查各级干部，特别分委、支部的干部，要使党的领导机关掌握在经过考验、踏实可靠的同志手里，并注意提拔积极勇敢的人、雇工及贫农同志，树立领导机关中的无产阶级骨干。（二）对那些已加入党，而实际上只是同情分子，不能艰苦工作和遵守党的铁的纪律的，则劝他们退出党，保持政治上的同情，并指定专人与之发生关系。（三）慎重地洗刷混入党内的异己分子、投机分子、敌探、托派、奸细。（四）深入下层，了解每一个党员的面目，对干部经常且个别地去审查，并在斗争中、工作中去审查，但不应形成清党运动，造成党内恐怖现象。[1]

1939年10月，中共山东分局作出《关于执行中央政治局关于巩固党的决定的指示》，指出："某些党部征收新党员不经过详细审查与执行入党手续，少数负责干部包办介绍新党员，形成拉夫式的发展现象。因此党内混进一些暂时同路人，阶级异己分子，投机分子，甚至托匪、叛徒、奸细分子。某些党部负责干部麻木不仁，缺乏警觉性，糊涂地恢复了不少自首分子、奸细、托匪的党籍，并分配支部领导工作。这些现象是党的严重错误与缺点。"根据山东党的组织状况，山东分局认为，应当在整理巩固

---

[1]《中共晋冀豫区委关于巩固组织的指示信》（1939年11月2日），山西省档案馆：《太行党史资料汇编》第2卷，山西人民出版社1989年版，第685—686页。

现有党员的基础上继续大量发展新党员，同时必须纠正个别党部采取突击方式及少数干部包办方式，严格履行入党手续，必须经过详细审查后实行候补期制度。物色新党员的对象应当是工人、农民及学生中的优秀的愿意踏实于党的事业的积极分子；地主、富农、商人及其他党派，除非有显著功绩的个别分子经区和区以上党机关批准外，一般的禁止征收入党。[1]

当时，整顿党的组织的一项重要内容，是审查党员特别是党员干部。中共中央北方分局规定，在审查干部过程中，将对各级领导机关工作的检查和对党员干部个人审查两个方面进行。对于各级领导机关的工作的检查，主要的项目有：能否掌握党的方针、政策；能否根据党的原则处理党员关系；完成工作任务的程度和方法；能否按照党的干部政策提拔干部和对干部的态度是否正确；民主集中制的运用和民主作风；集体领导与科学分工，上下级的关系；对政府中党团及地方武装的领导；党与群众的关系，党团干部与非党干部的关系。此外，还包括争取知识分子，组织在职干部学习，进行党内教育，开展反倾向斗争，搞好党的各级组织定期民主选举等。对于干部个人的审查，内容主要有思想意识锻炼，政治立场的坚定程度；对党的政策的了解和掌握能力；组织原则的掌握；工作的组织性与纪律性；是否经常关心群众，和群众联系如何；学习与自我批评精神；主要的优点和倾向。另外还须考查干部的历史及社会出

---

[1]《山东分局关于执行中央政治局关于巩固党的决定的指示》（1939年10月），山东省档案馆：《山东革命历史档案资料选编》第4辑，山东人民出版社1982年版，第99页。

身等。在审查结束之后,对干部作出鉴定。鉴定干部的方法主要是:本人填表、写自传,被鉴定人在会上进行自我介绍自我批评、党委或支部鉴定,最后把鉴定结果报告上级。干部全部审查鉴定后,除洗刷的投机分子、异己分子及太落后的分子外,将其余干部大体可分三类:第一类,政治面目和来历有疑问,但未能确证其有无问题者,分配不带秘密性不重要的一般的工作;第二类,尚未发现有任何问题,但过去无法证明,从日常工作中亦尚难判定绝无问题者,一般地分配工作,而且要大胆使用,并在工作中继续考查;第三类,已确定绝无问题者,可担任党内领导工作及重要工作。[1]

支部是中共最基层的组织,党的主张、党的各项方针政策都须通过支部才能在群众中得到宣传与贯彻,支部建设的好坏,直接关系到党的战斗力的强弱、党在群众中的形象等。因此,"支部既是党的基本组织,在目前巩固党的工作中,支部的整理又成为党巩固工作的关键"。对于党的支部的整理,晋察冀的具体做法是:首先订出分期分类整理支部的具体计划,在整理期内要坚决地停止党员发展,然后由上级党委派得力干部,或者组织支部检查团、支部工作团、支部巡视团等到县、区布置如何整理支部的工作,按支部工作的好坏分上、中、下三种情况选出几个支部进行试点。试点以县以下的区为单位,每区选择二三个支部进行,在试点取得成效后再进行所有支部的整理。支部整理的内容包括:(一)支部所在村庄的经济情

---

[1]《晋察冀边区各项具体政策及党的建设经验》(1941年6月4日—8月21日),《彭真文选》,人民出版社1991年版,第20—22页。

形、阶级,以及该村庄政权演变情形,在抗战前后的变化过程与特点;(二)支部及党员与群众的关系如何,能否真正起到团结群众的核心作用;(三)支部执行党的政策情况;(四)支部开展党内教育及党内生活开展情况;(五)支部内部的团结情况;(六)支部对村政权、村群众组织及群众武装的领导方式方法等。[1]

各抗日根据地在整顿中共组织的过程中,特别经过审查干部和整理支部,巩固了各抗日根据地党组织,纯洁了党员队伍,虽然党员的人数有所减少,但党组织的战斗力得到了提高。冀中区经过组织整顿,从全区原有的9万名党员中,清洗了异己分子、投机分子和太落后分子2730人,占党员总数的3.03%。[2]据北岳区15个县的统计,从1939年10月后的10个月中,共洗刷759人,约占党员总数的2%,其中异己分子占25.2%,敌探奸细占10.5%,投机分子占26.3%,太落后分子占38%。[3]在晋察冀军区,"一年来由于条件不合共产党的标准,被洗刷开除的共有四百二十三名,把党员伟大的称号提高,提高,再提高,获得了初步成绩"。"吸收党员手续都按军区规定。经过小组讨论与支部大会通过,批准党员,能经党的一定机关在会议上讨论决定,一

---

[1] 林铁:《论北岳区关于整党建党中支部工作上的几个问题》(1941年6月16日),河北省档案馆:《晋察冀抗日根据地史料选编》下册,河北人民出版社1983年版,第70—71页。

[2] 中共河北省委党史研究室:《中国共产党河北历史》第1卷,中央文献出版社2001年版,第525页。

[3] 彭真:《关于晋察冀边区党的工作和具体政策报告》,中共中央党校出版社1981年版,第158页。

般的纠正了个人批准党员的现象。"[1]

晋冀豫根据地1939年11月统计时，共有党员36111人。1940年4月统计为34215人。经过几个月的整顿，据1940年8月统计，全区党员为24978人，减少了三分之一。[2]虽然党员的人数有所减少，但党支部组织得以健全。在整党开展以前，该区支部的组织形式有总支部、中心支部、总中心支部等各种名称，至于小组的划分更是五花八门，如宣传小组、活动小组、武装小组、交通小组、锄奸小组，甚至有的支部还有什么老头小组、白面小组。支部的人数有100多人者，亦有200余人者，"支委的数目更是官多于民，包含极多的问题"。整顿之后，"各地支部组织已纠正了过去的混乱、庞大与复杂，而走上统一一致了"。各地取消了总支、中心支部等名称，小组一般按照群众团体进行划分。由于清洗了一部分不合格的党员，支部的人数也相应有减少，多者七八十人，少者五六人，一般30人左右。支委的人数基点村一般由7人组成，一般村由5人组成，小的村只设支部书记或增设一支部副书记。整党以前，许多支部没有会议制度，也没有学习制度，组织生活极不健全。整党之后，支部能经常自动地开会，会议的内容也较充实，"能讨论工作与群众问题及如何解决群众问题"，党员的教育工作也大大增强，一般党员对党的认识"已克服过去那种组织上的、思想上的混乱，初步地（认）

---

[1] 朱良才：《晋察冀一年来创造模范党军铁军工作概述（节选）》（1941年6月25日），河北省档案馆：《晋察冀抗日根据地史料选编》下册，河北人民出版社1983年版，第92页。

[2] 《中共晋冀豫区党委组织部给北方局的工作报告》（1940年8月），山西省档案馆：《太行党史资料汇编》第3卷，山西人民出版社1989年版，第542页。

清了党员对党与牺盟（即山西牺牲救国同盟会，是名义上由阎锡山任会长，实际由中共领导的山西抗日救亡团体。——引者注）与群众团体与会门分不清的现象，了解了党与国民党与三民主义的区别，党员与群众不同，要接近群众，团结群众，并在群众中如何起积极的模范作用"[1]。

在国民党统治区，根据中共中央《关于巩固党的决定》精神，各级组织基本停止发展新党员，集中审查党员、干部。中共湖南省委在整顿组织的过程中，"为奸细控制下的一些组（织），不敢轻易接收而被抛弃""认为暴露而复杂者，以停止党的生活隔离之""认为老实不能为党工作之挂名党员，劝其退居同情者地位者"。[2]在福建，中共福建省委根据中共中央政治局和南方局的精神开展组织的整顿工作，其"中心是加强教育，审查干部，清洗组织"，办法是自上而下，逐级进行，分发表格，实行登记。清洗的对象是自首分子、地主富农分子、贪污腐化分子、动摇分子。中共江西省委决定重新整理组织，暂时停止农村中的组织发展；把党的组织转入绝对秘密，严格断绝一切横的联系；加强城市、党校、工厂及没有组织的地区发展工作，其方式为个别审慎吸收发展。[3]中共赣南特委"在这个时期一般的停止发展，以

---

[1]《中共晋冀豫区党委组织部给北方局的工作报告》（1940年8月），山西档案馆：《太行党史资料汇编》第3卷，山西人民出版社1989年版，第542、546、549—550页。

[2]《高文华关于湖南形势及党的工作情况的报告》（1940年8月），湖南省档案馆：《抗日战争时期湖南地下党历史文献选编》，湖南人民出版社1985年版，第190页。

[3]中共湖南省党史研究室：《中共中央南方局的党建工作》，中共党史出版社2009年版，第109、111页。

教育巩固为中心,并提出干部职业化",加强组织审查工作,"主要审查过去历史,和怎样入党的,入党时的政治方面、组织方面等","领导方式完全使用秘密的方式,减少大的会议,减少发文件,机关分散隐蔽,因此由公开的方式,转到地下党的方式"[1]。

经过整顿,国民党统治区中共党员数量有所下降。中共中央西北局所辖国统区的组织,1940年初"被清洗的占全体党员百分之五。而是年年底的统计,被清洗的总数达一千二百八十六人"[2]。中共湖南省委所属组织1939年党员最多时达5000余人,经过整顿巩固,到1940年6月,只剩下2300多人,有1100余人未经审查失去组织联系的,这其中,有的是组织破坏后找不到党的关系,有的形势恶化后不愿与组织见面自动退党,有的因工作调动而失去联系,另有1600多人则被清洗出去。[3]中共中央南方局所属组织共清洗了6500名党员,其中,闽西南潮梅地区的党员总数从1939年的8087名下降为近6000名,川东特委所属组织人数由3500人减为2900人。[4]

当然,各地中共组织在整顿过程中,一些地方也发生了不注重党内教育而"单纯的在内部进行技术的整理"的问题,有的地方"强调紧缩强调成分大清洗,随便地乱清洗,如'不起作用的'

---

[1] 杨上魁:《江西赣南特委两年来的工作报告》(1940年2月7日),本书编写组编:《中共中央东南局》,中共党史出版社2006年版,第804页。

[2] 中央档案馆、陕西省档案馆:《中共中央西北局文件汇集(1941—1945)》乙,1994年编印,第68页。

[3]《高文华关于湖南形势及党的工作情况的报告》(1940年8月),湖南省档案馆:《抗日战争时期湖南地下党历史文献选编》,湖南人民出版社1985年版,第189页。

[4] 中共湖南省党史研究室:《中共中央南方局的党建工作》,中共党史出版社2009年版,第115页。

清洗,'不开会不交党费的'清洗,还有用圈名单的方式,号召党员自动退党的方式,用党员占全村人口百分之三的比例方法等",把一些不该清洗的党员也清洗出去了。[1]

尽管如此,各抗日根据地开展的中共组织的整顿,成效仍是巨大的。通过此次组织整顿,清洗了一批投机分子,劝退了一定数量的不合格党员,使党的组织得到了纯洁。并且使更多的党员接受了一次共产党员标准的教育,党支部的组织生活和各种工作制度得到了健全,这就为党员先锋模范作用和党支部战斗堡垒作用的发挥创造了条件。这次组织整顿使各地的中共组织在发展中得到了巩固,并在巩固中得到了进一步的发展,这就为各抗日根据地的巩固和发展奠定了重要的组织基础。这一时期各抗日根据地整顿中共组织的做法与经验,也为我们今天如何在新的历史条件下保持党的先进性和纯洁性提供了有益的启示与借鉴。

1940年之后,中共在全国的发展进入了平稳期。到1945年8月,晋察冀抗日根据地人口达4000万,党员人数达22万人。中共山东分局所属党员由全民族抗战初期的2000余人,发展到20余万人。到1945年4月中共七大召开时,全国共有中共党员121万人。

---

[1] 徐子荣:《关于八个县的支部工作》(1942年8月30日),太行革命根据地史总编委会:《太行革命根据地史料丛书之二·党的建设》,山西人民出版社1989年版,第252页。

全民族抗日战争时期中共的
经济政策与经费来源

抗日战争对中国共产党来说，是极为重要的一个历史阶段。中共由小到大、由弱到强，1937—1945年的全民族抗战八年是一个历史性的转折点。中共能长期坚持抗战并发展壮大，是多种因素共同合力的结果。制定并实行一套务实的而又兼顾各方利益的经济政策，努力减轻根据地人民负担，是一个不可忽视的因素。

一、制定切合实际的经济政策

战争是对一个国家大量人力物力的消耗。抗日战争的胜负决定中华民族的存亡，因而每个中国人都有为抗战贡献力量的义务和责任。但是，战争固然需要群众付出与牺牲，而这种付出与牺牲一定要以群众能否承受为限度，必须爱惜民力而不能竭泽而渔。中共在多年抗战中不但坚持下来，而且军队和党员人数、根据地的面积和人口都得到了巨大发展，与中共在坚持抗战的同时努力减轻人民负担并改善民生、制定了比较正确的经济政策有着很大的关系。对此，1941年11月6日，毛泽东在陕甘宁边区参议会开幕式的演说中有过精彩的说明："中国共产党提出的各项政策，都是为着团结一切抗日的人民，顾及一切抗日的阶级，而特别是顾及农民、城市小资产阶级以及其他中间阶级的。共产党提出的使各界人民都有说话机会、都有事做、都有饭吃的政策，是真正的革命三民主义的政策。在土地关系上，我们一方面实行减租减息，使农民有饭吃；另一方面又实行部分的交租交息，使地主也能过活。在劳资关系上，我们一方面扶助工人，使工人有工做，有饭吃；另一方面又实行发展实业的政策，使资本家也有利可图。所有这些，都是为了团结全国人民，合力抗日。这样的政策我们叫做新民主主义的政策。"[1]

1. 有钱出钱、合理负担政策

土地革命战争时期特别是各根据地开创阶段，中共所采取的是打土豪、分田地的办法解决给养与经费来源，从本质上讲是一种杀富济贫政策，它固然可以在短期内调动社会底层民众的革命热情，但它是以罚没所谓的土豪的财产为代价，而且在具体执行中难免将一般的富户（包括地主兼工商业者）亦当作土豪对待而扩大打击面，更重要的是土豪数量毕竟有限，因而不可能将之作为根据地建立后解决财政问题的长久之策。在全民族抗战时期中共不再执行以往的打土豪、分田地的政策，而代之以符合统一战线特点的合理负担和减租减息政策。

合理负担政策的通俗表达就是"有钱出钱"。早在1936年12月20日，中共中央鉴于西安事变后国共合作即将实现、抗日民族统一战线初步形成的实际，在《关于不同地区的地方工作指示》中提出："在开始阶段上对当地的豪绅地主，在有钱出钱的口号

---

[1]《毛泽东选集》第3卷，人民出版社1991年版，第808页。

下，募捐抗日经费和粮食。"[1] 1937年8月25日，洛川会议（中共中央政治局扩大会议）通过的《中国共产党抗日救国十大纲领》在其第六条"战时的财政经济政策"，亦明确提出："财政政策以有钱出钱及没收汉奸财产作抗日经费为原则。"[2] 9月15日，第十八集团军军委分会就八路军作战的方针、任务及担负地方工作地区划分问题发出训令，要求八路军所属各部"立即在战区提出减租减税减息，没收汉奸日寇财产，分给抗日人民及抗日军人家属，宣传阎锡山的合理负担，即有钱出钱、有力出力，反对曲解合理负担"[3]。

1937年10月16日，刘少奇在《抗日游击战争中各种基本政策问题》一文中，不但高度评价了游击战在抗日战争中的战略地位，而且就如何坚持华北的游击战争提出了具体的方针政策，明确提出"减轻劳动人民的负担，把负担加在有钱人身上，口号是有钱出钱"。1938年2月5日，刘少奇在《关于抗日游击战争中的政策问题》一文中论及财政政策时又说："为了补充抗日部队的给养及其他费用的开支，在保持政府财政统一的原则之下，征收一些捐税是必要的。过去的捐税有一些合理的能够征收的，应该继续征收，而另外一些不可能征收的与不合理的，就只得取消或者改变。某些税则的重新规定，是必要的。根据有钱出钱的原则，使有钱人的负担增加一点，贫苦人民的负担减少一些，对于团结全体人民坚持抗日是有利的。但是无限制的增加富人的负担

---

[1] 中央档案馆：《中共中央文件选集》第11册，中共中央党校出版社1991年版，第135页。
[2] 同上书，第329页。
[3] 同上书，第361页

也是不应该的。"

同年10月，毛泽东在中共六届六中全会上所作的《论新阶段》的报告中，认为在主要的大城市与交通线丧失之后，国家财政经济必出现大困难，没有新的有效的办法，便无以渡过战争的难关。关于新的战时财政经济政策，一项重要的内容就是"在有钱出钱原则下，改订各种旧税为统一的累进税，取消苛杂和摊派制度，以舒民力而利税收"[1]。

所谓合理负担，一是各阶层负担不能超过其承受程度，每个阶层的负担量要合理，适当控制脱产人员数量；二是负担不能畸轻畸重，不能把负担只集中在某一部分特定人群，负担面要合理。当时，抗日根据地民众的负担主要是爱国公粮、田赋、税赋、捐募、公债、借粮、战勤负担和优待抗属军属。根据地各阶层负担的多少决定了军队的数量。为着扩大和巩固根据地，自然需要发展军队，军队的发展又必定要增加人民的负担。在全民族抗战之初，由于军队的数量有限，加之国民政府向八路军、新四军提供一定数量的军饷，海内外也提供了数目不菲的捐款，根据地内一些家境殷实的士绅也慷慨解囊，所以根据地普通群众的负担并不是很重。例如陕甘宁边区，1937年和1938年，征收的爱国公粮均为1万石，1939年也只有5万石，这三年征收的爱国公粮占总收获量的比例分别是1.28%、1.32%、2.92%。征收的税款也很少，1938年只有27万元，1939年也只59万元，占边区财政收入的比例很小。

---

[1] 中央档案馆：《中共中央文件选集》第11册，中共中央党校出版社1991年版，第615页。

但是，到了 1940 年，八路军、新四军发展到五十万之众，而国民党政府提供的仍是两军改编之初国民党方面认可的编制数的军饷，原来八路军以 3 师 4.5 万人计，每月军饷以 60 万至 70 万元计，人均十元多，现在人员增加近十倍，经费却没有增加，而物价上涨迅速导致购买力下降。在这种情况下，中共中央提出要控制部队和各种脱产人员的数量。1940 年 8 月 20 日，中共中央作出《关于各抗日根据地内节省人力物力坚持长期抗战的指示》，强调为了坚持长期抗战，各抗日根据地全区域党政军民学脱离生产者之人数与全人口（不固定的游击区和敌占区不在内）之比例不能超过 3%；军队人数（不脱离生产者不在内）与党政民学脱离生产者之人数与比例至多应为二比一，即两个军人一个文人。[1] 1941 年，中共中央提出了著名的精兵简政政策，这年 11 月 7 日，中共中央军委发出《关于抗日根据地军事建设的指示》，强调由于人力物力的限制及运动战可能性的减少，目前应以扩大、巩固地方军和群众武装为中心，主力军采取适当的精兵主义。各根据地在实行精兵简政的过程中，严格控制各类脱产人员。晋冀鲁豫边区在 1942 年规定：一切脱离生产的武装部队不能超过居民人数的 2%，脱离生产的党政机关的工作人员不能超过 1%，民兵不能超过 5%，且一律不脱离生产、不吃公粮。[2]

除了严格控制各类脱产人员的比例，各根据地还对居民负担

---

[1] 中央档案馆：《中共中央文件选集》第 12 册，中共中央党校出版社 1991 年版，第 469—470 页。
[2] 中华人民共和国财政部《中国农民负担史》编辑委员会编著：《中国农民负担史》第 3 卷，中国财政经济出版社 1990 年版，第 203 页。

率作出明确规定。由于各抗日根据地建立在农村,各级抗日政府的主要收入来源是农业税收,即爱国公粮,"从当时各根据地的情况看,即公粮征收总额大体以不超过农业产量的10%为限"。1941年初皖南事变发生后,国民党政府完全停止了对八路军、新四军的经费供给,根据地由于财政经济十分困难,各地大幅度地增加了粮赋的征收额。鉴于这种情况,中共中央又电示各地,要求将公粮征收总额控制在农业总收入的20%以内,一般不要超过,同时规定纳税人的负担最高不得超过其所得收入的35%。[1]

在全民族抗日战争期间,合理负担始终是抗日根据地的重要经济政策。毫无疑问,在实行合理负担时,地主、富农及商人因其经济条件好于一般群众,根据"有钱出钱"原则,他们相应地承担了更多的负担。而在实行过程中,一些地方发生"把减租减息合理负担变成土地革命,或消灭地主富农的错误,以及过分强调改善工人生活,而致工商业关门,生产缩小,甚至引起工农对立的错误"。针对这种情况,1940年11月1日,中共中央在《关于建立与巩固华中根据地的指示》中明确提出:"应注意防止过左的倾向,应承认地主富农雇主商人的财产权及公民权,不能随便的没收逮捕处罚(真正的汉奸除外),在目前的革命阶段上,还不是消灭阶级,取消剥削,而是限制剥削,给阶级关系以适当的有利于抗日的调整。""对于各种负担,应按照有力出力有钱出钱之原则,但根据地居民百分之八十以上的人口均应负担,不可把负

---

[1] 中华人民共和国财政部《中国农民负担史》编辑委员会编著:《中国农民负担史》第3卷,第204页。

担完全放在富有者身上。"[1]

同年12月25日,毛泽东为中共中央起草关于时局与政策的指示(即收入《毛泽东选集》的《论政策》一文),提出税收政策上必须按收入多少规定纳税多少,"一切有收入的人民,除对最贫苦者应该规定免征外,百分之八十以上的居民,不论工人农民,均须负担国家赋税,不应该将负担完全放在地主资本家身上"[2]。1941年4月15日,《解放》周刊发表《论抗日根据地的各种政策》的社论,要求抗日根据地的工作者应当时时刻刻仔细注意到抗日民族统一战线的巩固与发展,确切照顾统一战线内各阶级各阶层的利益。所以在清楚顾及人民大众利益的条件下,必须使不反对抗日的地主资本家能够保有一定的利益与地位,以便适当地调整各阶级的关系,以打击日寇诱引地主资本家的阴谋,打击投降派鼓煽地主资本家的活动,并巩固敌后的团结抗战。

1942年1月,中共中央作出《关于抗日根据地土地政策的决定》,明确提出:"抗日经费,除赤贫者外,一切阶级的人民均须按照累进的原则向政府交纳,不得畸轻畸重,不得抗拒不交。"[3]因此,从1941年起,各地贯彻中共中央的指示,负担面一般达到80%以上,巩固的区域负担面达到90%以上。[4]一些根据地还具体规定了各阶级、阶层负担的控制比例。晋察冀根据地1942

---

[1] 中央档案馆:《中共中央文件选集》第12册,中共中央党校出版社1991年版,第544—545页。

[2] 《毛泽东选集》第2卷,人民出版社1991年版,第767页。

[3] 中央档案馆:《中共中央文件选集》第13册,中共中央党校出版社1991年版,第283页。

[4] 中华人民共和国财政部《中国农民负担史》编辑委员会编著:《中国农民负担史》第3卷,中国财政经济出版社1990年版,第205页。

年实行统一累进税时规定，贫农的负担最高不得超过其总收入的7%，中农不得超过15%，富农不得超过25%，地主不得超过70%，工人则一律免税。晋冀鲁豫边区在1943年实行统一累进税时确定，地主的负担控制在总收入的48%—60%之间，富农负担控制在28%左右，中农负担控制在13%左右，贫农负担控制在3%—5%。1944年中共中央华中局提出：公粮征收率，原则上地主最高，负担不得超过其收入35%，富农不得超过20%，中农12%，贫农8%。[1]

合理负担政策特别是全民族抗战中后期实行的累进税制，既体现了"有钱出钱"的原则，照顾了贫困群众的利益，又避免了将负担过于集中在地主、富农、商人等社会少数阶层，使他们不致因负担畸重而破产反过来加重一般群众的负担，也使一般群众具有税赋意识和为抗战服务的意识，是抗日民族统一战线在根据地经济政策上的具体运用。

2. 减租减息政策

土地革命战争时期，没收地主土地分配给无地少地的农民，是中国共产党最重要的经济政策，当时开展革命最响亮的口号是"打土豪，分田地"，所以这个历史阶段叫土地革命战争时期。进入全民族抗日战争阶段后，中共政策上最大的改变，就是提出建立广泛的抗日民族统一战线，以团结包括地主在内的全国各阶级、各阶层的人们共同抗日。在这种情况下，土地革命战争时期没收地主土地的政策显然不能再延续下去。

---

[1] 中华人民共和国财政部《中国农民负担史》编辑委员会编著：《中国农民负担史》第3卷，中国财政经济出版社1990年版，第208页。

全民族抗战爆发前的 1937 年 2 月，中共中央在《致国民党三中全会电》中，就明确提出停止没收地主土地的政策。但是，随着全民族抗战局面的到来，红军将改编为国民革命军到华北前线去抗日，这就面临一个如何改善农民生活以调动农民抗日积极性的问题。为此，中共中央提出在全民族抗战时期实行减租减息政策，并列入了 1937 年 8 月在洛川召开的扩大的政治局会议通过的《抗日救国十大纲领》之中。从此，减租减息就成为中共在抗战阶段主要的农村政策。

全民族抗战初期，各抗日根据地刚刚建立，重点尚放在抗战的发动与战勤动员，同时改造旧政权上，对于农民负担的减轻，主要通过反对贪污，废除苛捐杂税，实行合理负担等方式解决，至于减租减息政策，多数还停留在宣传动员阶段。1939 年抗日战争进入相持阶段，国民党挑起第一次反共高潮，各抗日根据地也开展了大规模的减租减息。但也在这时，一些人把少数顽固派发动的反共磨擦，看作了整个地主阶级的动向，认为地主难有继续抗日的可能，于是变相地没收分配地主的土地，"把减租减息合理负担变成土地革命"[1]。在晋西北、冀南、鲁西等地区的反顽固斗争中，甚至提出"无地主不顽固，无顽固不汉奸"的口号，出现对地主乱打乱斗乱没收，把地主都逼往敌区顽区，与我尖锐对立的现象。针对这种情况，1940 年 12 月，中共中央明确提出："必须向党员和农民说明，目前不是实行彻底的土地革命的时期，过去土地革命时期的一套办法不能适用于现在。现在的政策，一方面，

---

[1]《中央关于建立与巩固华中根据地的指示》（1940 年 11 月 1 日），中央档案馆：《中共中央文件选集》第 12 册，中共中央党校出版社 1991 年版，第 544 页。

应该规定地主实行减租减息,方能发动基本农民群众的抗日积极性,但也不要减得太多。地租,一般以实行二五减租为原则;到群众要求增高时,可以实行倒四六分,或倒三七分,但不要超过此限度。利息,不要减到超过社会经济借贷关系所许可的程度。另一方面,要规定农民交租交息,土地所有权和财产所有权仍属于地主。不要因减息而使农民借不到债,不要因清算老账而无偿收回典借的土地。"[1]

为使减租减息政策得到正确的贯彻,1942年1月,中共中央作出《关于抗日根据地土地政策的决定》,承认农民是抗日与生产的基本力量,也承认大多数地主有抗日的要求,强调现在只能减轻封建剥削而不能消灭封建剥削,既要减租减息又要交租交息,并且要奖励富农生产和联合富农。决定强调,对于地主与农民间双方的合理要求必须满足,但双方都应服从于整个民族抗战的利益。在处理农村纠纷中,党与政府的工作人员,不是站在农民或地主的某一方面,而是根据上述基本原则,采取调节双方利益的方针。政府法令应有两方面的规定,不应畸轻畸重。一方面,要规定地主应该普遍地减租减息,不得抗不实行。另一方面,又要规定农民有交租交息的义务,不得抗不缴纳。一方面要规定地主的土地所有权与财产所有权仍属于地主,地主依法有对自己土地出卖、出典、抵押及作其他处置之权。另一方面,又要规定当地主作这些处置之时,必须顾及农民的生活。一切有关土地及债务的契约的缔结,须依双方自愿,契约期满,任何一方有解约之自由。2月6日,中共中央又发出《关于如何执行土地政

---

[1]《毛泽东选集》第2卷,人民出版社1991年版,第766—767页。

策决定的指示》，强调"联合地主抗日，是我党的战略方针。但在实行这个战略方针时，必须采取先打后拉，一打一拉，打中有拉，拉中有打的策略方针"，并且明确"减租是减今后的，不是减过去的，减息则是减过去的，不是减今后的，大体上以抗战前后为界限"[1]。随后，各抗日根据地开展了广泛深入的减租减息运动。

减租减息政策在不破裂与地主关系的前提下，减轻了农民负担。陕甘宁边区土地租佃条例规定，活租按原租额减25%至40%，减租后租率不得超过30%，土地副产物归承租人。华中解放区的淮北区规定，原来对半分即租率为50%的，减为租率35%，减租率为30%；原租率为40%的，减为30%，减租率25%；原租率为30%的，减为25%，减租率17%。[2]据晋察冀根据地北岳区第二、五专区统计，1940年减租额即达12290余石。[3]晋绥根据地1941年10个县统计，一年内共减租102149大石（1石等于300斤），减租佃户17812户，平均每户减租57大斗。[4]又据对晋绥根据地的兴县、河曲等19个县的不完全统计，从1943年冬到1945年秋两年中，减租农民达5617户，减租5097

---

[1] 中央档案馆：《中共中央文件选集》第13册，中共中央党校出版社1991年版，第295—300页。

[2] 陈廷煊：《抗日根据地经济史》，中国社会科学出版社2007年版，第144—145页。

[3] 方草：《中央土地政策在晋察冀边区之实施》，晋察冀边区财政经济史编写组等：《晋察冀边区财政经济史资料选编》（农业编），南开大学出版社1984年版，第50页。

[4] 续范亭：《晋西北行政公署成立三周年》，中共吕梁地委党史资料征集办公室编：《晋绥根据地资料选编》第一集，第42页。

石,每户平均减租 0.91 石。[1]减租前与减租后的租率比较,晋察冀根据地一般减少三分之一以上。晋冀鲁豫根据地的晋东、晋中、冀西、黎城、漳北等地区,战前租率最高达收获量的 72%,最低的也达 40%,平均为 54%;实行减租减息后,最高的为 37.5%,最低的为 30%,平均为 33.3%,租率比此前大为减少。[2]与此同时,农民所受的高利贷剥削也有所减轻。据 1940 年 6 月北岳区对 15 个县统计,利息减少额为 320600 余元。1941 年统计,晋西北 12 个县共减息 8842 元(银元),山西、河北、山东 3 省战前利率多在三分左右,减息之后一般只有一分左右,降低了三分之二。[3]

减租减息在不损害地主根本利益的前提下,减轻了农民的负担,改善了农民的经济地位。它将地主阶级团结在抗日民族统一战线之内,调动了广大农民支持抗日的积极性,使农村社会各阶层共同汇集在抗日这面旗帜之下。

3. 发展资本主义的政策

抗日战争时期中共在理论上的一个重大创新,就是提出了新民主主义理论,强调中国革命分为新民主主义和社会主义两个既联系又区别的阶段,现时的新民主主义革命的任务主要是反帝反封建,而不是反对一般意义上的资本主义。因此,对于资本主义,中共此时的态度很明确,即采取鼓励其发展的方针政策。

对于保护和发展资本主义的问题,毛泽东在抗战时期的讲演

---

[1] 财政科学研究所编:《革命根据地的财政经济》,中国财政经济出版社 1985 年版,第 143 页。
[2] 黄韦文:《关于根据地减租减息的一些材料》,《解放日报》1942 年 2 月 11 日。
[3] 中华人民共和国财政部《中国农民负担史》编辑委员会编著:《中国农民负担史》第 3 卷,中国财政经济出版社 1990 年版,第 193 页。

和文章中一再表达过。在 1938 年 10 月的中共六届六中全会上,他在《论新阶段》的政治报告中提出:"有计划的在内地重新建立国防工业,从小规模的急需的部门开始,逐渐发展改进;吸收政府、民间与外国三方面的资力","保护私人工商业的自由营业,同时,注意发展合作事业"[1]。1939 年 5 月 4 日,他在《青年运动的方向》的讲演中指出:"我们现在干的是资产阶级性的民主主义的革命,我们所做的一切,不超过资产阶级民主革命的范围。现在还不应该破坏一般资产阶级的私有财产制,要破坏的是帝国主义和封建主义,这就叫做资产阶级性的民主主义的革命。"他同时指出,民主主义革命的目的"就是打倒帝国主义和封建主义,建立一个人民民主的共和国。这种人民民主主义的共和国,就是革命的三民主义的共和国。它比起现在这种半殖民地半封建的状态来是不相同的,它跟将来的社会主义制度也不相同。在社会主义的社会制度中是不要资本家的;在这个人民民主主义的制度中,还应当容许资本家存在"[2]。

1939 年 12 月,毛泽东在一次讲话中指出:"我们对于资本主义采取调节的政策。包括发展中农的生产运动,办好消费合作社扶助中农生产,与富农竞争,成立商品合作社扶助小手工业生产者,废除苛捐杂税培植小商业者,发展国防工业与资本主义竞争,大胆让资本主义去发展而不压制资本主义,对于劳资关系也采取调节的政策。"他还说:"社会主义是必然的道路,但是现在

---

[1] 中央档案馆:《中共中央文件选集》第 11 册,中共中央党校出版社 1991 年版,第 615 页。
[2]《毛泽东选集》第 2 卷,人民出版社 1991 年版,第 562—563 页。

还不成,所以可以让资本主义发展,不过要调节它的发展。"[1]同年12月,毛泽东写作了著名的《中国革命和中国共产党》一文,对中国革命的新民主主义性质作了深刻的论述,指出:"现阶段的中国革命既然是为了变更现在的殖民地、半殖民地、半封建社会的地位,即为了完成一个新民主主义的革命而奋斗,那末,在革命胜利之后,因为肃清了资本主义发展道路上的障碍物,资本主义经济在中国社会中会有一个相当程度的发展,是可以想象得到的,也是不足为怪的。资本主义会有一个相当程度的发展,这是经济落后的中国在民主革命胜利之后不可避免的结果。"[2]

1940年9月23日,毛泽东在《时局与边区问题》的报告中指出,要消灭党内资本主义思想,发展新式的国家资本主义。党外资本主义要发展。边区有四种经济:国营经济、私人资本主义经济、合作社经济、半自足经济。私人资本主义要节制,但非打击,更非消灭。[3] 11月1日,中共中央在《关于建立与巩固华中根据地的指示》中,要求各地防止过左的倾向,不能"过分强调改善工人生活,而致工商业关门,生产缩小"[4]。12月25日,毛泽东为中共中央起草的关于时局与政策的指示中提出:"劳资间在订立契约后,工人必须遵守劳动纪律,必须使资本家有利可图。否则,工厂关门,对于抗日不利,也害了工人自己。""应该吸引愿来的

---

[1] 顾龙生:《毛泽东经济年谱》,中共中央党校出版社1993年版,第141页。
[2]《毛泽东选集》第2卷,人民出版社1991年版,第650页。
[3] 中共中央文献研究室:《毛泽东年谱(1893—1949)》中卷,人民出版社、中央文献出版社1993年版,第207页。
[4] 中央档案馆:《中共中央文件选集》第12册,中共中央党校出版社1991年版,第544页。

外地资本家到我抗日根据地开办实业。应该奖励民营企业，而把政府经营的国营企业只当作整个企业的一部分。凡此都是为了达到自给自足的目的。应该避免对任何有益企业的破坏。"[1]

1941年1月15日，《解放》周刊发表《论抗日根据地的各种政策》的社论，明确提出："我们欢迎他地的资本家到抗日根据地上开办实业，并切实保护他们的营业。"同年5月1日，陕甘宁边区发布经中共中央政治局批准的《陕甘宁边区施政纲领》，其中规定："发展工业生产与商业流通，奖励私人企业，保护私有财产，欢迎外地投资，实行自由贸易，反对垄断统制，同时发展人民的合作事业，扶助手工业的发展。"第二年1月28日，中共中央在《关于抗日根据地土地政策的决定》中又指出："承认资本主义生产方式是中国现时比较进步的生产方式，而资产阶级、特别是小资产阶级与民族资产阶级，是中国现时比较进步的社会成分与政治力量。""小资产阶级，民族资产阶级与富农，不但有抗日要求，而且有民主要求。故党的政策，不是削弱资本主义与资产阶级，不是削弱富农阶级与富农生产，而是在适当的改善工人生活条件之下，同时奖励资本主义生产与联合资产阶级，奖励富农生产与联合富农。"[2]

在1945年4月的中共七大上，毛泽东不论在其《论联合政府》的书面报告还是其口头政治报告中，都一再强调要发展资本主义。他说："有些人怀疑中国共产党人不赞成发展个性，不赞

---

[1]《毛泽东选集》第2卷，人民出版社1991年版，第766、768页。
[2] 中共中央文献研究室、中央档案馆：《建党以来重要文献选编（1921—1949）》第19册，中央文献出版社2011年版，第20页。

成发展私人资本主义,不赞成保护私有财产,其实都是过虑的。民族压迫和封建压迫残酷地束缚着中国人民的个性发展,束缚着私人资本主义的发展和破坏着广大人民的财产。我们主张的新民主主义制度的任务,则正是解除这些束缚和停止这种破坏,保障广大人民能够自由发展其在共同生活中的个性,能够自由发展那些不是'操纵国民生计'而是有益于国民生计的私人资本主义经济,保障一切正当的私有财产。"[1]他还说:"有些人不了解共产党人为什么不但不怕资本主义,反而提倡它的发展。我们的回答是这样简单:拿资本主义的去代替外国帝国主义和本国封建主义的压迫,不但是一个进步,而且是一个不可避免的过程。它不但有利于资产阶级,同时也有利于无产阶级。现在的中国是多了一个外国的帝国主义和一个本国的封建主义,而不是多了一个本国的资本主义,相反地,我们的资本主义是太少了。""在新民主主义的国家统治下,除了国家自己的经济与劳动人民的个体经济及合作社经济之外,一定要让私人资本主义经济获得广大发展的便利,才能有益于国家与人民,有益于国家的向前发展。对于中国共产党人,任何的空谈和欺骗,是不会让它迷惑我们的清醒头脑的。"[2]在这几段话中,毛泽东其实已经将作为以社会主义为奋斗目标、以消灭私有制为己任的中国共产党人,为什么主张在中国发展资本主义解释得非常清楚了。

发展资本主义是全民族抗战期间中共一贯的主张。当时,中共的抗日根据地主要是农村,自然没有多少资本主义,但中共提出

---

[1] 毛泽东:《论联合政府》,解放社1950年1月版,第39页。
[2] 同上书,第42—43页。

的发展资本主义的政策，产生了很大的政策影响。时任蒋介石侍从室第六组组长的唐纵，在其日记中曾这样写道："在第七次大会上毛泽东的政治报告，主张保持私有财产制度并发展资本主义，这是中共一个很大的转变。这个转变在中国收到很大的效果，后方许多工商界和国民党内部失意分子，过去对于共产党的恐怖心理，已完全改观。本党政治的腐化不但引起党外的反感，亦且失了党内的同情，如果没有显著的改革，全国人心将不可收拾。"[1]可见这一政策所产生的深刻社会影响。

在土地革命战争前期中期，中共的政策带有很多"左"的成分，曾提出"中间阶级是最危险的敌人"，将本可团结争取的民族资产阶级不但排斥在革命阵营之外，甚至还将之视为革命的敌对力量，结果使中共自身处于比较孤立的地位。在全民族抗日战争时期特别是新民主主义理论提出之后，毛泽东一再强调中国现阶段仍是资产阶级民主革命，革命的主要锋芒是指向帝国主义和封建主义，民族资产阶级不但不是革命的对象而且是革命的动力之一，因此私人资本主义必须加以发展。尽管这一政策更多是体现在理论和宣传的层面，但也反映了中共革命理念的重大变化，这对于团结争取大后方的民族资产阶级无疑起了十分重要的作用。

二、全民族抗战前期中共的经费来源

吃饭穿衣是人最基本的生存需求，革命者也概莫能外。全民

---

[1]《在蒋介石身边八年——侍从室高级幕僚唐纵日记》，群众出版社1991年版，第522页。

族抗战时期，中共的力量得到了巨大的发展，仅军队人数就由全民族抗战之初的几万人发展到抗战胜利时的百余万人，那么，全民族抗战期间中共是如何解决自身的生存问题的？

全民族抗战之初，中共及其领导的武装力量八路军、新四军，相当一部分经费来自于国民政府的拨款。根据国共谈判，陕北主力红军改编成八路军后，全军编制为3个师4.5万人，国民政府据此拨发经费。根据1941年3月国民政府军事委员会编制的《第十八集团军及新四军编制经费情形报告表》列述，国民政府对八路军的拨款是：（一）1937年度月发经常费30万元，战务费20万元，补助费5万元，医药补加费1万元，米津及兵站补助费7万元，合计月发63万元；（二）1939年8月份起加兵站临时补助费2.5万，连前月共发65.5万元；（三）1940年元月起，每月增发米津4.5万元，连前月共发70万元。

国民政府拨给新四军的经费为：（一）1938年1月核定全军四个支队月各发经费1.5万元，军部0.6万元，自3月份起每月增发经费2万元，5月起成立军直属分站一，独立派出所一，核定月支兵站费0.3万元；自5月16日起，月发米津1.3534万元。自6月份重新核定新四军经费每月11万元。（二）1939年全年度经费仍旧月发11万元，另发战临费2.2万元，共月发经费13.2万元。（三）1940年度经费核定每月为11.5万元，又战临费2.2万元，共月发13.7万元。

第二次国共合作实现后，国民党同意将长期坚持在海南岛的红军游击队改编为"广东省十四区民众抗日自卫团独立队"，即"琼崖纵队"。改编之初，国民党海南岛当局同意每月发给琼崖纵队经费0.8万元，但到1939年6月后，大量削减琼崖纵队的经费,由原来的每月 0.8 万元缩减到 0.1 万元。[1]

在全民族抗战之初军队数量有限的情况下,国民政府拨给八路军、新四军的军费,尚可维持部队所需。问题在于八路军、新四军发展迅速,到 1938 年 10 月,八路军人数达 15.6 万人,新四军 2.5 万人,到 1940 年八路军发展到 40 万人,新四军发展到 10 万人。八路军、新四军总人数增加近十倍,但国民政府仍按改编之初的原编制拨发经费,40 万八路军月经费 70 万元,人均不到两元,新四军以 10 万之众月经费 13 万余元,人均 1.3 元。这点经费对于八路军、新四军来说已是杯水车薪。

为此,中共方面一再要求增加经费。1938 年 12 月 23 日,彭德怀致电蒋介石,要求在八路军任主力的地区,友军及地方武装应受八路军指挥,第一一五师、第一二〇师、第一二九师三个师请准许改编为军,军辖二师或三旅,并请增编八路军总部一个炮兵团及一个特务团。"因八路军现有人数 12 万(陕北河防部队及华北游击队在外),且以伤兵残废日多,原有 4.5 万人经费实在不够支配,请增加月费 100 万元。"[2] 1940 年 1 月 10 日,中共中央就边区等问题与国民党谈判给中共中央南方局的指示中提出:"八路扩军问题:(一)三军九师,(二)二十二万人,(三)月饷四百四十万元(每人平均二十元计)。""新四军扩军问题:(一)三个师,(二)五万人,(三)月饷一百万元。"第二天,中共中央又指示南方局,在与国民党谈判时"可先解决边区与撤军

---

[1] 总后勤部财务部、军事经济学院:《中国人民解放军财务简史》,中国财政经济出版社 1991 年版,第 109—110 页。

[2] 重庆市政协文史资料研究委员会等:《抗战时期国共合作纪实》下卷,重庆出版社 1992 年版,第 886 页。

问题",要求国民党方面提供"边区行政经费,每月津贴二十万元"。[1]同年9月初,中共中央再次要求国民党中央将第十八集团军扩编为三军九师,新四军为三个师,其编制照甲种军办理,并供给足够的补给。[2]

对于中共方面提出的增加军饷的请求,国民党方面不可能接受。1940年11月9日,毛泽东起草朱德、彭德怀、叶挺、项英致何应钦、白崇禧电:"职军孤悬敌后,欲求杀敌致果,达成统帅所付之战略任务,不得不遵循三民主义与抗战建国纲领所示原则,唤起民众,组织游击部队,因而超过原来编制,此任务与组织之连带关系,实亦有所不得不然。然以现有五十万人之众,领四万五千人之饷,虽有巧妇,难以为炊,故不得不要求民众协助。""虽衣单食薄,艰难奋战,历尽人间之辛苦,然不为法律所承认,不为后方所援助,则精神痛苦,无以复加,故有请中央允予扩充编制之举。"[3]12月8日,何应钦、白崇禧致电朱德等八路军、新四军将领,就编制问题指责说,八路军、新四军"不遵照命令,擅自放弃规定任务,而肆意越境略地,夺枪勾兵,自由扩编。故十八集团军遵令改编之始,原仅四万五千人,而至今竟称为五十万人,今姑不问其人员武器有无虚实,亦不计裹胁成军能否作战。而事前既未照章核准,事后又不许中央过问,仅要求中央照数发饷。现在全国集团军总司令总计不下数十人,从未

---

[1] 中央档案馆:《中共中央文件选集》第12册,中共中央党校出版社1991年版,第231、234页。

[2] 中共中央文献研究室:《周恩来年谱》,中央文献出版社、人民出版社1990年版,第465页。

[3]《毛泽东文集》第2卷,人民出版社1993年版,第312页。

有未经奉准,而自由扩编者。敌后游击队,且不下百余万,亦未有不经点验编组,而自由领饷者,兹兄等所称人数,若为未奉核准,而擅作毫无限度之扩编,恐再阅几时,势必号称百万。中央安有如许财力,地方安有如许民力,供给此核定数目以外,无限制之兵员?若本无上数,而漫为虚报,则法定编制尚应剔除缺旷,更无不经点验而滥发之理"[1]。断然拒绝了中共方面关于扩编的要求。此时,国共矛盾加剧,从1940年11月起,国民党方面停止对八路军、新四军的经费供给。

全民族抗战初期中共方面的第二项经费来源是国内外捐款和共产国际的援助。

募捐是全民族抗战之初八路军、新四军经费的重要来源。1937年10月16日,刘少奇在《抗日游击战争中各种基本政策问题》一文中,明确提出"向富户征求救国捐""发动群众自愿捐助抗日经费,战争中的需用品",并且认为抗日游击队的给养,"主要是以没收敌人的资财与汉奸的财产,及向富户募捐来维持。只有在十分必要时才向一般群众募捐。向富户募捐也应尽可能不采用强迫摊派的办法,应该说服富户自愿捐助,只有在不得已与说服无效时,才可以指定富户摊派若干金钱粮食。游击队绝对不应该经过村长区长或商会等去摊派捐款粮草,必须直接向富户募捐或摊派,或者指定某家富人要出多少东西"。

应当说,全民族抗战之初,这种自愿与带有某种强迫性的摊派,为敌后抗日根据地募集了一定数量的资金与物资。1937年秋冬,八路军第一二○师开辟晋西北抗日根据地时,仅在山西兴

---

[1]《皖南事变》编纂委员会:《皖南事变》,中共党史出版社1990年版,第89页。

县，杨家坡地主杨笃仁将卖土地和城里商号所得的1.5万块银元全部捐出，黑峪口王家村的王则相捐出2000银元和一条船，著名开明绅士牛友兰不但捐出自己"复庆永"商号的货物，而且一次捐献2.3万银元。到这年12月，全兴县民众捐助八路军达6万银元、粮食700余担。[1]各抗日根据地都有组织地开展募捐活动，如1938年初山东和冀中抗日根据地募集的抗日救国捐，1940年晋绥抗日根据地开展的献金、献粮、献鞋、扩兵的"四献"运动等。

全民族抗战一爆发，红军改编为八路军和新四军后迅速开赴前线，并且取得了平型关战斗等一系列的胜利，赢得了良好的声誉，国内各阶层及一些海外华人华侨纷纷解囊捐助八路军和新四军。1938年至1939年，上海未被日军占领的租界区开展群众性的支援新四军运动，组织义演、义卖，共募集到几十万元，为新四军购买了一批药品和5万套军装所需布匹。[2]宋庆龄及其领导的保卫中国同盟，在海外为八路军、新四军募捐了数量不菲的医疗器械、药品、现款和其他物资。仅1936年12月到1939年2月，宋庆龄就向延安寄去了6万元法币。[3]

一些地方实力派也曾向中共提供一些物质帮助。一段时间，新疆军阀盛世才同中共建立了比较密切的合作关系，盛世才曾向中共提供了一些物款。1939年7月8日，毛泽民在共产国际中国问题研究小组的发言中说："在新疆省，开展过为八路军购买防

---

[1] 中共山西省委党史办公室：《刘少白传》，中共党史出版社2014年版，第125页。
[2] 总后勤部财务部、军事经济学院：《中国人民解放军财务简史》，中国财政经济出版社1991年版，第119页。
[3] 同上书，第118页。

毒面具的募捐活动，募集到6万元。盛世才送给八路军5万件毛皮大衣，给了10万元，并将大衣从兰州运往前线。"[1]

据陕甘宁边区的统计，从1938年10月至1939年2月的5个月时间里，海外及后方捐款共达法币1300948元，约合当时小米40654石（每石300市斤）。[2]据八路军供给部的统计，从1937年至1941年，各部队上缴给供给部的捐款有账可查共为892.4万元，其中：1937年3.6万元，1938年200.1万元，1939年60.4万元，1940年555.3万元，1941年78万元。"因各部队分散活动，加上缺少统一的收支手续，账目记载不全，实际上部队所得要多得多。"[3]

当时，中共是共产国际的一个支部。中共成立之后，共产国际一直对于中共提供经济上的帮助。全民族抗战爆发后，中共中央一再向共产国际提出经济援助问题。1938年2月2日，康生在延安同共产国际派来的代表安德里阿诺夫谈话时提出，中共方面"经受着严重的财政危机"，因为"从老百姓那里得到经费的希望很小"，而"蒋介石拨给我们用来养活八路军的款项更加不够用，因为军队增加了一倍，而军饷总数依然如故"，要求尽快落实"在我们动身来这里之前，共产国际执委会答应拨给我们150万美元，国际革命战士救济会也答应我们拨款3万美元用于治疗从监

---

[1]《共产国际、联共（布）与中国革命档案资料丛书》第18册，中共中央党史研究室第一研究部译，中共党史出版社2012年版，第229页。

[2] 中华人民共和国财政部《中国农民负担史》编辑委员会编著：《中国农民负担史》第三卷，中国财政经济出版社1990年版，第198页。

[3] 总后勤部财务部、军事经济学院：《中国人民解放军财务简史》，中国财政经济出版社1991年版，第120页。

狱中释放出来的同志"。[1]至于这笔经费后来是否给了中共不得而知，但同年2月18日共产国际执委会总书记季米特洛夫在其日记中写道："援助中国共产党50万美元。"[2]

1939年1月8日，季米特洛夫致信苏联国防人民委员伏罗希洛夫："根据我们的请求，米高扬同志拨给我们15吨各种军用物资和文化用品以供八路军和中国特区的需要。"[3]3月5日，中共驻新疆代表邓发致电季米特洛夫说："你们为我们募集的钱都用光了。兑换时没有遇到困难，也没有引起怀疑。"同时提请季米特洛夫"提供资金上的援助"[4]。5月25日，中共中央书记处致电共产国际执委会书记处："我们的财政状况极其困难。我们的钱已经全部用完。"从国民党那里得到的经费只能满足八路军每月开支的20%，"从6月份开始，党的工作、报刊、学校、医院等等都没有任何经费"，而且"在我们地区目前正发生旱灾，我们面临着饥饿的危险，因此，恳请你们向我们提供紧急的财政援助"[5]。究竟此间共产国际给了中共多少资金援助，相关文献中没有具体数字，但1940年2月23日季米特洛夫给斯大林的信中说："中共中央委托周恩来同志向我们提出了党和军队的开支预算，说明了党非常困难的经济状况，并请求提供资金援助。从这笔预算（见附录）中可以看出，党每个月的赤字是：党的系统

---

[1]《共产国际、联共（布）与中国革命档案资料丛书》第18册，中共中央党史研究室第一研究部译，中共党史出版社2012年版，第29页。

[2]《季米特洛夫日记选》，马细谱等译，广西师范大学出版社2002年版，第64页。

[3]《共产国际、联共（布）与中国革命档案资料丛书》第18册，中共中央党史研究室第一研究部译，中共党史出版社2012年版，第122页。

[4]同上书，第123页。

[5]同上书，第142页。

58280美元,军队系统300000美元。""我们当然已向周恩来同志说明,党应该动员国内一切资源来抵补这巨大的赤字,而不要指望外来援助。""但是,考虑到党的处境和保证党的报刊、宣传及培训党和军队干部的现有党校网络的迫切需要,我们认为,为此目的,1940年度向中国共产党提供35万美元的援助是适宜的。"[1]同年8月10日,中共中央致电季米特洛夫:"在周恩来前往莫斯科之前,收到了你们寄来的50000(500000?)美元,7500英镑","你们在周恩来动身之前汇出的并且我们于今年5月底在西安收到的款项如下:106670(106070)美元,8200英镑"。"在周恩来动身之前已同索尔金同志谈妥,每一英镑合4美元,而在中国每一英镑仅合3美元60美分。因此,实际上我们总共收到212590(212500)美元,除了这一款项外,还有10000美元用于联络,5000美元给李奎(即在延安的日本共产党领导人野坂参三。——引者注)专用,40000美元用于代表大会(即中共七大。——引者注)。"[2]11月26日,中共中央致电季米特洛夫:"今年9月29日,周恩来收到43287美元和11500英镑。"[3]1941年2月17日,中共中央致电季米特洛夫:"24500美元和6箱各种器材收到。此外,潘友新(苏联驻华大使。——引者注)转给我们3万美元。"[4]

1941年1月皖南事变后,蒋介石宣布新四军为"叛军"并

---

[1]《共产国际、联共(布)与中国革命档案资料丛书》第19册,中共中央党史研究室第一研究部译,中共党史出版社2012年版,第27页。

[2]同上书,第80页。

[3]同上书,第107页。

[4]同上书,第153页

取消其番号，彻底断绝对八路军和新四军的经费供应，加之日伪军的"扫荡"和连续天灾，各抗日根据地经济十分困难。同年5月16日，中共中央致电季米特洛夫："从今年1月至今，蒋介石没有拨给我们一分钱。我们遇到了很大的财政困难。请允许拨给我们今年总额1百万美元的款项。"[1]中共中央这项要求不久得到了满足。7月3日，联共（布）中央政治局召开会议，同意"拨给共产国际执委会100万元，用来援助中国共产党中央"[2]。7月7日，季米特洛夫致电毛泽东："您关于资金援助的请求得到了满足，已采取措施，使您能尽快分批得到全部款项。"[3]100万美元在当时不是一笔小数目，对于中共缓解当时严重的经济困难无疑起到了雪中送炭的作用。1943年6月，共产国际解散，给中共的经费援助自然中止。

除了以上经济来源外，各抗日根据地的收入还来自没收汉奸财产、征税、发行公债等。洛川会议提出的《抗日救国十大纲领》明确提出"以有钱出钱和没收汉奸财产作抗战经费的原则"。1938年4月20日，毛泽东、张闻天、刘少奇指示晋察冀根据地负责人聂荣臻、彭真，提出冀察冀边区政府成立后，"主要的工作除了广泛组织训练自卫军外，就是筹给经费与粮食，解决部队给养"，并且认为"筹款方法除了经济税收捐款外，要注意向汉奸筹款。可组织特别队伍到铁路车站

---

[1]《共产国际、联共（布）与中国革命档案资料丛书》第19册，中共中央党史研究室第一研究部译，中共党史出版社2012年版，第185页

[2] 同上书，第197页。

[3] 同上书，第201页。

及城市附近去没收与逮捕汉奸"[1]。全民族抗战初期，陕甘宁、山东、淮南、冀中等抗日根据地"都采用过这种筹款方法，但所得收入都不多，而且是逐年减少的"。据陕甘宁边区财政统计，没收罚款占财政收入的比例，1937年为4.41%，1938年为3.95%，1939年为1.07%，1940年为1.62%。[2]陕甘宁边区因不是敌后，罚没的收入可能少些。敌后抗日根据地因处于抗日最前线，日军为了巩固其占领地区往往组织维持会及伪政权，引诱一些没有民族气节者为其充当走狗，罚没汉奸的收入可能比例稍高些。

税收往往是一个政权财政收入的主要来源，但在全民族抗战之初各抗日根据地的收入中，税收所占的比例并不大。各敌后抗日根据地建立之时，由于政权系统不完善，税赋的征收比较困难，所以基本是在合理负担的口号之下，按照有钱出钱、钱多多出、钱少少出的原则，以县为单位逐级向下摊派解决军队的粮草问题。但摊派的方式难免有强迫命令的色彩，而且造成畸轻畸重的不合理现象，摊派重的往往是地主、富农或商人，所以随着各级政权的建立，摊派这种筹款的方式被征税所取代。各抗日根据地的税种和税率不完全相同，总体来说，1940年之前各地税赋均比较轻。在抗日根据地的税赋中，爱国公粮的征收最为重要。在陕甘宁边区，所征公粮占实产的比例，1937年为1.27%，1938年为1.25%，

---

[1] 中央档案馆：《中共中央文件选集》第11册，中共中央党校出版社1991年版，第503—504页。

[2] 中华人民共和国财政部《中国农民负担史》编辑委员会编著：《中国农民负担史》第3卷，中国财政经济出版社1990年版，第195页。

1939年为3.80%。[1] 1938年11月晋察冀边区政府通过的《征收救国公粮条例》规定，全部收入每人平均小米1.4石以下者免征，1.5—2石者征收3%，2.1—3石者征收5%，以上每增加1石增加1%，以征收20%为限度。1941年之后，各抗日根据地加强了税收工作，如陕甘宁边区成立了税务总局，各县设立了税务局，公布了货物税修正条例、营业税条例，统一了税制。1941年的税收比1940年增加了3倍多，占当年财政收入的30%，在财政收入中占有比较大的比重。

此外，发行公债亦是抗日根据地的一项财政收入，不过数量不是很多。1937年夏，陕甘宁边区发行过200万元法币的公债，1938年晋察冀根据地发行过300万元的公债。1940年后，各根据地开展大生产运动，自己动手建立公营经济，如建立银行自行发行货币，成立贸易公司开展对外贸易（如陕甘宁边区成立盐业公司外销三边地区所产食盐，成立土产公司推销边区土产，换取日用必需品，经营进出口业务），办起一些小型工矿企业（如胶东抗日根据地的黄金生产），机关、军队开展生产，这些生产经营活动所得，成为抗战后期各抗日根据地经费的重要来源。

三、精兵简政与大生产运动

1940年前，各抗日根据地的经济虽然也很困难，但总体来说

---

[1] 中华人民共和国财政部《中国农民负担史》编辑委员会编著：《中国农民负担史》第3卷，中国财政经济出版社1990年版，第229页。

尚可勉强维持。这主要是国民党方面虽然从抗战进入相持阶段后防共限共甚至反共的意向逐渐明显，国共在华北地区的磨擦逐渐增多，但总体上还能按照八路军和新四军最初的编制提供经费，同时海内外也提供了一定数量的捐款，共产国际也给予了一定的经费支持。敌后抗日根据地开辟之初，国民党军队、政府工作人员在日军进攻面前纷纷后撤之时，八路军、新四军却挺进敌后坚持抗战，开辟抗日根据地，深得社会各阶层的赞许，因而筹款也比较容易。

到了1940年底，中共的财政经济遇到了前所未有的困难。由于八路军、新四军发展迅速，由全民族抗战之初的数万人发展到50万之众，各抗日根据地的政权系统和各种群众团体也建立起来，地方的脱产人员也随之增加，但国民政府所提供的军饷却仍是按原定编制发给，不但人均经费大为减少，而且由于战争造成的物价上涨货币贬值，即使是全民族抗战之初同等数量的经费到这时购买力也大为降低。更重要的是，由于八路军、新四军的迅速壮大本是蒋介石极不愿看到的，当时他之所以勉强同意国共合作，除了他本人尚有一定的民族意识、争取苏联的支持等因素外，还有一个重要的原因，是经过第五次反"围剿"和长征之后，中共领导的武装力量人数锐减，在他看来已是强弩之末，而将红军改编成八路军、新四军，不但将中共武装力量纳入了其军队序列，而且让八路军、新四军开赴敌后与日军作战，既能对他的正面抗战起到配合作用，而且还可借日本人之手消灭至少削弱中共的武装力量。大大出乎他意料的是，中共进入敌后竟如鱼得水，军队发展迅速，根据地遍及华北、华中，这是蒋介石不愿看到却不得不面对的问题。

当时，在华北、华中敌后，除了中共领导的武装力量之外，国民党亦有一定数量的敌后游击部队，国共双方的武装力量有时处于犬牙交错的状态，双方之间难免发生矛盾。在这种情况之下，蒋介石为了抑制中共的发展，于是指使或者纵容其部队与中共武装力量进行磨擦，以蚕食中共的活动区域。然而，国民党的敌后部队战斗力并不强，抗日也没有什么突出表现，得不到敌后民众的支持，所以当中共开展反磨擦作战之后往往丧师失地。面对失败，蒋介石并不甘心，竟无理要求中共武装力量仅限于黄河以北活动，1941年初更是发动了致使新四军遭受重大损失的皖南事变，并完全停发八路军、新四军的军饷，以图就此逼中共就范，至少限制中共力量的发展。不但如此，蒋介石还加紧对抗日根据地的经济封锁，严格限制与中共地区的货物人员往来。这样一来，大后方和海外对中共的资金物资援助也几乎被断绝。在此之前，国民党政府提供的经费和海内外援助曾是陕甘宁边区的主要经济支柱。据统计，1937年，外援占边区收入的77.2%，其他占边区收入的22.8%；1938年外援占51.69%，其他占48.31%；1939年外援占85.79%，其他占14.21%；1940年外援占70.50%，其他占29.50%，这四年外援合计占82.42%，其他占17.58%。[1]包括国民政府军饷在内的外援的断绝，对中共经济的影响由此可见一斑。

相对而言，其他抗日根据地在经济上对外援的依赖度要小一

---

[1] 西北办事处：《抗战以来的陕甘宁边区财政概况》(1948年2月18日)，陕甘宁边区财政经济史编写组、陕西省档案馆：《抗日战争时期陕甘宁边区财政经济史料摘编》(第六编·财政)，陕西人民出版社1981年版，第13页。

些,其经费来源除了国民政府一定数量的军饷外[1],主要是在"合理负担"口号下的捐助与摊派,这些捐助和摊派往往主要由家境较好者承担,但其所承受程度毕竟有限。经过几年的抗战,在根据地的脱产人员大量增加之后,这种方式亦很难持久维持,筹款日益困难。与此同时,1940年起,包括陕甘宁边区在内的各抗日根据地连续发生旱灾、虫灾等自然灾害。1940年底"百团大战"结束后,日军又加强了对敌后抗日根据地的"扫荡",造成大量人力物力的损失,敌后根据地的面积和人口大为减少。晋冀鲁豫根据地的太岳区在最严重的时候,全区没有一个完整县,已建立的12个县政府,被迫搬迁到沁源县工作,后来沁源县城也被日军占领,全区没有一座县城。至1942年,八路军、新四军由50万人减少到约40万人,各抗日根据地总人口由1亿减少到5000万以下。

1940年和1941年,中共领导的地区财政经济发生了极其严重的困难。后来毛泽东说:"最大的一次困难是在一九四○年和一九四一年,国民党的两次反共摩擦,都在这一时期。我们曾经弄到几乎没有衣穿,没有油吃,没有纸,没有菜,战士没有鞋袜,工作人员在冬天没有被盖。国民党用停发经费和经济封锁来

---

[1] 1938年2月2日,张闻天在一次谈话中说:"我们每月从蒋介石那里总共得到50万墨西哥元。这些钱是这样使用的:25万元用于前线需要,其余25万元用于后方需要、党务工作、报纸和杂志的经费,等等。"毛泽民则在共产国际中国问题研究小组会议上发言说:"国民政府开始给八路军发津贴,我们就从45万元(以前只发给30万元)中拿出20万元寄给前线的八路军,而剩下的25万元留给边区——用于办报纸、团体、党的机关等部门的开销。"《共产国际、联共(布)与中国革命档案资料丛书》第18册,中共中央党史研究室第一研究部译,中共党史出版社2012年版,第22、229页。

对待我们，企图把我们困死，我们的困难真是大极了。"[1]

对于可能出现的经济困难，中共领导人并非没有预计到。1938年12月8日，毛泽东在后方军事系统干部会上的讲话中就说：我们现在钱虽少但还有，饭不好但有小米饭，要想到有一天没有钱、没有饭吃，那该怎么办？无非三种办法，第一饿死；第二解散；第三不饿死也不解散，就得要生产。我们来一个动员，我们几万人下一个决心，自己弄饭吃，自己搞衣服穿，衣、食、住、行统统由自己解决，我看有这种可能。[2] 12月12日，毛泽东在抗日军政大学干部晚会上再次强调："以后我们要自己解决物质上的供给，要自己种地，自己动手。"[3] 12月14日，中共中央书记处召开会议，专门讨论了生产运动的准备问题。12月20日，中共中央机关报《新中华报》还发表了《广泛开展大生产运动》的社论。

1939年1月2日，毛泽东为《八路军军政杂志》创刊撰写发刊词，亦明确提出："长期抗战中最困难问题之一，将是财政经济问题，这是全国抗战的困难问题，也是八路军的困难，应该提到认识的高度。"他还提出要通过开展生产运动来解决和改善根据地军民的吃饭穿衣问题。1月25日，陕甘宁边区农产品展览会在延安拉开帷幕，毛泽东在开幕式上作了重要讲话，指出：在边区，不仅老百姓要努力生产，"其他如学校、党政机关、军队也

---

[1]《毛泽东选集》第3卷，人民出版社1991年版，第892页。

[2] 中共中央文献研究室：《毛泽东年谱（1893—1949）》中卷，人民出版社、中央文献出版社1993年版，第99页。

[3] 中国人民解放军国防大学：《中国人民抗日军事政治大学史》，国防大学出版社2000年版，第529页。

都要参加生产运动"。[1]

按照毛泽东的提议,1939年2月2日,中共中央在延安召开了有700余人参加的党政军民生产动员大会。会上,毛泽东向广大军民发出了"进行生产运动"的伟大号召。他指出:"陕甘宁边区有二百万居民,还有四万脱离生产的工作人员,要解决这二百零四万人的穿衣吃饭问题,就要进行生产运动。"[2]在同年6月的延安高级干部会议上,在谈到生产运动时,毛泽东又强调指出:"一切可能地方,一切可能时机,一切可能种类,必须发展人民的与机关部队学校的农业、工业、合作社运动,用自己动手的方法解决吃饭、穿衣、住屋、用品问题之全部或一部,克服经济困难,以利抗日战争。"[3]随后,陕甘宁边区党政机关、部队和学校等单位纷纷组织生产运动委员会,开展生产运动。

1939年,陕甘宁边区的生产运动取得了一定的成绩,"边区群众去年开荒一百零四万亩,增加粮二十万担,增加牛羊百万头,大大改善了生活,并保障了今春征收救国公粮五万担"。"四万个在职人员的生产,平均保障了三个月粮食。警卫营、保卫营及政治教导队则保证了十个月或半年粮食。""在全国有很好的影响,并吸引了外边对我经济上的同情与赞助。"[4]但是,1939年和1940

---

[1] 中共中央文献研究室编:《毛泽东思想年编(1921—1975)》,中央文献出版社2011年版,第218页。

[2] 中共中央文献研究室:《毛泽东年谱(1893—1949)》中卷,人民出版社、中央文献出版社1993年版,第108页。

[3] 《毛泽东文集》第2卷,人民出版社1993年版,第224页。

[4] 《中央财政经济部关于一九三九年陕甘宁边区生产运动总结的通报》(1940年2月3日),中央档案馆:《中共中央文件选集》第12册,中共中央党校出版社1991年版,第278—279页。

年,其他根据地大规模的生产运动并没有广泛开展起来。

1940年底,蒋介石发动了第二次反共高潮,并于次年1月制造了震惊中外的皖南事变,断绝了八路军、新四军的经费供应,并加紧对陕甘宁边区的包围封锁。在这种情况之下,为了维持军队和其他各类脱产人员最低限度的需要,只得加大根据地各阶层民众的负担,特别是加大对救国公粮的征收。1940年,陕甘宁边区计划征收爱国公粮9万石,实收97354石,比1939年已经有了很大的增加,但由于脱产人员大量增加(1937年全边区脱产人员仅32200人,而1940年达到了61144人,1941年更是增加到73117人,人员增加的一个重要原因是为了保卫陕甘宁边区调回了部分部队),而边区的人口、面积却由于国民党的蚕食在减少,粮食入不敷出。到1941年3月,部分地区已无粮可吃,进入4月各地普遍发生粮荒。

这时,由于外援断绝无钱购粮,即便有经费也由于国民党的经济封锁无粮可买。为此,边区政府被迫开展粮食征购(即以低于市价的方式强制性购买,所付价款为市价的三分之一)和借粮运动,共计征购粮食18751石,借粮49705石。由于征购和借粮都带有强制性,自然为群众所不满。为了保证1942年的供给和归还1941年的借粮,中共中央与边区政府经过再三研究,决定1941年征粮20万担,比1940年征收的公粮9万担增加了一倍多,是全民族抗战之初的20倍,成为"抗战以来边区征粮数字最高的一次。群众深感负担过重,普遍出现不满情绪"[1]。于是发生了

---

[1] 中共中央文献研究室:《毛泽东传(1893—1949)》,中央文献出版社1996年版,第616页。

延川县代县长李彩云被电击死后，有农民说"老天爷不睁眼，咋不打死毛泽东"的事件。在1945年的中共七大上，毛泽东曾说："一九四一年边区要老百姓出二十万石公粮，还要运输公盐，负担很重，他们哇哇地叫。那年边区政府开会时打雷，垮塌一声把李县长打死了，有人就说，唉呀，雷公为什么没有把毛泽东打死呢？我调查了一番，其原因只有一个，就是公粮太多，有些老百姓不高兴。那时确实公粮太多。"[1]

当时，公粮太多并非只有陕甘宁一地，在晋冀鲁豫根据地的太行区，有的地方征收的公粮达到个人产量的50%。据对榆社县东清秀村的调查，小地主的负担占其收入的55.67%，富农的负担占收入的31.85%，富裕中农的负担占收入的26.35%，贫农的负担占收入的11.18%，佃农的负担占收入的35.95%。[2]在晋察冀根据地，1941年边区政府向各地分配的任务为244万石，比1940年的实际征收增加了53.7%，其北岳区1941年各阶层负担占收入的比例分别为地主53.21%，富农28.57%，中农12.77%，贫农8.64%。[3]

加重人民负担虽然是不得已而为之，但它不利于坚持长期抗战。为了度过严重的经济困难，中共中央采取了开源与节流并举的方针。所谓开源就是"自己动手，丰衣足食"，在各根据地开展以农业为中心的大生产运动，所谓节流就是大规模地精兵简政。

---

[1]《毛泽东文集》第3卷，人民出版社1996年版，第338页。
[2] 中华人民共和国财政部《中国农民负担史》编辑委员会编著：《中国农民负担史》第3卷，中国财政经济出版社1990年版，第355页。
[3] 同上书，第322页。

从 1941 年起，各抗日根据地的生产运动广泛开展起来，并取得了显著成绩，被毛泽东誉为"中国历史上从来未有的奇迹"[1]。1940 年 5 月，朱德从晋东南抗日前线回到延安后，提出在不妨碍部队作战和训练的前提下，实行屯田政策，以减轻人民负担，改善部队生活，并亲自到延安东南的南泥湾实地勘察。1939 年秋，八路军一二〇师三五九旅从晋西北调到陕甘宁边区，驻防绥德。经朱德建议，中共中央和毛泽东同意，1941 年 3 月，该部从绥德进驻南泥湾，一手拿枪一手拿锄，开展大生产运动，很快取得了明显的成效。1940 年前，该旅的经费全由政府提供，而 1941 年经费自给率达到 78.5%，1942 年达 90.3%，1943 年为 91.3%，1944 年实现了全部自给。陕甘宁边区其他部队的经费自给率也逐年增加，到 1943 年，警备一旅经费自给率为 75.4%，警备三旅自给率为 59.9%，三五八旅自给率为 70.7%，独一旅自给率为 74.6%。1942 年边区的中共中央各机关生产收入 2581 万元，自给了 48%，边区机关如保安处生产收入 113 万元，自给率 70%，鲁迅艺术学院生产共 28 万元，自给 32%。[2] 到 1943 年，"边区的军队，今年凡有地的，做到每个战士平均种地十八亩，吃的菜、肉、油，穿的棉衣、毛衣、鞋袜，住的窑洞、房屋，开会的大小礼堂，日用的桌椅板凳、纸张笔墨，烧的柴火、木炭、石炭，差不多一切都可以自己造，自己办。我们用自己动手的方法，达到了丰衣足食的目的"。"我们的机关学校，今年也大进了

---

[1]《毛泽东选集》第 3 卷，人民出版社 1991 年版，第 894 页。

[2] 陕甘宁边区财政经济史编写组、陕西省档案馆：《抗日战争时期陕甘宁边区财政经济史料摘编》（第一编·总论），陕西人民出版社 1981 年版，第 76 页。

一步,向政府领款只占经费的一小部分,由自己生产解决的占了绝大部分;去年还只自给蔬菜百分之五十,今年就自给了百分之一百;喂猪养羊大大增加了肉食;又开设了许多作坊生产日用品。"[1]

其他抗日根据地也开展了广泛的大生产运动。1940年,晋绥军区的经费中,政府拨给的占96%,生产自给仅占4%;1944年,生产自给达到30%。山东根据地1943年部队生产运动的收入,全省平均自给部分占全部经费的12%,滨海区自给占52%,到1944年,山东许多主力部队除被服鞋袜费外已达到全部自给。对于各抗日根据地大生产运动,已经有许多的论著有所介绍,这里不再赘述。1945年4月,毛泽东在总结中共抗战时期的历史时,对大生产运动给予高度评价:"一九四二和一九四三两年先后开始的带普遍性的整风运动和生产运动,曾经分别地在精神生活方面和物质生活方面起了和正在起着决定性的作用。这两个环子,如果不在适当的时机抓住它们,我们就无法抓住整个的革命链条,而我们的斗争也就不能继续前进。"[2]

为了克服严重的经济困难,尽量减轻根据地群众负担,除了部队机关开展生产自给外,各根据地还开展了大规模的精兵简政。精兵简政这个被毛泽东称为"极其重要的政策",是陕北著名开明绅士、边区政府副主席李鼎铭提出来的。1941年11月,陕甘宁边区第二届一次参议会召开,李鼎铭等人在这次会议上提出有关财政问题的提案,建议"政府应彻底计划经济,实行精兵

---

[1]《毛泽东选集》第3卷,人民出版社1991年版,第929页。
[2] 同上书,第1107—1108页。

简政主义,避免入不敷出经济紊乱之现象",并提出了五项具体实施办法。这个议案提出后,曾产生争议,但引起了毛泽东的高度重视,他不但把整个提案抄到自己的本子上,而且在一旁加了一段批语:"这个办法很好,恰恰是改造我们的机关主义、官僚主义、形式主义的对症药。"[1]毛泽东后来说:"'精兵简政'这一条意见,就是党外人士李鼎铭先生提出来的;他提得好,对人民有好处,我们就采用了。"[2]12月13日,中共中央发出精兵简政的指示,要求切实整顿党、政、军各级组织机构,精简机关,充实连队,加强基层,提高效能,节约人力物力。此后,中共中央一再指示各根据地克服"鱼大水小的矛盾""实行彻底的精兵简政",因为"伴随着极端残酷斗争,根据地缩小,必然要到来,而且可能很快到来,这一点如不预先计及,将来必要吃大亏。在此情形下,不论华中华北,都不能维持过大军队,如愿勉强维持,必难持久"[3]。

从1942年开始,精兵简政工作在各抗日根据地相继展开。以晋冀鲁豫根据地的太行区为例,从1942年至1944年,太行区进行了三次精简。1942年第一次精简的具体办法:一是裁汰骈枝机关,减少脱离生产人员,确定政府和民众团体全体脱离生产工作人员不得超过居民1%;二是纠正头重脚轻,充实下层,提高干部质量,增强工作效率;三是废除一切繁文缛节,建立简便工作制度,提倡朴实计算与管理的作风;四是反对浪费,肃清贪污,节

---

[1] 李维汉:《回忆与研究》(下),中共党史资料出版社1986年版,第502页。
[2]《毛泽东选集》第3卷,人民出版社1991年版,第1004页。
[3]《关于华中精兵简政问题的指示》(1942年8月4日毛泽东致陈毅),中央档案馆:《中共中央文件选集》第13册,中共中央党校出版社1991年版,第424页。

省民力。这年 5 月反"扫荡"后,又鉴于组织机构还不够精干,不能适合于当时的"扫荡"新形势,太行区又提出二次简政,其方针是进一步缩小上层机关,充实下层,具体要求是减少边区政府专署两级人员四分之一到三分之一,加强县区两级;减少边区政府事务,加强专署县府职权;着重改革机构,实施重点是强调适应战争。1943 年 1 月,太行区又进行了第三次精兵简政,大大减缩边区政府专署两级机构,合并性质相同机关,抽调大批干部,充实下层,加强薄弱部门及游击区敌占区工作,提倡干部降级使用。经过三次精简,太行区的政府行政系统的人员减少了 51%。[1]

在陕甘宁边区,经过精简,边区直属机关由 35 个减少到 22 个,税局、税所由 95 个减至 65 个,银行办事处 9 个全部撤销,各系统缉私机关与保安处检查机关合并,各专署及县内的机构由原来的八九个减少至四五个。精简前,边区办公厅、民政厅、财政厅、建设厅、教育厅和物资局共有 467 人,精简后只余 279 人,精简人员占原有人员的 40% 强。[2]

大生产运动和精兵简政,对于各抗日根据地克服严重的经济困难,坚持抗战起到了极其重要的作用。大生产运动后,陕甘宁边区各机关、部队、学校不仅开荒种地,还建立起了各种副业,如养猪、做豆腐等,使生活有了很大的改善。1943 年 1 月至 10 月,

---

[1]《太行区三次简政总结》,《解放日报》1944 年 5 月 7 日。
[2] 李鼎铭:《边区政府简政总结》(1944 年 1 月 7 日),陕甘宁边区财政经济史编写组、陕西省档案馆:《抗日战争时期陕甘宁边区财政经济史料摘编》(第六编·总论),陕西人民出版社 1981 年版,第 205—206 页。

三五九旅吃肉为318262斤，平均每人每月约3斤肉。[1]

　　大生产运动不但大大改善了机关、部队的生活，更重要的是减轻了根据地人民的负担，密切了中共与根据地群众的关系。以陕甘宁边区为例，1941年是边区群众负担最重的一年，其负担情况是，人力负担：每个劳动力平均100—115天；畜力负担，每畜平均65—75天；正式财粮负担：每人平均54斤小米，占总收入的15.31%；非正式财粮负担：每人平均81斤小米，占总收入的23.14%。[2] 仅财粮负担就占边区群众总收入的38.45%，这还不包括人力和畜力负担，边区群众的负担是比较重的。经过大生产运动和精兵简政，边人民的负担逐渐减轻，以救国公粮为例，如果以1941年为100，1942年为82.1，1943年为91.3，1944年为79.4，1945年为61.5。边区救国公粮占农业产值的比重也逐年下降，1943年全边区的公粮负担率为11.51%，1944年为9.14%，1945年为7.75%。救国公粮占财粮总收入的比重，1940—1942年平均为52.23%，1943—1945年平均为29.53%；农民交纳的各项税收占财粮总收入的比重，1940—1942年平均为60.65%，1943—1945年平均下降为35.38%。[3] 又如晋察冀根据地1941年每人平均负担正税及附加折算成小米为49.4斤，1942年为45斤，1943年为40斤，1944年为37.4斤，1945年为36.2斤，1945年的总负担比1941年下降了27%。在负担减轻的同时，

---

[1]《抗日战争时期陕甘宁边区财政经济史料摘编》（第八编·生产自给），陕西人民出版社1981年版，第499页。

[2] 中华人民共和国财政部《中国农民负担史》编辑委员会编著：《中国农民负担史》第3卷，中国财政经济出版社1990年版，第221页。

[3] 同上书，第265页。

农民收入相应增加。据晋察冀根据地晋冀区巩固区 7 个村的调查，1943 年每人平均总收入折算成小米 639 斤，1944 年为 658 斤，1945 年为 759 斤，1945 年比 1943 年增加收入 18.8%。[1] 正如毛泽东所说的："部队机关学校既然自己解决了全部或大部的物质问题，用税收方法从老百姓手中取给的部分就减少了，老百姓生产的结果归自己享受的部分就增多了。"[2]

从 1941 年起，除了共产国际的少量经费资助外，中共没有其他外援，但各抗日根据地不但坚持了下来，而且 1943 年之后中共领导的武装力量、各抗日根据地的面积人口都有了新的发展。到 1945 年春，中共领导的八路军、新四军及其他武装力量达到 91 万人，不脱产民兵 200 万人，抗日根据地总面积达到 95 万平方公里，总人口 9550 余万，这其中大生产运动与精兵简政政策功不可没。

---

[1] 中华人民共和国财政部《中国农民负担史》编辑委员会编著：《中国农民负担史》第 3 卷，中国财政经济出版社 1990 年版，第 329、328 页。

[2]《毛泽东选集》第 3 卷，人民出版社 1991 年版，第 929—930 页。

延安整风是如何发动的

延安整风是中国革命历史上一个重大历史事件，它对于中国共产党实现思想的统一，完成马克思主义的中国化起了巨大作用。对于这一问题的研究，已经有相当数量的著述发表或出版，本书不打算对整风运动进行全面述说和评价，仅就这场运动是如何发动起来的做点介绍。

一、整风运动的动因

1. 延安干部教育中的教条主义

中国共产党是按照马克思主义理论武装起来的党，而党成立之后又加入了列宁领导的共产党国际。马克思主义的基本原理对中国革命无疑具有重要的指导意义，但马克思主义经典作家在创立这个理论的时候，主要的视角和解剖对象是西欧发达的资本主义国家，因而在运用其理论时，本身就存在一个如何与中国具体实际相结合的问题，也就是实现马克思主义中国化的问题，而党内对于这个问题在一个较长的时间里未能引起足够的重视，相当多的人对马克思主义进行教条式地理解和运用。同样，俄国十月革命成功地开辟了人类历史上一个国家的社会主义新路，实现社会主义自然是中国共产党人的奋斗目标，然而在一个较长的时间里，党内亦有许多人没有看到中国国情的特殊性，未能认识到实现社会主义目标所要走的道路，各国是并不相同的，而普遍存在对社会主义的苏联及十月革命模式的盲目崇拜。所以在大革命后期和土地革命前期、中期，党内曾存在比较严重的将马克思主义和共产国际指示教条化，将俄国革命经验神圣化的倾向。

在20世纪20年代后期和20世纪30年代前期，以毛泽东为代表的一部分共产党人，已经意识到教条式地对待马克思主义和共产国际指示的危害，意识到中国国情和中国革命的特殊性，认为马克思主义只解决了世界革命和中国革命的一般原则，而中国革命的具体经验和具体模式，需要中国共产党人自己去创造。毛泽东在1930年春所写的《调查工作》(后来改名为《反对本本主义》)一文中，大声疾呼"没有调查，没有发言权""中国革命斗争的胜利要靠中国同志了解中国情况"。但是，当时毛泽东还未成为全党的领袖，他的正确主张未能上升为全党的意识。相反，由于毛泽东的话语体系中没有教条色彩，也由于他主张的农村包围城市道路与十月革命的城市暴动方式相左，因此，他还为此多次受到排挤与打击。在1931年11月的中共苏区第一次代表大会（即赣南会议）上，由于他倡导"没有调查，没有发言权"，还曾被人认为轻视马克思主义理论，给扣上了"狭隘经验论"和"事务主义"的帽子。所以在一个相当长的时期里，就全党而言，对于主观主义、教条主义及其危害并没有充分认识。

经过第五次反"围剿"的失利，全党对土地革命战争后期的"左"倾错误有了切肤之痛，1935年1月的遵义会议，对土地革命后期政治上、军事上的"左"倾错误做了纠正。1938年9月召开的中共六届六中全会，又使党对抗日民族统一战线的认识提高了一大步。经过这两次重要会议,毛泽东在全党的领导地位也得以确立。但是,不论是遵义会议还是中共六届六中全会,都"没有来得及对党的历史经验进行系统的总结,特别是没有从思想路线的高度对党内历次错误的根源进行深刻的总结"。[1]全民族抗战爆发之后,中国共产党高举坚持抗战的大旗,开辟了一块又一块抗日根据地,影响日益扩大,党的队伍也日渐壮大,到1940年7月,党员人数已发展到80万,其中大部分是全民族抗战爆发之后入党的。这样一来,由于大多数党员没有经历过大革命与土地革命,对机械地执行共产国际指示和照抄照搬十月革命模式给革命带来的危害没有切实的感受,对教条主义的本质自然也谈不上有深刻认识。因此,自中共六届六中全会之后,毛泽东就觉得有必要在全党进行一次深入的马克思主义教育,以树立实事求是、一切从实际出发的思想,克服形形色色的主观主义。

中共六届六中全会上,毛泽东在《论新阶段》的政治报告中,不但提出了马克思主义中国化的命题,而且特地强调了学习的重要性,向全党发出了开展马克思主义学习运动的号召。毛泽东说:"普遍地深入地研究理论的任务,对于我们,是一个亟待解决并须着重致力才能解决的大问题。我们努力罢,从我们这次扩大的六中全会之后,来一个全党的学习竞赛,看谁真正学到了一点东西,看谁学的更多一点,更好一点。我们的工作做得还不错,但如果不加深一步地学习理论,就无法使我们的工作做得更好一些,而只有使我们的工作做得更好一些,才有我们的胜利。因此,

---

[1] 中共中央文献研究室:《毛泽东传(1893—1949)》,中央文献出版社1996年版,第624页。

学习理论是胜利的条件。从主要领导责任的观点上说,如果中国有一百个至二百个系统地而不是零碎地,实际地而不是空洞地,学会了马克思主义的同志,那将是等于打倒一个日本帝国主义。"[1]

中共六届六中全会后,毛泽东曾将加强马克思主义理论学习,作为全党"有头等重要的意义"的工作。为了统管全党的干部教育并推动学习运动的发展,1939年2月,中共中央设立了干部教育部,以洛甫(张闻天)为部长,罗迈(李维汉)为副部长。

1939年5月20日,中共中央干部教育部召开学习动员大会,毛泽东在会上作了讲话。他说:我们党根据历来的经验以及目前的环境,在最近发起了两个运动,一个是生产运动,一个是学习运动,这两个运动都是有普遍的意义和永久的意义的。为什么在开展生产运动的同时,还要组织一个全党性的学习运动?毛泽东说,首先,共产党在全国的党员过去是几万个,现在有几十万,将来会有几百万,这几十万、几百万共产党员要领导几千万、几万万人的革命,假使没有学问,是不成的,共产党人就应该懂得各种各样的事情。其次,各级干部要使工作做得好,就要多懂一点,单靠过去懂的一点还不够,那只是一知半解,工作虽然可以做,但是要把工作做得比较好,那就不行,要工作做得好,一定要增加他们的知识。第三,中国共产党在担负着打倒日本帝国主义、建立新中国的任务,需要建设一个大党,一个独立的、有战斗力的党,这样就要有大批的有学问的干部做骨干。他号召各级干部发挥"挤"与"钻"的精神,想法子"挤"出时间来看书,

---

[1] 中央档案馆:《中共中央文件选集》第11册,中共中央党校出版社1991年版,第657—658页。

如木匠钻木头一样地"钻"进去把理论问题搞懂。[1]

1940年1月，中共中央发出《关于干部学习的指示》，规定全体干部都应当学习和研究马列主义的理论及其在中国的具体运用，要求"各级组织的领导干部尤其是主要领导干部，必须以身作则的领导与提倡其他干部的学习。建立在职干部平均每日学习两小时制度，并保持其持久性与经常性"[2]。3月24日，中共中央又发出《关于在职干部教育的指示》，规定凡环境许可的地方，可依类编成学习小组并每月开会讨论一次，《指示》还决定将每年5月5日马克思的生日作为学习节，总结每年的经验并进行奖励。

中共中央的这些措施，初步建立和健全了干部理论学习制度，取得了很大的成绩，但"这两年的学习运动也有缺点，主要是存在理论脱离实际的倾向"[3]。1941年12月，中共中央作出《关于延安干部学校的决定》，指出："目前延安干部学校的基本缺点，在于理论与实际、所学与所用的脱节，存在着主观主义与教条主义的严重的毛病。这种毛病，主要表现在使学生学习一大堆马列主义的抽象原则，而不注意或几乎不注意领会其实质及如何应用于具体的中国环境。"[4]1942年2月，中央军委、军委总政治部《关于军队干部教育的指示》亦认为，"在我们的教育与学习上，还存在着许多原则上的缺点，主要的是在我们的教育中，存在着严

---

[1]《在延安在职干部教育动员大会上的讲话》(1939年5月20日)，《毛泽东文集》第2卷，人民出版社1993年版，第176—181页。

[2]《中央关于干部学习的指示》(1940年1月3日)，中央档案馆：《中共中央文件选集》第12册，中共中央党校出版社1992年版，第228页。

[3]《胡乔木回忆毛泽东》，人民出版社1994年版，第190页。

[4] 中央档案馆：《中共中央文件选集》第13册，中共中央党校出版社1991年版，第257页。

重的主观主义与教条主义的倾向"。这种倾向表现在政治教育中，"只抽象地去学马列主义的原理原则，以为学习马列主义，只要阅读马列著作就够了，可以不必用马列主义的立场与方法来研究中国问题，研究当前环境的具体情况，党的政策之具体运用，结果使理论与实际脱节，所学与所用脱节。同时教育计划太高，平均的要求所有干部都学习马列主义的哲学、政治经济学等等，结果除了背诵一些政治术语，经济术语以外，很难有所收获"[1]。

对于这种情况，毛泽东是不满意的。1941年8月27日，中共中央召开政治局会议讨论党内教育方针等问题，他在发言中说，我党干部的理论水平比内战时期是提高了，现在干部中多读了些理论书籍，但对于理论运用到中国革命实际上还不够，对中国及世界的政治、军事、经济、文化缺乏研究和分析。我们还没有各种问题的专家，对于许多实际的问题不能下笔。延安的学校是一种概论学校，缺乏实际政策的教育。过去我们只教理论，没有教会如何运用理论，就像只教斧头本身，没有教会如何使用斧头去做桌子。延安研究哲学是空洞的研究，不研究中国革命的内容与形式，不研究中国革命的本质与现象。[2]因此，毛泽东认为有必要改变这种状况，改进学风，在对于马列主义的学习态度上来一个根本的改造。

2. 毛泽东决心总结党的历史

中共六届六中全会前，毛泽东对王明在领导长江局期间的

---

[1] 中央档案馆：《中共中央文件选集》第13册，中共中央党校出版社1991年版，第318页。

[2] 中共中央文献研究室：《毛泽东年谱（1893—1949）》中卷，人民出版社、中央文献出版社1993年版，第324页。

所作所为有看法，并在六中全会结束时还对"一切经过统一战线"的口号提出批评，但总的来看，他对于王明还是相当忍让与克制。六届六中全会根据当时形势的变化，决定撤销长江局，另组中共中央南方局，以周恩来为书记，王明回延安工作。1938年底，王明从重庆回到延安，兼任中共中央统战部长并分管中央南方工作委员会（南委）、中央东北工作委员会（东委）、党校委员会、妇女委员会及中国女子大学（女大）等工作。回到延安后，"王明频繁出席了各种会议，作了很多报告和讲演，发表很多文章，显得十分活跃"[1]。

1940年5月3日，延安"泽东青年干部学校"举行开学典礼，王明到会作了《学习毛泽东》的讲演。他说："对于青干学生学习问题，我只贡献五个字：'学习毛泽东！'青年干部学校既以毛泽东同志的光辉名字来命名，那就要名副其实，就是要学习毛泽东同志的生平事业和理论。"王明在这个讲演中，对毛泽东充满了赞美之词，说从党的一大以后"毛泽东同志便是我们党的主要领导人，便是中国革命一个优秀的领导者"；他"不仅成为中国革命的伟大政治家和战略家，而且是伟大的理论家"；"在其理论和实践中有很多新的创造"；"在农民工作中，他是一个有名的农民工作大王，在军事工作中，他是伟大的战略家，在政权工作中，他是天才的政治家，在党的工作中，他是公认的领袖"；"毛泽东同志现在不仅是共产党中央和共产党全党团结的核心，不仅是八路军和新四军团结的中流砥柱，而且是全中国无产阶级和人

---

[1]周国全、郭德宏、李明三：《王明评传》，安徽人民出版社1989年版，第362页。

民大众众望所归的团结中心"。[1]

王明虽然唱着"学习毛泽东"的高调，称毛泽东是"伟大的理论家"，但又时时刻刻把自己当作是党内真正的理论家。1940年3月，他将其1931年写的、集中反映他观点的《为中共更加布尔什维克化而斗争》一书，在延安印了第三版，并且在第三版序言中写道："我们党近几年来有很大的发展，成千累万的新干部新党员，对我们党的历史发展中的许多事实，还不十分明了。本书所记载着的事实，是中国共产党发展史中的一个相当重要的阶段，因此，许多人要求了解这些历史事实，尤其在延安各学校学习党的建设和中共历史时，尤其需要这种材料的帮助。"还说："不能把昨日之是，一概看作今日之非；或把今日之非，一概断定不能作为昨日之是。"王明这本小册子的出版，在毛泽东看来，"这是一个挑战性的行动"，于是，"应该怎样看待党的历史上的路线是非这个问题，便更迫切地摆到中共中央面前"[2]。

六届六中全会前，中共中央一度有过在即将召开的中共七大上讨论有关党的历史问题的设想，但没有得到共产国际的同意。王稼祥在六中全会上传达共产国际的意见时说：国际认为，中共七大要着重于实际问题，特别是主要着重于抗战中的许多实际问题，不应花很久时间去争论过去十年内战中的问题。关于总结十年经验，国际认为要特别慎重。六届六中全会后，由于诸多原因，不但七大未能及时召开，"有关党的历史问题的讨论也一直

---

[1] 王明：《学习毛泽东——在泽东青年干部学校开学典礼中的讲演》，《中国青年》第2卷第9期。
[2] 中共中央文献研究室：《毛泽东传（1893—1949）》，中央文献出版社1996年版，第626页。

拖了下来"。[1]

从 1940 年底起，毛泽东就提出要总结党的历史上特别是苏维埃运动后期的政策错误问题。他认为苏维埃运动后期的"左"的政策，并非只是遵义会议所说的军事上的错误，而是路线错误，当时错误路线的领导人自以为自己是马克思主义的，实际上是违背马克思主义的主观主义及其表现出来的教条主义。

1940 年 12 月 4 日，中共中央召开政治局会议，讨论当前形势，毛泽东在发言中特地讲到了党的历史问题。他说，我党在历史上有三个时期。在大革命末期，陈独秀主张联合一切，下令制止工农运动。在苏维埃时期，最初暴动时实行打倒一切，到六大时纠正了。但到苏维埃末期又是打倒一切，估计当时是苏维埃与殖民地两条道路的决战。实行消灭富农及小地主的政策，造成赤白对立。这种"左"的政策使军队损失十分之九，苏区损失不止十分之九，所剩的只有陕北苏区。实际上比立三路线时的损失还大。他还说：遵义会议决议只说是军事上的错误，没有说是路线上的错误，实际上是路线上的错误，所以遵义会议决议须有些修改。在苏维埃运动后期土地革命潮流低落了，但民族革命潮流高涨起来。在过去这两个时期的"联合一切""打倒一切"的东西，的确不是马列主义，当时主持的人认为是马列主义，实际上这都是绝对主义。[2]

毛泽东讲完之后，一些人表示赞同毛泽东的意见。陈云在发

---

[1] 中共中央文献研究室：《毛泽东传（1893—1949）》，中央文献出版社 1996 年版，第 626 页。

[2] 中共中央文献研究室：《毛泽东年谱（1893—1949）》中卷，人民出版社、中央文献出版社 1993 年版，第 235 页。

言中表示，同意毛泽东对过去苏维埃政策的批评，那些错误的根源是：一、在四中全会后虽然纠正了立三路线，但"左"的错误尚未完全纠正；二、当时有人对历史的经验没有应有的尊重。"总括一句是马列主义不够。"对抗战以来的情况，陈云认为"党的基本路线是正确的"，但在武汉失守前，到山东、冀南与华中发展政权与武装"是失了很多时机，特别是新四军失了很多时机"。[1]朱德也说，总结历史经验要在七大前准备好，过去的错误主要来源于教条主义。[2]博古在会上表示，希望检讨自己的错误，对当时的错误愿意承担责任。但是，会上有人不承认苏维埃运动后期路线有问题。张闻天在会上表示：在苏维埃运动后期虽然因反对立三路线不彻底又犯了"左"的错误，但当时还是进行了艰苦的斗争的，还是为马列主义而奋斗的，路线上并没有错。[3]故而这个问题的讨论并没有深入下去。

在王明、博古、朱德、张闻天、陈云等人发言后，毛泽东再次发言，指出：总结过去的经验，对于犯错误和没有犯错误的人都是一种教育。了解过去的错误，可以使今后不犯重复的错误。抗战以来的倾向，在统一战线建立初期是"左"倾（主张苏维埃与国民党对立），国共合作后有一时期是右倾，反磨擦后又是"左"倾。1937年十二月会议否认独立自主的方针，提出"一切经过统一战线"是错误的，这一口号到六中全会才取消。在战略

---

[1] 中共中央文献研究室：《陈云传》（上），中央文献出版社2005年版，第327—328页。

[2] 中共中央文献研究室：《朱德年谱》新编本（中），中央文献出版社2006年版，第1016页。

[3] 张树军、高新民：《延安整风实录》，浙江人民出版社2000年版，第62页。

问题上，洛川会议确定了独立自主的山地游击战，但前方同志不服从，到十二月会议及六中全会才得到正确的解决。总结过去的经验教训，大体上要分大革命、苏维埃和抗战三个时期。总的错误是不了解中国革命的长期性、不平衡性。苏维埃末期犯了许多"左"的错误，是由于马列主义没有与中国实际联系起来。[1]

12月25日，毛泽东为中共中央起草《中央关于时局与政策的指示》，其中写道："过去十年土地革命时期的许多政策，现在不应当再简单地引用。尤其是土地革命的后期，由于不认识中国革命是半殖民地的资产阶级民主革命和革命的长期性这两个基本特点而产生的许多过左的政策，例如以为第五次'围剿'和反对第五次'围剿'的斗争是所谓革命和反革命两条道路的决战，在经济上消灭资产阶级（过左的劳动政策和税收政策）和富农（分坏田），在肉体上消灭地主（不分田），打击知识分子，肃反中的'左'倾，在政权工作中共产党员的完全独占，共产主义的国民教育宗旨，过左的军事政策（进攻大城市和否认游击战争），白区工作中的盲动政策，以及党内组织上的打击政策等等，不但在今天抗日时期，一概不能采用，就是在过去也是错误的。"[2]

同一天，中共中央政治局召开会议，讨论毛泽东起草的这个文件。会上仍有人不同意提苏维埃运动后期的错误是路线错误，认为只是策略错误。"这种认识分歧引起了政治局内一次激烈的

---

[1] 中共中央文献研究室：《毛泽东年谱（1893—1949）》（修订本）中卷，中央文献出版社2013年版，第238页。

[2] 《论政策》（1940年12月25日），《毛泽东选集》第2卷，人民出版社1991年版，第762页。

争论。"[1]在这种情况下,毛泽东"只好妥协,没有讲这一时期是路线错误"[2]。

1941年初,皖南事变发生,新四军遭受重大损失。而当时新四军的主要领导人项英,虽然在中共六届一中全会上就当选为政治局委员,但中共六届四中全会之后,曾一度紧跟中共临时中央。从皖南事变联想到第五次反"围剿"的失败,进一步促使毛泽东决心对苏维埃运动后期以来党的历史进行总结,对苏维埃运动后期的教条主义进行清算。可以说这是他发动延安整风的最初动因。

3. "改造我们的学习"

应当承认,在一个时期内党内之所以教条主义盛行,一方面在于那些自觉或不自觉地搞教条主义的人,确实他们曾系统地学习过马克思主义理论,掌握了较多的马克思主义"本本",具有一定的理论水平,有的还长期在苏联学习过甚至在共产国际工作过。另一方面,当时能有条件系统进行马克思主义理论学习的人并不很多,绝大多数党的中高级干部是在中国革命中土生土长起来的,紧张的革命斗争不允许他们有良好的条件系统地进行理论学习,而那些工农出身的人还存在文化水平不高的问题,所以他们虽然不存在"本本主义"的问题,但对于"本本"难免觉得十分神秘。在中国,"万般皆下品,唯有读书高"有其历史传统,一般工农苦于自己没有文化或文化水平不高,往往对读书人(知识分子)存在某种向往与崇拜,更何况那些搞"本本主义"的人还在莫斯科读过马列著作。在那个党员的理论水平普遍不高且崇

---

[1] 张树军、高新民:《延安整风实录》,浙江人民出版社2000年版,第63页。
[2]《胡乔木回忆毛泽东》,人民出版社1994年版,第191页。

拜苏联的年代，要破除"本本主义"，揭露其本质及危害，使全党真正认识到一切从实际出发的重要性，从教条主义的束缚下彻底解放出来，并不是一件容易的事情。

毛泽东一向反对教条式地对待马克思主义理论和共产国际指示，早在开创中央苏区之时他就明确提出要反对"本本主义"，由于当时党内对教条主义的危害认识不深，故而他的此举还被讥笑为"狭隘经验论"。中共六届四中全会特别是中共临时中央成立后，教条主义逐渐统治全党，不但造成了第五次反"围剿"的失利，而且毛泽东本人也一再受到教条主义的排挤与打击，故而毛泽东对教条主义有着深刻的认识。1940年3月，周恩来赴苏治疗臂伤回来后，转达了向共产国际汇报工作时，国际领导人所作的指示，其中有主席团成员曼努伊尔斯基称赞张闻天是"中共理论家"，毛泽东听后说："什么理论家，不过是背了几麻袋教条回来。"[1]张闻天虽然到中央苏区之后在实践中逐渐认识到教条主义的危害，并且为遵义会议的召开作出了重大贡献，但他在中共六届四中全会后，毕竟曾是当时教条主义阵营的主要成员之一，毛泽东的这句话实际上反映出他内心对于教条主义的严重不满。

1941年5月19日，毛泽东在延安高级干部会上作了《改造我们的学习》的报告，提出改造全党学习方法和学习制度的任务，号召批判理论与实际相脱离的主观主义特别是教条主义。这个报告一定程度上可以说是延安整风的最初动员。

报告指出：中国共产党的二十年，就是马克思列宁主义的普遍真理和中国革命的具体实践日益结合的二十年。但这结合，还

---

[1] 刘英：《在历史的激流中——刘英回忆录》，中共党史出版社1992年版，第127页。

存在很大的缺点，"如果不纠正这类缺点，就无法使我们的工作更进一步，就无法使我们在将马克思列宁主义的普遍真理和中国革命的具体实践互相结合的伟大事业中更进一步"。[1]

毛泽东认为，党内存在的马克思主义与中国具体实际相脱离的缺点，主要表现在三个方面：一是对于国内和国际的各方面，对于国内和国际的政治、军事、经济、文化的任何一方面，所收集的材料还是零碎的，研究工作还没有系统。并没有对于上述各方面做过系统的周密的收集材料加以研究的工作，缺乏调查研究客观实际状况的浓厚空气。二是虽则有少数党员和少数党的同情者曾经研究过历史，但是不曾有组织地进行过。不论是近百年的和古代的中国史，在许多党员的心目中还是漆黑一团。认真地研究现状的空气是不浓厚的，认真地研究历史的空气也是不浓厚的。三是学习国际的革命经验，学习马克思列宁主义的普遍真理，许多人的学习马克思列宁主义似乎并不是为了革命实践的需要，而是为了单纯的学习。所以虽然读了，但是消化不了。只会片面地引用马克思、恩格斯、列宁、斯大林的个别词句，而不会运用他们的立场、观点和方法，来具体地研究中国的现状和中国的历史，具体地分析中国革命问题和解决中国革命问题。上述三种情形"都是极坏的作风。这种作风传播出去，害了我们的许多同志"[2]。

毛泽东说，有些人抽象地无目的地去研究马克思列宁主义的理论。不是为了要解决中国革命的理论问题、策略问题而到马克

---

[1]《毛泽东选集》第3卷，人民出版社1991年版，第796页。
[2] 同上书，第797页。

思、恩格斯、列宁、斯大林那里找立场,找观点,找方法,而是为了单纯地学理论而去学理论。不是有的放矢,而是无的放矢。他们对于研究今天的中国和昨天的中国一概无兴趣,只把兴趣放在脱离实际的空洞的"理论"研究上。还有些人是做实际工作的,他们也不注意客观情况的研究,往往单凭热情,把感想当政策。这两种人都凭主观,忽视客观实际事物的存在。"这种反科学的反马克思列宁主义的主观主义的方法,是共产党的大敌,是工人阶级的大敌,是人民的大敌,是民族的大敌,是党性不纯的一种表现。大敌当前,我们有打倒它的必要。只有打倒了主观主义,马克思列宁主义的真理才会抬头,党性才会巩固,革命才会胜利。"他还说:

> 有一副对子,是替这种人画像的。那对子说:
> 　墙上芦苇,头重脚轻根底浅;
> 　山间竹笋,嘴尖皮厚腹中空。
> 对于没有科学态度的人,对于只知背诵马克思、恩格斯、列宁、斯大林著作中的若干词句的人,对于徒有虚名并无实学的人,你们看,像不像?如果有人真正想诊治自己的毛病的话,我劝他把这副对子记下来;或者再勇敢一点,把它贴在自己房子里的墙壁上。[1]

为了改变这种状况,毛泽东提出了三点建议:

一是向全党提出系统地周密地研究周围环境的任务。依据马

---

[1]《毛泽东选集》第3卷,人民出版社1991年版,第800页。

克思列宁主义的理论和方法,对敌友我三方的经济、财政、政治、军事、文化、党务各方面的动态进行详细的调查和研究的工作,然后引出应有的和必要的结论。"为此目的,就要引导同志们的眼光向着这种实际事物的调查和研究。就要使同志们懂得,共产党领导机关的基本任务,就在于了解情况和掌握政策两件大事,前一件事就是所谓认识世界,后一件事就是所谓改造世界。就要使同志们懂得,没有调查就没有发言权,夸夸其谈地乱说一顿和一二三四的现象罗列,都是无用的。"

二是对于近百年的中国史,应聚集人才,分工合作地去研究,克服无组织的状态。应先作经济史、政治史、军事史、文化史几个部门的分析的研究,然后才有可能作综合的研究。

三是对于在职干部的教育和干部学校的教育,应确立以研究中国革命实际问题为中心,以马克思列宁主义基本原则为指导的方针,废除静止地孤立地研究马克思列宁主义的方法。[1]

毛泽东的这个讲话,用他当时的秘书胡乔木的话说,"用语之辛辣,讽刺之深刻,情绪之激动,都是许多同志在此以前从未感受过的"[2]。不过,王明却对这个报告有些不以为然,他在中国女子大学传达这个报告时说:虽说今后学习中对理论联系实际的问题要注意,但仍应注意好好学习理论,适当地联系实际,反对这也联系那也联系,变成"乱联系"。他还说:"不要怕说教条,教条就教条,女大学生学他几百条,学会了,记住了,碰见实际自然会运动(用),如果一学就怕教条,一条也记不住,哪里谈

---

[1]《毛泽东选集》第3卷,人民出版社1991年版,第802—803页。
[2]《胡乔木回忆毛泽东》,人民出版社1994年版,第191页。

得到运用?把理论运用于实际是对的,但是先有了理论才能运用,一条也没有哪儿去运用?"[1]不但如此,"毛泽东这篇观点鲜明措词尖锐的重要讲话在党的高级干部中竟没有引起多少反响,宣传部门也没有在报上报道,好像什么事情都没有发生。这使毛泽东进一步意识到问题的严重性"[2]。促使他下决心解决主观主义、教条主义的问题。

二、整风运动的准备

1. 中共中央作出增强党性的决定

1941年初,皖南事变爆发后,中共中央政治局多次召开会议,研究事变后的局势与对策,总结其中的历史教训。中共中央认为,皖南事变之所以造成如此严重的后果,一个重要的原因,是项英"犯了右倾机会主义错误","他不认识统一战线中国共产党的独立性斗争性,他对于国民党的反共政策从来就没有领导过斗争,精神上早已作了国民党的俘虏,并使皖南部队失去精神准备"。作为政治部主任的袁国平,"在此问题上""是完全和项英一致的"。"三年以来,项英、袁国平对于中央的指示,一贯的阳奉阴违,一切迁就国民党","其所领导的党政军内部情况,很少向中央作报告,完全自成风气。对于中央的不尊重,三年中已发展至极不正常的程度","因此加重了全党特别是军队中干部与党

---

[1] 周国全、郭德宏、李明三:《王明评传》,安徽人民出版社1989年版,第371页。
[2] 中共中央文献研究室:《毛泽东传(1893—1949)》,中央文献出版社1996年版,第630页。

员的党性教育与党性学习,决不可轻视这个绝大的问题"。[1]

1941年3月26日,中共中央政治局召开会议,专题讨论增强党性问题。毛泽东在讲话中说,自遵义会议后党内思想斗争少了,干部政策向失之宽的方向去了。对干部的错误要正面批评,不要姑息。我们党的组织原则是团结全党,但同时必须进行斗争,斗争是为了团结。又说,项英、袁国平的错误,中央也要负责。因1937年"十二月会议"是有些错误的,当时对形势估计不足,没有迅速地布置工作;其次对国共关系忽视了斗争性,因此边区也失掉些地方,直到张国焘逃跑后才解决,对全国的影响也很大。[2] 会议决定由王稼祥起草关于党性问题的决定。

同年7月1日,中共中央政治局通过了王稼祥等人起草的《中共中央关于增强党性的决定》。这个《决定》认为,在长期分散的独立活动的游击战争的环境,加之党内小生产者及知识分子的成分占据很大的比重,因此容易产生某些党员的"个人主义""英雄主义""无组织的状态""独立主义"与"反集中的分散主义"等等违反党性的倾向。其具体的表现:(一)在政治上自由行动,不请示中央或上级意见,不尊重中央及上级的决定,随便发言,标新立异,以感想代替政策,独断独行,或借故推脱,两面态度,阳奉阴违,对党隐瞒;(二)在组织上自成系统,自成局面,强调独立活动,反对集中领导,本位主义,调不动人,目无组织,只有个人,实行家长统制,只要下面服从纪律,而自己可

---

[1]《中央关于项袁错误的决定》(1941年1月),中共中央书记处:《六大以来——党内秘密文件》(下),人民出版社1980年版,第237—238页。
[2] 中共中央文献研究室:《毛泽东年谱(1893—1949)》(修订本)中卷,中央文献出版社2013年版,第285—286页。

以不遵守，反抗中央，轻视上级，超越直接领导机关去解决问题等；（三）在思想意识上，是发展小资产阶级的个人主义，来反对无产阶级的集体主义，一切从个人出发，一切都表现个人，个人利益高于一切，自高自大，自命不凡，个人突出，提高自己，喜人奉承，吹牛夸大，风头主义，不实事求是的了解具体情况等。

《决定》指出，为了纠正上述违反党性的倾向，必须采取以下办法：一是应当在党内更加强调全党的统一性、集中性和服从中央领导的重要性。不允许任何党员与任何地方党部，有标新立异，自成系统，及对全国性问题任意对外发表主张的现象。二是更严格的检查一切决议决定之执行，坚决肃清阳奉阴违的两面性的现象。三是即时发现，即时纠正，不纵容错误继续发展。四是在全党加强纪律的教育，严格遵守个人服从组织，少数服从多数，下级服从上级，全党服从中央的基本原则。无论是普通党员和干部党员，都必须如此。五是用自我批评的武器和加强学习的方法，来改造自己使适合于党与革命的需要。六是从中央委员以至每个党部的负责领导者，都必须参加支部组织，过一定的党的组织生活，虚心听取党员群众对于自己的批评，增强自己党性的锻炼。[1]

对于中共中央为何要作出这样一个《决定》，1942年7月14日任弼时在中共中央党校作报告时，专门就此作了解释。他说，之所以把党性锻炼当作单独的问题提出来，首先，是"我们的党今

---

[1] 中央档案馆：《中共中央文件选集》第13册，中共中央党校出版社1991年版，第144—147页。

天是处在与民族敌人进行残酷斗争的环境,是处在同日本战争的环境","党已经成为中国政治生活当中一个重要的决定因素"。因此,"党比任何时候更加需要内部的统一团结,更加需要思想一致、行动一致,更加需要巩固我们自己,防止敌人利用各种机会和间隙来破坏我们党的团结"。其次,在全民族抗战以来和几年的统一战线当中,党有了迅速的扩大,新成分涌进,加之处在比较分散的长期的游击战争的环境中,又是处在半殖民地半封建的小农经济为主的社会里,党内容易产生不正确的思想。第三,"在抗日战争当中,某些党部的同志对中央采取不尊重的态度,也可以说是采取对立的态度,没有根据中央的政策、方针进行日常的工作。有的时候有些重大的问题,带有全国性的问题,不先经过中央的同意和批准,就做了。也有个别党部,或者个别干部,对于带有全国性的政治问题随便地发表自己的意见,或者依据自己的估计决定党的政策"[1]。任弼时的上述解释,实际上已将中共中央出台这个决定的原因解释得十分清楚了。在后来的整风运动中,《中共中央关于增强党性的决定》成为干部整风学习的必读文件之一。

2."党书一出,许多同志解除武装"

中共中央曾计划在1941年下半年召开第七次全国代表大会,并确定此次大会的一项重要议题就是总结中共六大以来的历史经验。1940年3月,周恩来、任弼时自莫斯科返回延安。任弼时抵达延安后,中共中央决定留其在延安,参加中共中央书记处的

---

[1]《为什么要作出增加党性的决定》(1942年7月14日),《任弼时选集》,人民出版社1987年版,第238—241页。

工作，协助中共中央和毛泽东筹备召开七大，并具体负责督促于1940年10月底印出准备的各种材料，其中包括六大以来党的历史文献。

但是，六大以来党的文献的收集工作并不顺利，到这年10月份，相关材料还没有找齐。10月16日，中共中央政治局召开会议，决定收集材料的工作由陈云、王明、王稼祥、张闻天、邓发等人分头负责，其中陈云负责组织问题和青年问题的材料，王明负责妇女问题的材料，张闻天负责宣传问题的材料，邓发负责职工问题的材料。10月21日，政治局常委会作出决定：有关材料限于11月底完成。

由于上述负责收集材料的人员，都是中共中央政治局委员，他们"工作很多，根本没有精力去收集历史资料，上述分工实际上不大可行"[1]。于是，中共中央不久又决定六大以来历史文献的收集工作改由中央秘书处承担，由毛泽东负责督促与审核。毛泽东接手这项工作后，工作进行得比较顺利。据胡乔木回忆，当时收集资料的途径，一是中共中央从中央苏区带到延安的资料，由于当时处在战争环境，能带到延安的资料很少，因而这些资料只是"很小很小的一部分"；二是毛泽东自己保存的一些材料，如毛泽东本人的文稿、湘赣边界各县党第二次代表大会决议、毛泽东给林彪的信（即后来收入《毛泽东选集》的《星星之火，可以燎原》），不过这部分的数量也很有限；三是从党的报刊中查找，由于当时党报党刊主要在上海等地，在延安查找这些报刊不易，加之一些重要的文件在报刊上登载的不多，

---

[1]《胡乔木回忆毛泽东》，人民出版社1994年版，第175页。

所以这条途径找到的资料也很有限；四是国民党在30年代曾编纂了一套《赤匪反动文件汇编》，收集了中共历史上大量的文件资料，这成了收集六大以来党的历史文献的主要途径。但考虑到国民党可能对这些文件进行篡改，因而由毛泽东亲自对这些材料进行审核。1933年初，中共临时中央从上海迁到中央苏区后，曾在上海设立一个秘密存放文件的地点即"秘密文库"，中共中央曾电告中共南方局，希望上海的中共地下组织从文库中找出一些文件。后来上海地下党找到了一些文件，不过并没有用上。[1]

毛泽东负责六大以来文献资料收集之初，并没有打算将这些材料编成一本书。在审核这些历史资料的过程中，他"深切地感受到主观主义、教条主义对我党领导机关的严重危害。这种危害通过领导机关下发的一系列决定、命令、指示等流毒到全党，在党内形成了一条比以往各次'左'倾错误路线更完备的新的'左'倾路线，就是这条错误路线几乎断送了中国革命的前程"，但这种情况并没有为全党所充分认识，即使一些党的高级干部，也不承认历史上曾经有过这样一条路线。在这种情况下，毛泽东觉得，如果不解决这个问题，七大是难以成功召开的。因此，他认为有必要在党的高级干部中开展一个学习与研究党的历史的活动，以提高高级干部的路线觉悟，统一全党的思想。[2]在1941年8、9月间召开的一次会议上，毛泽东建议将他正在审核的为七大准备的六大以来的历史文献汇编成册，供高级干部学习和研究中

---

[1]《胡乔木回忆毛泽东》，人民出版社1994年版，第175—176页。
[2] 同上书，第175页。

共党史使用,会议同意了毛泽东的这个建议。[1]这次会议后,毛泽东开始进行此书的分类编辑工作,他将这些文献资料分成政治问题、组织问题、军事问题、锄奸问题、职工运动、青年运动、妇女运动、宣传教育八个专题,每一专题内的文献资料,不论其代表的路线正确与否,均按时间顺序排列。1941年底,这本文献资料汇集以《六大以来——党内秘密文件》为名,由新华印刷厂印刷出版。

《六大以来》分为上、下两册,上册主要内容是关于政治问题,其他内容收入下册,共收集了1928年中共六大到1941年11月期间中共重要历史文献共557篇,其中包括会议纪要、决议、通告、电报、指示、党报社论、党的领导人文章与信件等,共约280万字。在编辑这本书的过程中,毛泽东曾挑选了一些重要的有代表性的文件86篇,以活页的形式发给在延安的高级干部,供其学习与研究。在1941年底,这些文章被合订成《六大以来》选集本。所以,《六大以来》实际上有汇集和选集两个版本。当时,该书的汇集本印刷了500套,只发给中共中央各部机关、各中央局、中央军委及各军区等大单位,不发给个人;而选集本印刷了一千余册,既发给单位,也发给个人,当然只限于高级干部。该书的分发手续十分严格,每本书逐一编号,凡收到此书者必须经过认真登记,并且保证不遗失转让,如本人离开工作岗位须交给接任者并报告中共中央。如果此书万一遗失,必须立即报告,否则不但将取消对此书阅读资格,而且还要交党务委员会会议处理。

---

[1] 关于中共中央决定编辑此书的时间,一说是1941年上半年,见裴淑英:《关于〈六大以来〉一书的若干情况》,《党的文献》1989年第1期。

毛泽东编辑《六大以来》的一个重要目的，"主要是把两条路线点明，从四中全会开始产生了党内的第三次'左'倾错误路线"[1]。因此，书中不仅收录了若干实践证明比较正确的历史文献资料，也收入了反映这一历史阶段"左"右倾错误的文献资料。《六大以来》的编辑出版，对于延安整风的发动起到了极为重要的作用。胡乔木回忆说："当时没有人提出过四中全会后的中央存在着一条'左'倾路线。现在把这些文件编出来，说那时中央一些领导人存在主观主义、教条主义就有了可靠的根据。有的人就哑口无言了。毛主席怎么同'左'倾路线斗争，两种领导前后一对比，就清楚看到毛主席确实代表了正确路线，从而更加确定了他在党内的领导地位。从《六大以来》，引起整风运动对党的历史的学习、对党的历史决议的起草。《六大以来》成了党整风的基本武器。"[2]毛泽东自己也在1943年10月的中共中央政治局会议上说："抗战初期的右倾投降主义，六届六中全会在政治路线上是克服了，但未作结论，组织问题也没有说，目的是希望犯错误的同志慢慢觉悟。到了1941年5月，我作《改造我们的学习》的报告，毫无影响。6月后编了党书（即《六大以来》。——引者注），党书一出，许多同志解除武装，才可能开1941年9月会议，大家才承认十年内战后期中央领导的错误是路线错误。"[3]

3. 大兴调查研究之风

毛泽东认为，中国共产党之所以在一个较长的时间里教条主

---

[1]《胡乔木回忆毛泽东》，人民出版社1994年版，第49页。
[2] 同上书，第48页。
[3] 中共中央文献研究室：《毛泽东年谱（1893—1949）》中卷，中央文献出版社1993年版，第469页。

义盛行,一个重要的原因,就在于党内有许多人不了解中国的实际情况,不懂得中国特殊的国情,不懂得调查研究的重要性和没有学会调查研究的方法,而调查研究是"马克思主义的起码观点"。他在1941年所写的《驳第三次"左"倾路线》一文中说:"据我们历来的想法,所谓对于情况的估计,就是根据我们对于客观地存在着的实际情况,加以调查研究,而后反映于我们脑子中的关于客观情况的内部联系,这种内部联系是独立地存在于人的主观之外而不能由我们随意承认或否认的。它有利于我们也好,不利于我们也好,能够动员群众也好,不能动员也好,我们都不得不调查它,考虑它,注意它。"[1]毛泽东进而认为,要使全党认识到教条主义的危害,肃清教条主义的影响,树立理论联系实际的学风,就必须加强调查研究工作,使全党认识到调查研究的重要和学会调查研究的方法。因此,他在大声疾呼要"改造我们的学习"的同时,决定将加强调查研究作为整顿党的作风,肃清党内教条主义的重要途径。

1937年10月,毛泽东曾经将他当时能够找到的、在中央苏区时期所写的调查报告,包括《寻乌调查》《兴国调查》《东塘等处调查》《木口村调查》《赣西南土地分配情形、分青和出租问题》《江西土地斗争中的错误》《分田后的富农问题》、井冈山土地法和兴国土地法、《长冈乡调查》《才溪乡调查》等,汇编成《农村调查》准备印行(后未印),并写了一个序言。1941年3月,毛泽东决定将此书正式印行,并于3月16日和4月19日,分别写了一篇序言和跋。

---

[1]《毛泽东文集》第2卷,人民出版社1993年版,第339页。

在序言中，毛泽东开宗明义，指出编辑出版这本书的目的，"是为了帮助同志们找一个研究问题的方法。现在我们很多同志，还保存着一种粗枝大叶、不求甚解的作风，甚至全然不了解下情，却在那里担负指导工作，这是异常危险的现象。对于中国各个社会阶级的实际情况，没有真正具体的了解，真正好的领导是不会有的"[1]。

毛泽东指出，要了解情况，唯一的方法是向社会作调查，调查社会各阶级的生动情况。对于担负指导工作的人来说，有计划地抓住几个城市、几个乡村，用马克思主义的基本观点，即阶级分析的方法，作几次周密的调查，乃是了解情况的最基本的方法。他说："只有这样，才能使我们具有对中国社会问题的最基础的知识。""要做这件事，第一是眼睛向下，不要只是昂首望天。没有眼睛向下的兴趣和决心，是一辈子也不会真正懂得中国的事情的。"[2]

毛泽东在序言中还写道："实际工作者须随时去了解变化着的情况，这是任何国家的共产党也不能依靠别人预备的。所以，一切实际工作者必须向下作调查。对于只懂得理论不懂得实际情况的人，这种调查工作尤有必要，否则他们就不能将理论和实际相联系。'没有调查就没有发言权'，这句话，虽然曾经被人讥为'狭隘经验论'的，我却至今不悔；不但不悔，我仍然坚持没有调查是不可能有发言权的。有许多人，'下车伊始'，就哇喇哇喇

---

[1]《毛泽东选集》第3卷，人民出版社1991年版，第789页。
[2]《农村调查的序言和跋》(1941年3月、4月)，《毛泽东选集》第3卷，人民出版社1991年版，第789—790页。

地发议论,提意见,这也批评,那也指责,其实这种人十个有十个要失败。因为这种议论或批评,没有经过周密调查,不过是无知妄说。我们党吃所谓'钦差大臣'的亏,是不可胜数的。而这种'钦差大臣'则是满天飞,几乎到处都有。"[1]毛泽东的这些话,清楚地表明了他编印《农村调查》一书的目的。

为了进一步引起全党对调查研究的重视,大兴调查研究之风,并为调查研究提供组织保障,1941年8月1日,中共中央发布了毛泽东起草的《关于调查研究的决定》和《关于实施调查研究的决定》两个重要的党内文件。

《关于调查研究的决定》对建党以来调查研究所取得的成绩和存在的不足,作了实事求是的分析和评价,指出:"二十年来,我党对于中国历史、中国社会与国际情况的研究,虽然是逐渐进步的,逐渐增加其知识的,但仍然是非常不足;粗枝大叶、不求甚解、自以为是、主观主义、形式主义的作风,仍然在党内严重地存在着。抗战以来,我党在了解日本、了解国民党、了解社会情况诸方面是大进一步了,主观主义、形式主义作风也减少了,但所了解者仍然多属粗枝大叶的,漫画式的,缺乏系统的周密的了解,主观主义与形式主义作风并未彻底消灭。对于二十年来由于主观主义与形式主义,由于幼稚无知识,使革命工作遭受损失的严重性,尚未被全党领导机关及一切同志所彻底认识。"[2]

《决定》对党内许多干部未能充分认识调查研究的重要性,提

---

[1]《农村调查的序言和跋》(1941年3月、4月),《毛泽东选集》第3卷,人民出版社1991年版,第791页。
[2] 中央档案馆:《中共中央文件选集》第13册,中共中央党校出版社1991年版,第173页。

出了严肃批评,指出:"到延安来报告工作的同志,其中的多数,对于他们自己从事工作区域的内外环境,不论在社会阶级关系方面,在敌伪方面,在友党友军方面,在自己工作方面,均缺乏系统的周密的了解,党内许多同志,还不了解没有调查就没有发言权这一真理。还不了解系统的周密的社会调查,是决定政策的基础。还不知道领导机关的基本任务,就在于了解情况与掌握政策,而情况如不了解,则政策势必错误。还不知道,不但日本帝国主义对于中国的调查研究,是如何的无微不至,就是国民党对于国内外情况,亦比我党所了解的丰富得多。还不知道,粗枝大叶、自以为是的主观主义作风,就是党性不纯的第一个表现;而实事求是,理论与实际密切联系,则是一个党性坚强的党员的起码态度。"[1]

中共中央认为,中国共产党已是一个担负着伟大革命任务的大政党,必须力戒空疏,力戒肤浅,扫除主观主义作风,采取具体办法,加重对于历史,对于环境,对于国内外、省内外、县内外具体情况的调查与研究,方能有效地组织革命力量,取得抗战的胜利。[2]

为加强对调查研究工作的组织领导,中共中央同一天发出《关于实施调查研究的决定》。这个文件依据前一决定,对开展调查规定了具体的实施办法:

在中共中央下设中央调查研究局,担负国内外政治、军事、

---

[1] 中央档案馆:《中共中央文件选集》第13册,中共中央党校出版社1991年版,第173—174页。

[2] 同上书,第176页。

经济、文化及社会阶级关系各种具体情况的调查与研究。内设调查局、政治研究室、党务研究室三个部门，作为中央一切实际工作的助手。

——调查局担负收集材料之责。在晋察冀边区设第一分局，担负收集日本、满洲（东北）及华北材料；在香港设第二分局，担负收集欧美材料，同时收集日本及华中、华南沦陷区材料；在重庆设第三分局，担负收集大后方材料；在延安设第四分局，担负收集西北各省材料。

——政治研究室担负根据材料加以整理与研究之责。政治研究室内设中国政治研究组、中国经济研究组、敌伪研究组、国际研究组。

——党务研究室担负研究各地党的现状与党的政策之责，内设根据地研究组、大后方研究组、敌占区研究组、海外研究组。

文件还规定，中共中央北方局、华中局、晋察冀分局、山东分局，中共上海省委、南方工委及各独立区域之区党委或省委，均须设立调查研究室，专任收集该区域内外敌友我三方政治、军事、经济、文化及社会阶级关系各种具体详细材料，加以研究，编成材料书籍与总结性文件，成为该局委工作之助手；并责成各局委将所得材料供给中央调查研究局。拨给必要经费，给予各种便利，以达系统的周密的调查与研究一切必要情况之目的。

8月27日，中共中央政治局会议正式决定成立中央调查研究局，毛泽东兼局长，任弼时为副局长。中央调查研究局下设党务研究室和政治研究室。党务研究室下设根据地、大后方、敌占区、海外四组，任弼时任主任兼根据地组组长；政治研究室下设政治、国际、敌伪三个研究组，毛泽东兼主任，陈伯达为副主任。

为进一步推动调查研究工作，9月13日，毛泽东向中央妇委和西北局联合组成的妇女生活调查团（主要成员是延安女子大学的毕业生）作了关于农村调查的讲话。

毛泽东着重讲到了两个问题。一是"情况是逐渐了解的，需要继续不断的努力"。他说，认识世界，不是一件容易的事。马克思、恩格斯努力终生，作了许多调查研究工作，才完成了科学的共产主义。列宁、斯大林也同样作了许多调查。中国革命也需要作调查研究工作，首先就要了解中国是个什么东西，即了解中国的过去、现在及将来。可惜有很多人常是主观主义，自以为是，完全不重视调查研究工作。

毛泽东又说，共产党是信奉科学的，不相信神学。所以调查工作要面向下层，而不是幻想。同时，事物是运动的、变化着的、进步着的。因此，调查是长期的，甚至要一代又一代地进行下去，唯有如此，才能不断地认识新的事物，获得新的知识。

讲话的第二个问题，是关于调查研究的方法。他认为，调查研究的过程就是认识客观事物的过程。在调查研究过程中必须自觉地贯彻认识事物的三个步骤。这三个步骤就是观察、分析与综合。他说："当我们观察一件事物时，第一步的观察只能看到这件事物的大体轮廓，形成一般概念。好比一个初来延安的人，开始他对延安的认识只是一般的、笼统的。可是当他参观了抗大、女大以及延安的各机关学校之后，他采取了第二个步骤，用分析方法把延安的各部分有秩序地加以细细的研究和分析。然后第三步再用综合法把对各部分的分析加以综合，得出整体的延安。这时认识的延安就与初来时认识的延安不同，他开始看见的是整个的延安，现在看见的也是整个的延安，但与开始的了解不同了，现在他对延安就有了科学的认识和具体的了解。观察一个农村，也同样是如此。"[1]

显然，1941年以来毛泽东不断地强调调查研究的重要性，并非单纯为了"对于历史，对于环境，对于国内外、省内外、县内外具体情况的调查与研究"，更深层的用意在于以调查研究为突破口，整顿党的作风，克服党内长期存在的主观主义，肃清王明教条主义的影响。对于毛泽东这种意图，延安的理论工作者作了相应的理论阐释。艾思奇撰文说，主观主义有两种形态：书本教条主义和狭隘经验主义，中央关于调查研究的决定，不仅在实际政治的发展上有重大意义，而且也是在思想方法改造上的一个新的飞跃的起点。[2] 匡亚明也在文章中说，调查研究是党决定政策的基础，是使党主动地应付时局的实际行动的根据，也是反对主观主义的武器。[3] 由此可见，毛泽东此时号召大兴调查研究之风，中共中央采取切实措施加强调查研究，目的都是为了更好地肃清主观主义，这实际上是为即将开展的延安整风作思想动员。

三、九月政治局会议与延安整风的启动

1. 九月政治局会议的召开

如果说上述工作都是延安整风的准备，那么，1941年9月至10月召开的中共中央政治局会议对苏维埃运动后期路线问题的讨

---

[1]《关于农村调查》(1941年9月13日)，《毛泽东农村调查文集》，人民出版社1982年版，第23—24页。
[2] 艾思奇：《主观主义的本源》，《解放日报》1941年10月14日。
[3] 匡亚明：《论调查研究工作的性质和作用》，《解放日报》1941年11月29日。

论，可以说是启动整风运动的一个标志性事件。

这次政治局会议召开的具体时间是9月10日至10月22日，会议的主题是讨论党的历史特别是土地革命战争时期的路线问题。前文提及，1940年12月4日的政治局会议上，毛泽东曾提出苏维埃运动后期错误是路线错误的问题，但会议没有形成共识，会后毛泽东也没有坚持路线错误的提法。进入1941年，毛泽东在应对皖南事变后复杂局面的同时，进一步意识到肃清党内主观主义的必要性，明确提出要"改造我们的学习"，要求全党加强党性和重视调查研究工作，充分认识主观主义的危害。同时，他在接手编"党书"的过程中，阅读大量的党的历史文献，进一步意识到苏维埃运动后期，中共临时中央及其领导人不单是犯了"左"倾错误的问题，而是形成一条系统的错误路线。在这个问题上如果全党特别是领导层不能取得共识，就不能从根本上认识到主观主义特别是教条主义的危险并加以彻底肃清。这是毛泽东下决心在这次会议上重点讨论苏维埃运动后期路线问题的重要原因。

出席这次会议的中共中央政治局成员有毛泽东、任弼时、洛甫（张闻天）、王明（陈绍禹）、朱德、陈云、王稼祥、凯丰（何克全）、博古（秦邦宪）、邓发、康生；另有政治局委员周恩来在重庆，刘少奇、彭德怀分别在华中和华北抗日前线，没有出席会议；不是政治局成员的李富春、杨尚昆、罗迈（李维汉）、陈伯达、高岗、林伯渠、叶剑英、王若飞和彭真列席了会议，所以这是一次扩大的政治局会议。这次会议虽然前后达一个多月，实际上只开了五次会，分别是9月10日、11日、12日、29日和10月22日。

在9月10日的会议上，毛泽东作了关于反对主观主义和宗派主义的报告。毛泽东说:"过去我们的党很长时期为主观主义所统治,立三路线和苏维埃运动后期的'左'倾机会主义都是主观主义。苏维埃运动后期的主观主义表现更严重,它的形态更完备,统治时间更长久,结果更悲惨。这是因为这些主观主义者自称为'国际路线',穿上马克思主义的外衣,是假马克思主义。""遵义会议,实际上变更了一条政治路线。过去的路线在遵义会议后,在政治上、军事上、组织上都不能起作用了,但在思想上主观主义的遗毒仍然存在。""六中全会对主观主义作了斗争,但有一部分同志还存在着主观主义,主要表现在延安的各种工作中。在延安的学校中、文化人中,都有主观主义、教条主义。这种主观主义同实事求是的马克思主义是相对抗的。""现在,延安的学风存在主观主义,党风存在宗派主义。"

毛泽东在讲话中列举了克服不正之风的方法,如"要认识主观主义的严重性";"要分清创造性的马克思主义和教条式的马克思主义";"宣传创造性的马克思主义";"要使中国革命丰富的实际马克思主义化";"对于理论脱离实际的人,提议取消他的'理论家'的资格";"闹独立性、不服从决议、没有纪律的现象,必须整顿";"要实行两条路线的斗争,反对主观主义和宗派主义,反对教条主义和事务主义";"延安开一个动员大会,中央政治局同志全体出马,大家都出台讲话,集中力量反对主观主义和宗派主义"。最后,毛泽东强调:"打倒两个主义,把人留下来。反对主观主义和宗派主义,把犯了错误的干部健全地保留下来。"[1]

---

[1]《反对主观主义和宗派主义》(1941年9月10日),《毛泽东文集》第2卷,人民出版社1993年版,第373—375页。

听毛泽东的报告之后,首先发言的是张闻天。他说:毛主席的报告,对党的路线的彻底转变有极大的意义。过去我们对苏维埃运动后期的错误没有清算,这是欠的老账,现在必须偿还。犹如现在做了领导工作而过去没有做过下层工作的,也要补课。张闻天又说:反对主观主义,要作彻底的清算,不要掩盖,不要怕揭发自己的错误,不要怕自己的癞痢头给人家看。过去国际把我们一批没有做过实际工作的干部提到中央机关来,是一个很大的损失。过去没有做实际工作,缺乏实际经验,现在要补课。过去的老账,必须要还。[1]

接着发言的是博古。他说:1932年至1935年的错误,我是主要的负责人。遵义会议时,我是公开反对的。后来我自己也想到,遵义会议前不仅是军事上的错误,要揭发过去的错误必须从思想方法上、从整个路线上来检讨。我过去只学了一些理论,拿了一套公式、教条来反对人家。四中全会上我与稼祥、王明等反对立三路线的教条主义,也是站在"左"的观点上反的,是洋教条反对土教条。当时我们完全没有实际经验,在莫斯科学的是德波林主义的哲学教条,又搬运了一些苏联社会主义建设的教条和西欧党的经验到中国来,过去许多党的决议是照抄国际的。在西安事变后开始感觉这个时期的错误是政治错误。到重庆后译校《联共党史》才对思想方法上的主观主义错误有些感觉。这次学习会检查过去的错误,感到十分严重和沉痛。现在我有勇气研究自己过去的错误,希望在大家的帮助下

---

[1]《缺乏实际工作经验要补课》(1941年9月),《张闻天文集》第3卷,中共党史出版社1994年版,第162页。

逐渐克服。[1]

在这天会议上发言的还有王稼祥、王明等人。王稼祥检讨说:"我实际工作经验也很少,同样在莫斯科学了一些理论,虽也学了一些列宁、斯大林的理论,但学得多的是德波林、布哈林的机械论。学了这些东西害多益少。我回国后便参加了四中全会反立三路线斗争,当时不过是主观主义反主观主义,教条主义反教条主义。""我们的主观主义的来源是由于自己经验不够和教条主义所致。"[2]王稼祥还在发言中说:"思想问题成为政治局今后的主要业务,今后政治局要以思想领导为中心。中国党过去的思想方法论:1.机械唯物论——在政治上是机会主义,组织上是家长制度。2.主观主义——德波林的哲学思想。政治上是'左'倾机会主义,组织上是宗派主义。3.唯物辩证法——过去中国党毛主席代表了唯物辩证法,在白区刘少奇同志代表了唯物辩证法。过去主观主义的传统很久。其产生的根源,除由于中国社会原因外,就是经验不够。学了一些理论而没有实际工作经验的人,易做教条主义者,从莫斯科国际回来没有实际工作经验的人,更易做教条主义者;实际工作经验多的人,不易做教条主义者,而容易成为狭隘经验主义者。"[3]

王明说:"毛主席报告对1932年至1935年的错误说是路线问题,今天又有洛甫、博古的讲话,现在我都同意了。""反主观主义与教条主义对我有很大好处。""1930年反立三路线我写了

---

[1]《胡乔木回忆毛泽东》,人民出版社1994年版,第194—195页。
[2]徐则浩:《王稼祥传》,当代中国出版社2006年版,第231页。
[3]《政治局要以思想领导为中心》(1941年9月10日),《王稼祥选集》,人民出版社1989年版,第326页。

《为中共更加布尔什维克化而斗争》的小册子……我在莫时看了很多中国报纸,对博、洛在中央苏区时对毛的关系是不同意的;对五中全会认为是苏维埃与殖民地两条道路的决战是不同意的。我在国际十三次全会上发言开始说了要反对日本帝国主义,十四次全会上便提出了反日本帝国主义的全部办法。"王明认为自己的缺点主要是没有很好研究中国问题,不了解蒋介石是(能)抗日的,所以表示要从头做起向下学习。[1]

从王明这段话可以看出,他并没有认为苏维埃运动后期的路线错误与他有多大的直接关系。一方面,当时将这条错误路线的形成时间界定为1932年,而这时王明已离开国内到共产国际工作,他不是中共临时中央的直接负责人。另一方面,他认为自己对这条路线错误还有所纠正。王明在这里讲他不同意博古、张闻天对毛泽东的态度,不同意中共六届五中全会关于苏维埃与殖民地两条道路的决战,大体还是符合实情的。

9月11日,会议继续举行,这天发言的有朱德、陈云等人。朱德在谈到第二次国内革命战争时期主观主义在红军作战中的种种表现时指出:到1933年以后,李德不经过军委,直接指挥部队乱打。随便组织新部队,这种新部队不能打仗,过去所谓扩大百万红军,到长征时大多数在路上散掉了。长征是一种搬家式的长征,在李德领导下,只是沿途逃跑,不敢打湖南军队。在分析主观主义的来源时,朱德指出:党的领导机关中,许多青年学生同志,对中国社会不满,要求什么都要干得彻底,而对于

---

[1] 转引自章学新:《推动延安整风的关键性会议——真诚革命者的反躬自省和王明的诿过、倒算》,《党的文献》1997年第6期。

实际工作,什么也不懂。一些有教条主义思想的人拿着马列主义做招牌,随便批评人家,常常用革命的词句来打击人家。在谈到与张国焘的斗争时,朱德说:长征中,我与张国焘争论时,他说党的委员会的委员要服从书记,就是说中央西北局委员要服从张国焘,我便说明书记要服从委员会的决议,否则书记便要取消资格。在谈到抗日战争时期宗派主义在军队中的表现时,朱德说:军队干部对什么人都看不起,不敢用新干部,对于知识分子最多只让他们做文书、教员一类工作,不打破宗派主义,部队是得不到发展的,对党的统一战线政策、三三制政权都无法实行。[1]

陈云在发言中说,1927年至1937年这十年的白区工作,主观主义占统治地位。四中全会后的中央主要负责人多数是从莫斯科回来的,他们用马列主义的金字招牌压服实际工作者。白区工作的主观主义直到刘少奇来白区工作后才开始转变。现在检查起来,刘少奇是代表了过去十年白区工作的正确路线。主观主义主要表现在上层,中央里的所谓"理论家""实际家",主观主义表现更严重。怎么办?第一,要自知自勉,有些人摆老架子,不把自己放在适当的位置。第二,要"功""过"对比,过去我们"过"多功"少",这样看自己便能心平气和。要坦白地揭穿错误,揭穿了便会心地愉快。有些干部位置摆得不适当的,要补课和正位,如刘少奇将来地位要提高。第三,要把"理论家"和"实际家"的名义都取消。过去我认为实际工作者不能学习理论,最近看了八本书,知道理论是可以学习的。老干部要读书,青年学生需要

---

[1] 中共中央文献研究室:《朱德年谱》新编(中),中央文献出版社2006年版,第1077页。

先做实际工作。[1]

在9月12日的会议上,任弼时、彭真、叶剑英作了发言,王明作了会上的第二次发言。

任弼时在发言中说:二十年党的历史说明,根本问题是思想方法问题,即如何使理论与实际真正联系的问题。真正的理论家,那就是能理论与实际联系起来,能从经验中找出发展的规律而灵活的运用,是善于以理论为武器,根据具体的客观事实正确的决定斗争政策,而不是空谈死背教条公式。六届四中全会后,1932年1月到遵义会议时期,是更完备的主观主义、宗派主义思想占统治时期,造成更严重的路线错误和严重的恶果。占据领导地位的主观教条主义者,以更高明些的教条击败了不高明的教条主义、宗派主义者;他们更肆无忌惮地发挥其小资产阶级空想革命的主观主义,同时又以宗派主义来保持他那主观主义的空想革命的进行;他们没有实际革命斗争的经验,并不真正愿意与群众实际生活接触;否认过去的革命斗争经验,以宗派主义组织路线打击不合于自己的异己者;他们规定一些东西要人家执行,而自己并不一定遵守和执行,甚至在最危急时而悲观而动摇。[2]

任弼时说:"真正的理论与实际联系,是用马克思列宁主义方法来认识客观规律,这种规律便是真正的理论。许多斗争经验的综合,并加以运用,这便是理论;理论与实践联系,便是理论与实践的统一,这便是创造性的马克思主义。如新民主主义,

---

[1] 中共中央文献研究室:《陈云年谱》上卷,中央文献出版社2000年版,第326—327页。

[2] 中共中央文献研究室:《任弼时年谱》,中央文献出版社2004年版,第407—408页。

三三制政权,统一战线中一打一拉的策略等,都是马克思主义新的创造,它是用辩证唯物论来解决工作问题的。是根据当时可能的客观条件来解决问题,是抵抗那些不正确路线的。"他还说,自己到中央苏区后,对毛泽东在反"围剿"斗争中主张诱敌深入,在苏区内部击敌的方针,认识上是有一个过程的,虽然自己毫无军事知识,但对毛泽东认为苏区内部也能打仗的正确主张不以为然。特别是当时毛主席反对本本主义即是反对教条主义,我们当时反对所谓"狭隘经验主义"是错误的。[1]

彭真发言说,反主观主义的斗争不只是从今天开始,今天反主观主义的斗争是在中央领导机关开始决战。华北来的一些干部,有一种悲观失望表现,认为许多理论学不进去,有些人只学了些名词和教条。现在延安学校教马列主义概论,教外国的东西,而不教中国的农民问题与民族问题。六届四中全会后,白区工作完全失败,苏区工作大部分失败。这是主观主义的严重恶果。遵义会议决议,在苏区党代会时华北代表没有看到。我过去对中央同志是尊重的,但过去有这样大的错误,中央没有作结论,我是不舒服的。这次反主观主义的斗争,是为了纠正路线的错误,而不是打击人。

关于华北过去历史问题,彭真说,党的六大后一个时期,华北工作路线是正确的,争取群众,积蓄力量。形成立三路线后,反对北方落后论,因此,在北方要到处组织暴动,在六届四中全会后,在各大城市中继续组织暴动。六届四中全会在组织上也打

---

[1] 中共中央文献研究室:《任弼时传》,中央文献出版社、人民出版社1993年版,第470页。

击了许多人，中央苏区也打击了许多人，这是严重的宗派主义。刘少奇同志《肃清关门主义和冒险主义》一文，在华北起了很大的作用，因此，"一二·九"学生运动收到很大的成绩。

关于宗派主义问题，彭真说，宗派主义对外是关门主义，在党内的宗派主义，不是看是非，而是看人，在党内讲"独立"，各部委对党的委员会也讲"独立性"。这是严重错误。为了要形成独立系统，便要造成自己的一批干部，要自己单独训练干部，这是不行的。全党的干部一定要经过组织部支配。在党内讲"独立"，实际上便是宗派，因此就无原则地来"团结"他们的小团体，反对他人。现在必须严整组织纪律。[1]

叶剑英在发言中谈对毛泽东报告的体会，并谈到了自己对毛泽东的认识过程。他说：个人在过去对毛主席的了解。1. 生活上是刻苦的；2. 工作上是负责的；3. 学术上是精深的；4. 经验上是丰富的；5. 道德上是崇高的；6. 组织上是我们的首长。"所有这些，我都应该向之学习。譬如当宁都会议后，我和毛主席一路回瑞金。我想一个革命领导者，为宗派主义所打击，而处到逆境的时候，愤懑是难免的。然而毛主席恰恰相反。他在回瑞金途中，其态度之轻松闲逸，给我极大的感动，同时给我以极大的教育。然而总没有意识到从最根本的地方，从思想方法上，来学习毛主席，从不断地反主观主义和宗派主义中间，来锻炼自己。""我在江西追随毛主席从事作战，曾在二、三次战争期间，看见毛主席常常在读'纲鉴'。后来和他一路到上杭去的时候，

---

[1] 中央党校彭真传记编写组：《克服主观主义是决定党的生死问题》，《人民日报》2000年5月2日。

看他在读联共党史。当时,我并没有什么感觉。现在想想,就在学习问题上,所谓应该先研究中国,然后进而研究外国的问题,恰恰是和许多只懂希腊、罗马不懂中国的同志相反。"叶剑英表示:"今后要继续在工作中学习,向毛主席学习,肃清思想上的主观主义。"[1]

2. 王明发言揭穿一个"秘密"

在这天的会议上,王明也作了发言,但他不检讨自己,却抓住李维汉说过的一句话大作文章。李维汉在发言中表示,经过检查后,思想上放下包袱,觉得"轻松愉快"。李维汉大革命失败后参与和主持召开了著名的"八七"会议,成为中共的主要领导人之一。1928年中共六大后,任中央巡视员、中共江苏省委书记。1930年中共六届三中全会上被补选为中央委员。1931年六届四中全会之后,去莫斯科学习。1933年回国到中共苏区后曾任中共中央组织部长,在1934年的中共六届五中全会上被选为候补中央委员。李维汉在中共六大后虽然不是政治局成员,但在李立三主持中共中央工作和苏维埃运动后期,都曾担任过重要的职务,"两个时期的错误,他都较为积极地贯彻过。在会上,不少同志对他批评较重,说他检讨不好,有的同志用词还很尖刻"[2]。李维汉的这句话,无非是表达自己在经过检查后的心情,王明却指责他"不诚恳""不彻底",说:"1932年至1935年的主观主义危害很大,罗迈认为轻松愉快,是没有法子纠正的","如认为自己可

---

[1] 中国人民解放军军事科学院:《叶剑英年谱》,中央文献出版社2007年版,第355—357页。
[2] 《胡乔木回忆毛泽东》,人民出版社1994年版,第195页。

以马虎过去,这是不能改正错误的。"[1]

发言的最后,王明说要向中央揭穿一个秘密。他说,博古、张闻天当年领导的中央是不合法的。因为1931年秋他与周恩来离开上海时,虽然推荐博古、张闻天等组成上海临时中央政治局,但当时已经说明,由于博古他们不是中央委员,更不是政治局委员,将来到政治局委员多的地方要将权力交出来。没想到博古、张闻天他们到中央苏区后却不提此事,竟领导起那些真正的政治局委员来了。[2]

对于这个问题,博古在1943年9月所写的《我要说明的十个问题》专门作了澄清。博古说:"是王、周决定组织临时政治局(为真理起见,我不得不声明,'临时'二字在上海时未听见的,遇中央委员多的地方交出来,亦未听见过)。在我家通知我组织新政治局,因他们要走,后来酒店开会,因为卢福坦要做总书记,主要谈无总书记问题。在'授''受'双方组织上都是不合法的。我完全接受和承认。""在上海时曾与爱佛尔托(共产国际远东局负责人。——引者注)商量,进苏区后如何工作,请示过关于毛主席工作问题。爱云:要尽量吸收毛工作,但路线必须贯彻,领导机关不可成讨论俱乐部。进苏区后在叶坪开会时,我曾推粥时负总责,多数推我。我承认中央进苏区,国际电示后,未请示如何组织,及到中央苏区时自以为中央过去了,承担负总

---

[1] 转引自章学新:《推动延安整风的关键性会议——真诚革命者的反躬自省和王明的诿过、倒算》,《党的文献》1997年第6期。
[2] 杨奎松:《毛泽东与莫斯科的恩恩怨怨》,江西人民出版社1999年版,第129页。

责是错误的。"[1]

自从中共六届四中全会特别是 1931 年 9 月中共临时中央成立以来，毛泽东与其在一系列的问题上存在分歧，而临时中央为贯彻自己的那一套东西，不但对毛泽东加以批评与指责，而且采取了一系列的组织措施。如宁都会议解除毛泽东对红军的指挥权，使其从此开始了长达两年多时间的"靠边站"；1933 年临时中央刚搬到中央苏区，就以指桑骂槐的方式反所谓"罗明路线"；在 1934 年 1 月第二次全国苏维埃代表大会（简称"二苏大"）上，只保留了他临时中央政府执行委员会主席的虚位，而人民委员会主席一职则被张闻天所取代，实际上处于赋闲状态。毛泽东所说的苏维埃运动后期的路线错误问题，博古、张闻天无疑是主要责任人。可是，在博古、张闻天已经在会议上检讨了自己的错误，承担了相应责任的情况下，王明揭露出这个"秘密"，或许是为了使会议将主要矛头进一步指向博、张等人，但却使人们看到其为人的不可取。博古早已离开中央领导岗位，张闻天这时名义上还在主持会议，但经过中共六届六中全会之后毛泽东的领袖地位已完全确立，且他们均已诚恳地检讨自己的错误，王明此举实有落井下石之嫌。这是后来王明逐渐失去人们同情而遭孤立的一个重要原因。

9 月 26 日，中共中央书记处会议决定成立高级学习组。同一天，中共中央发出经毛泽东修改的《关于高级学习组的决定》。这个决定文字不多，全文如下：

---

[1] 黎辛、朱鸿召主编：《博古，39 岁的辉煌与悲壮》，学林出版社 2005 年版，第 161—162 页。

（甲）为提高党内高级干部的理论水平与政治水平，决定成立高级学习组。其成份以中央、各中央局、中央分局、区党委或省委之委员，八路军新四军各主要负责人，各高级机关某些职员，各高级学校某些教员为范围。全国以三百人为限，内延安占三分之一，外地占三分之二。

（乙）以理论与实践统一为方法，第一期为半年，研究马恩列斯的思想方法论与我党二十年历史两个题目，然后再研究马恩列斯与中国革命的其他问题，以达克服错误思想（主观主义及形式主义），发展革命理论的目的。

（丙）延安及外地各重要地点，均设立高级学习组；军队至师、军区、或纵队为止，地方至区党委或省委为止。高级学习组设组长、副组长及学习秘书各一人。学习组之下分设若干学习小组，由小组长负责。延安及各地高级学习组统归中央学习组（以中央委员为范围，毛泽东为组长，王稼祥为副组长）管理指导，按时指定材料，总结经验，解答问题。

（丁）在不妨碍各同志所负主要工作任务的条件下进行此种学习。[1]

这年11月4日，毛泽东和王稼祥向各地高级学习组发出关于学习内容的通知，规定"第一步均以列宁主义的政治理论与我党六大以来的政治实践"，为中央学习组及各地高级研究组学习

---

[1] 中央档案馆：《中共中央文件选集》第13册，中共中央党校出版社1991年版，第205—206页。

研究范围,"在本年内,先将季米特洛夫在国际七次大会报告及列宁《'左派'幼稚病》二书,与六大以来八十三个文件,通读一遍。这种通读的目的,在于获得初步概念,以便明春可进到深入研究阶段"[1]。高级学习组成立和相关学习活动的开展,意味着"从1941年冬季开始,全国各地党的高级干部的整风学习普遍发动起来了"[2]。

9月29日,政治局会议继续举行。在这天会议上,张闻天、博古再次检讨自己在苏维埃运动后期的错误,同时也指出,王明并非他自己所说的那样正确,他与错误路线也是有关联的。

张闻天在发言中指出:这次会议精神极好,对自己极有帮助。必须把自己个人问题弄清楚,才更好讨论。我个人的主观主义、教条主义极严重,理论与实际脱离,过去没有深刻了解到。自己虽是对这个问题说的、写的都很多,但了解并不清楚。原因是行动方面夸夸其谈、粗枝大叶、漫画式、一般的了解问题,而不是很具体清楚了解后再提出问题,所以得出的结论是主观的。真正自己动手做得不够,因而不能深刻了解和处理问题,在实际工作上纠正理论与实际脱离的错误也不可能。

对于中央苏区工作,张闻天说:同意毛主席的估计,当时路线是错误的。政治方面是"左"倾机会主义,策略是盲动的。军事方面是冒险主义(打大的中心城市、单纯防御等)。组织上是宗派主义,不相信老干部,否定过去一切经验,推翻旧的领导,

---

[1] 中央档案馆:《中共中央文件选集》第13册,中共中央党校出版社1991年版,第211页。
[2] 《胡乔木回忆毛泽东》,人民出版社1994年版,第203页。

以意气相投者结合，这必然会发展到乱打击干部。思想上是主观主义与教条主义，不研究历史与具体现实情况。从"九一八"、大水灾（指1931年6月到8月，以江淮地区为中心发生的全国性大水灾。——引者注）、冲破三次"围剿"、四中全会等决议开始，便已发生了"左"的错误，这些错误在五次反"围剿"中发展到最高峰，使党受到很严重的损失。我是主要的负责者之一，应当承认错误。特别在宣传错误政策上我应负更多的责任。我们的错误路线不破产，毛主席的正确路线便不能显示出来。但应该说没有当时来中国的外国人的支持，我们的错误不会这样有力地发展。我过去处境顺利，自视太高，钉子碰得太少，经过毛主席的教育与帮助，使我得益极大。今后当努力克服自己的弱点。不能希望一下子做得很好，但是要向这个方向坚定地去做。[1]

张闻天在9月29日的发言中还对教条主义和狭隘经验主义的关系作了分析，指出：教条主义与经验主义结合而相互利用。教条主义如无经验主义者不能统治全党，经验主义者常作教条主义者的俘虏。经验主义也是一种主观主义，故能与教条主义合作，只有理论与实际一致才能克服教条主义与经验主义的错误。[2]

关于王明9月12日发言所讲到的"篡位"问题。张闻天说，当时路线的错误，临时中央到苏区后也确有篡位问题，但王明当

---

[1]《缺乏实际工作经验要补课》（1941年9月），《张闻天文集》第3卷，中共党史出版社1994年版，第162—163页。

[2] 张培森主编：《张闻天年谱》上卷，中共党史出版社2000年版，第659页。

时在国际不打电报来纠正也是不对的。况且五中全会的名单也是国际批准的，这些事情王明当时为什么不起作用？[1]

博古检讨说：1932年至1935年，是整个路线的错误，表现在对中国革命的性质、动力、土地革命与民族革命相结合，以及革命发展不平衡性和长期性等方面都有不正确的理解，不能正确估计形势，过分估计敌人的动摇和崩溃，夸大革命的主观力量，把个别事物视为普遍现象。每次决议，总说形势比以前高涨，步步高升，以教条掩盖革命力量的真实发展，因此斗争第一，虽败犹荣，人为地强制地提高斗争要求；军事上冒险，对下级和群众强迫命令，对中间阶级不讲策略，看成是掩护国民党的反革命；组织上排挤打击不同意见的人，搞宗派成见。总之，不懂得从事物的内在联系及其总和去认识中国革命的客观现实。主观主义是认识上的唯心论、方法上的机械论，轻视中国革命本身的经验，而把马列主义的词句和苏联的经验当作教条搬用。

博古的发言说明了王明和这条错误路线的直接关系。博古认为，错误路线从1931年9月20日中央发出的《由于工农红军冲破第三次"围剿"及革命危机逐渐成熟而产生的党的紧急任务》这个文件起"大致即萌芽"，"已初具面貌"，因为文件中已经提出了要夺取大城市，一省数省首先胜利；提出了和反革命"决战"，说"目前中心的中心是反革命与革命的决死斗争"；否认中国革命的不平衡性，说"急速发展的革命运动正在使不平衡逐渐走向平衡"。博古说：这是四中全会后"第一个全般（盘）性的重要决议"，是王明赴莫斯科临行之前主持制定的。九一八

---

[1] 杨奎松：《毛泽东与莫斯科的恩恩怨怨》，江西人民出版社1999年版，第128页。

事变发生后，中央决定周恩来进江西苏区，王明则要求去莫斯科，所以，20日前后，在王明主持下解决了几件事：经远东局批准，成立了以博古为首的临时政治局；通过了上述决议和关于九一八事变的决议。博古又说明：共产国际对这条路线"有些助上（长），否则没有那样的气和劲。国际代表没有纠正，而是批准"，王明在共产国际第十三次全会上的讲话，"也没有纠正，有些是助长"[1]。

康生发言说，王明在莫斯科其实与当时国内博古中央也犯着差不多同样的错误，他在个别策略上有对的地方，但基本思想与博古相一致，这是应该承认的。王明从莫斯科回到延安后，不听劝告留在延安，非驻武汉不可，以及在武汉时期所犯的错误，都是主观主义和宗派主义的表现。[2]康生还说，他过去在白区工作的政策上与刘少奇有分歧，今天看起来刘少奇是对的。他当时反对刘少奇，一是由于自己的主观，二是听了国际说刘少奇是机会主义，三是受了1931年12月的中央告同志书（《中国共产党中央委员会为目前时局告同志书》。——引者注）的影响，把刘少奇看成机会主义者。主观主义的错误路线把白区工作弄光了。如果那时中央是刘少奇负责，情况将是另一样。[3]

邓发说，对于当时的错误，博古的确要负第一位的责任，李维汉、张闻天其次，但这些错误政策莫斯科是否也批准了呢？在夸大红军力量、断言党的路线正确等问题上，王明不是也同意

---

[1] 转引自章学新：《推动延安整风的关键性会议——真诚革命者的反躬自省和王明的诿过、倒算》，《党的文献》1997年第6期。
[2] 杨奎松：《毛泽东与莫斯科的恩恩怨怨》，江西人民出版社1999年版，第129页。
[3] 《胡乔木回忆毛泽东》，人民出版社1994年版，第197页。

了吗？[1]

王明9月12日的发言，原本企图使博古、张闻天等人不但背上犯了路线错误的责任，而且还存在"篡位"和假传圣旨的问题，不料弄巧成拙，反而引火烧身，这恐怕是他始料不及的。

3. 王稼祥、任弼时发言打破了王明幻想

这年7月，联共（布）中央通知中共中央，日本正从本土把一批完整的部队单位运到了中国大陆，集中在中苏边境，建议八路军设法切断通往北平、张家口、包头的铁路交通，突破日本部队向这些地点的集结。苏联还通过其驻华武官崔可夫向中共中央提出，八路军应大规模出击，配合国民党军队在中条山一带的作战。毛泽东认为："目前方针是必须打日本，但又决不可打得太凶，不打则国民党不能谅解，中间派亦会说话，但如打得太凶，又有相反危险；日本将转向我们报复，国民党将坐收渔利，并将进攻边区。"崔可夫见此，竟建议国民党方面对不愿密切配合作战和不服从命令的军队予以处罚。为此，毛泽东让周恩来转告崔可夫，要其"不要乱说"，对国民党要有正确的分析，应该看到国民党并非真的打日本，它的主要矛头是对着共产党的。"我们的基本方针是团结对敌，是配合作战，但决不为国民党的激将法所冲动，而是周密考虑情况，给予有计划的配合。"因此，对于苏联人的话"不可不听，又不可全听"[2]。

7月15日，中共中央就中国共产党准备以何种行动援苏问

---

[1] 杨奎松：《毛泽东与莫斯科的恩恩怨怨》，江西人民出版社1999年版，第129页。

[2] 周文琪、褚良如：《特殊而复杂的课题——共产国际、苏联和中国共产党关系编年史》，湖北人民出版社1993年版，第387页；中共中央文献研究室：《毛泽东年谱（1893—1949）》中卷，中央文献出版社1993年版，第312页。

题，致电周恩来要他答复崔可夫并转告苏方：中国共产党决心在现在条件下，以最大可能帮助苏联红军的胜利，而在以情报和破路牵制敌人方面，八路军已开始行动，但对将来日军可能的大规模行动，因"敌我军事技术装备悬殊太远，我人力、物力、地区、弹药日益困难"，"我们在军事上的配合作用恐不很大。假若不顾一切牺牲来动作，有使我们被打塌，不能长期坚持根据地的可能，这不管在那一方面都是不利的"。因此，中共只能"采取巩固敌后根据地，实行广泛的游击战争与日寇熬时间的长期斗争的方针，而不采孤注一掷的方针"[1]。

对于中共中央的这个答复，苏方甚是不满，10月上旬，通过季米特洛夫致电中共，一共提出了十五个问题加以责备，特别要求中共中央回答在法西斯德国继续进攻苏联的情况下，中国共产党究竟采取什么措施，在中国战场上积极从军事上打击日本，从而使德国在东方的同盟国日本不可能开辟第二战场进攻苏联？

接到季米特洛夫的电报后，毛泽东将来电交给王明看并商量如何答复。10月7日，毛泽东同王稼祥、任弼时找王明共同商量复电季米特洛夫的问题。王明说：我党已处于孤立，与日蒋两面战争，无同盟者，国共对立。原因何在？党的方针太左，新民主主义论左。新民主主义是将来实行的，现在不行，吓着了蒋介石。反帝、反封建和搞社会主义是三个阶段，目前只能反帝，对日一面作战，避免同蒋磨擦；我们与蒋的关系应是大同小异，以国民党为主，我党跟从之。我党的黄金时代是抗战之初的武汉时

---

[1] 周文琪、褚良如：《特殊而复杂的课题——共产国际、苏联和中国共产党关系编年史》，湖北人民出版社1993年版，第387页。

期，1937年十二月会议前和1938年10月六届六中全会以后，这两头的政策皆是错误的。[1]

在此之前，毛泽东曾同王明谈过两次话。一次是王明9月12日发言之后，毛泽东希望向王明具体了解博古等人的所谓"篡位"问题，同时也婉转地提出希望他能正视在抗战初期所犯的错误。[2]第二次是9月29日的会议之后，据王明在10月8日的发言，毛泽东与他主要谈了如下四个问题：（一）统一战线下的独立自主问题；（二）《论持久战》问题；（三）对武汉时期形势估计问题；（四）长江局与中央关系问题。[3]

9月29日的会议上，张闻天、博古、康生、邓发等人发言，已说明王明对苏维埃运动后期的路线错误并非没有责任，按理，王明应当主动检讨自己的错误。可是，看了季米特洛夫的电报之后，王明错误地估计了形势，认为共产国际已对中共中央和毛泽东严重不满，结果非但没有检讨自己，反而对毛泽东大加指责。

10月8日，中共中央书记处召开会议，王明在会上作了长篇讲话。关于国共关系问题，王明说，最近国际来电，要我们考虑如何改善国共关系，我认为目前国际提出这个问题是有原因的，我们与国民党的关系弄得更好些是有必要的，而且是可能的；现在中央军与地方实力派同我们关系都不好，各小党派除救国会、第三党与我们关系较好外，其他党派与我们关系也不好。我们应与地方实力派关系弄得更好些；我党虽在国共磨擦斗争中仍能执

---

[1]《胡乔木回忆毛泽东》，人民出版社1994年版，第198—199页。
[2] 杨奎松：《毛泽东与莫斯科的恩恩怨怨》，江西人民出版社1999年版，第130页。
[3] 中央档案馆党史资料研究室：《延安整风中的王明——兼驳王明的〈中共五十年〉》，《党史通讯》1984年第7期。

行统战政策，仍然拥护蒋介石，但在军事磨擦中对地方实力派消灭过分，对地主搞得太过火，如冀中苏北等地政策过左，这是妨碍统一战线的。在阶级斗争中党不应站在斗争的前线，而使广大群众出面，党居于仲裁地位。（毛泽东插话说：皖南事变后这半年多，国内是最和平的时期，这一是因为日本的政策，二是因为我们的政策。）

关于新民主主义政权问题，王明说，斯大林说过，中国革命的三大任务，比资本主义国家多一个任务。而反帝反封建两大任务，在中国革命历史是多以一个为主要内容。毛著《新民主主义论》中说中国革命要完成反帝反封建。我认为在目前统一战线时期，国共双方都要避免两面战争，要把反帝反封建加以区别。含混并举是不妥的。中国革命的政权是各阶级联合的政权，目前需要工农、小资产阶级、资产阶级及地主各阶级联合的政权，毛著《新民主主义论》中只说工农、小资产阶级与民族资产阶级联合的政权，只说要联合中产阶级，未说要联合大资产阶级。在《新民主主义论》说到经济政策时，说不要大地主大资产阶级，这是缺点。目前政权是各阶级联合专政，今天的政府要有大地主大资产阶级参加，新民主主义只是我们奋斗的目标，今天主要是共同打日本，我们今日还不希望国民党实行彻底的民主共和国。这个问题要向蒋声明，向国民党说清楚。我认为《新民主主义论》许多问题都是对的，但有上面的缺点。

关于统一战线问题，王明说，过去我们的口号，或者是苏维埃政权或者是国民党政权，现在是改为共同的抗日政权；过去我们的军队也同样，或者是红军或者是国民党军队，现在是共同的抗日军队；国民党五中全会实行军事限共后，便发展到政治磨擦，此后合作的条件也变了，发生了两个战争，打掉一些地方政权，阶级斗争也尖锐了，这是我们被逼迫进行的。但有些地方执行政策是"左"了，有些斗争是可以避免的；现在要与国民党关系弄好，可否采取下列办法：我们要求释放叶挺，对八路军新四军除发饷外，我们的政权与国民党政权是大同小异（形式上），而实际内容是小同大异；今后阶级斗争要采用新的方式，使党不站在斗争的前线，而使广大群众出面，党居于仲裁地位，可有回旋余地。[1]

王明之所以在这种情况下对中共中央方针政策采取全盘否定的态度，关键在于他相信共产国际对中共必定有所动作。他事后曾对博古说，他这样做，是因为"那边的方式我是知道的，先提问题，后来就有文章的"[2]。王明这一次是完全打错算盘了。其一，此时苏德战争已经爆发，苏联在开战之初连遭失利，斯大林已经自顾不暇，更何况苏方还希望中共能在远东牵制住日本，以避免东西两线作战，因而不可能过多关注中共的事务，更不要说加以干涉了。其二，王明是米夫一手扶上台的，米夫早在1937年苏联的肃反运动中遭整肃，王明在莫斯科已没有靠山。其三，经过中共六届六中全会，毛泽东在全党的领导地位已经稳固，王明的那一套主张在党内已没有市场。其四，王明对张闻天、博古

---

[1] 中央档案馆党史资料研究室：《延安整风中的王明——兼驳王明的〈中共五十年〉》，《党史通讯》1984年第7期；《胡乔木回忆毛泽东》，人民出版社1994年版，第199页；中共中央文献研究室：《任弼时年谱》，中央文献出版社2004年版，第409—410页；周国全、郭德宏、李明三：《王明评传》，安徽人民出版社1989年版，第388—389页。

[2] 杨奎松：《毛泽东与莫斯科的恩恩怨怨》，江西人民出版社1999年版，第131页。

的态度,使与会者包括原属教条主义阵营的人,对其为人与作风难免产生反感。

本来,毛泽东在提出苏维埃运动后期的路线错误时,并没有将主要矛头指向王明,只是在同王明第一次谈话时"委婉地提到了希望王明能够正视他在抗战初期所犯错误的问题",并且谈话的态度"是商量的"[1]。现在既然王明自己跳了出来,毛泽东也就决心将王明在抗战初期的问题提出一并加以解决。

王明讲完后,毛泽东说,最近和王明谈过几次,但还没有谈通。王明今天说的有些问题和昨晚不同,作了一些修改。昨晚他说,当前我们要和大资产阶级弄好关系,说《边区施政纲领》和《新民主主义论》只要民族资产阶级,不好;而要与蒋介石弄好关系。批评我们的方针是错的,太"左"了。恰恰相反,我们认为王明的观点太右了。对大资产阶级,对蒋介石只是让步是弄不好的。蒋介石对我们采取一打一拉的策略,我们要依靠无产阶级的自觉性,不能上他们的当。所以,我曾多次说到陈独秀的右倾机会主义造成大革命失败的历史教训,来教育同志,而王明没有一次说到陈独秀主义的错误。[2]

谈到武汉时期的问题时,毛泽东说:王明同志在武汉时期的许多错误,我们是等待了他许久,等待他慢慢地了解。直到现在还没有向国际报告过。最近我和王明同志谈过几次,但还没有谈通,现在又提出对目前时局的原则问题,我们大家来讨论是好

---

[1] 杨奎松:《毛泽东与莫斯科的恩恩怨怨》,江西人民出版社1999年版,第130页。
[2] 中共中央文献研究室:《任弼时传》,中央文献出版社、人民出版社1993年版,第473页。

的。王明同志在武汉时期工作，我和他谈过在下面几个问题上有错误：（一）对形势估计问题——主要表现乐观；（二）国共关系问题——忽视在统战下的独立性与斗争性；（三）军事策略问题——王明助长了反对洛川会议的独立自主的山地游击战的方针；（四）组织问题——长江局与中央的关系是极不正常的，常用个人名义打通电给中央与前总，有些是带有指示性的电报；不得到中央同意，用中央名义发表了许多文件。这些都是极不对的。现在王明同志谈了他的看法，大家可以讨论。[1]

王明在党内并没有多深的资历，之所以从一个普通干部一跃而进入中央领导层，靠的是共产国际对他的重用。随着米夫的失势，王明在共产国际眼中已不那么重要了，他自己恐怕不会不知道这一点，可季米特洛夫的电报又使他产生了幻想，以为共产国际会重新重用他。然而，王明的这个幻想被这天会议上王稼祥和任弼时的发言打破了。

王稼祥发言说：与斯大林谈话时，我与王明都参加了。当王明问到中国革命战略阶段时，斯大林答复说，现在主要的是打日本，过去这些东西现在不要谈。当谈到军事工业时，斯大林说，没有大炮是很困难的，苏联愿给予帮助。谈到政权问题时，斯大林说，将来你们军队到了那里，政权也会是你们的。谈到战略问题时，斯大林说，打日本不要打头，这实际上便是要打游击战。季米特洛夫谈话时，我与王明、康生都参加了。

---

[1] 中央档案馆党史资料研究室：《延安整风中的王明——兼驳王明的〈中共五十年〉》，《党史通讯》1984年第7期；《胡乔木回忆毛泽东》，人民出版社1994年版，第199—200页。

季米特洛夫对王明说：你回中国去要与中国同志关系弄好，你与国内同志不熟悉，就是他们推你当总书记，你也不要担任。对于中国共产党的路线，我的印象是共产国际没有说过不正确的话。[1]

任弼时发言说："我与恩来在莫时，季米特洛夫与我们谈话说到王明一些缺点，要我们告诉毛泽东帮助王明改正，我们回来只对毛说过，对王明也没有说，因为感觉不好对他说。有一次毛找王明、洛甫、康生、陈云和我谈过话，批评过王明一些缺点。后来他担任边区工作，开始实际工作的调查研究，我感觉他有进步，但前次政治局会议，王发言批评别人无党性，对自己缺乏批评精神。前几次毛与王谈武汉时期的错误，王还不愿接受。昨晚谈话更提出新的原则问题。今天书记处会上我不得不把季米特洛夫对我说的问题谈出来，帮助王明来了解问题。"任弼时说："首先是曼努伊尔斯基（共产国际执委会书记。——引者注）问我三点，我只记得下两点：第一问，王明是否有企图把自己（的）意见当作中央的意见。第二问，王明是否想团结一部分人在自己的周围。而季米特洛夫的评语是'王明缺乏工作经验'，'王明有些滑头的样子'，据共产国际的干部反映，有一次出去参观，米夫介绍王明为中国党的总书记，王明居然默认。（张闻天插话说，《救国时报》宣传王明为英明领袖。）根据国际说的这些话，和王明回国后的情形，王确有'钦差大臣'的味道。王的主要问题便是个人突出，自以为是，对国共关系问题有原则上的错误，特别

---

[1] 徐则浩：《王稼祥传》，当代中国出版社 2006 年版，第 182—183 页。

是忽视反对陈独秀右倾机会主义的复活。"[1]

陈云也在会上说：王明回国后，自以为政治上高明，对毛泽东和中央不尊重，犯了许多错误。我素来对王明是尊重的，但对他武汉时期的许多做法不同意。他不注意乡村工作，对中央布置不回电，在处理国共关系与组织问题时也有错误。陈云希望王明能把过去的错误当作客观存在的东西，离开个人关系想问题。他说：过去我认为毛泽东只是军事上很行，因为遵义会议后红军的行动方针是他出的主意。毛泽东写出《论持久战》后，"我便了解了他在政治上也是很行的，实际上毛泽东政治、军事都很好"[2]。

这次书记处会议对王明是一个沉重打击。听完了众人的发言，王明这才发现局势对自己已完全不利，只得辩解说：我认为在1937年12月政治局会议上的讲话与六届六中全会的路线是一致的，"一切经过统一战线"的口号，有些同志的了解与我的了解不同，我的了解不是一切经过统一战线便是一切经过蒋介石；在长江局工作时总的路线是对的，只是个别问题有错误，但就是这些错误也是客观上形成的，或是由别人负责造成的。个别缺点是强调斗争性不够，不准在《新华日报》上发《论持久战》，在组织上形成半独立自主，原因是在国外单独发表文件做惯了。他还对毛泽东说：你是党的领袖，我的话不对，做结论的权

---

[1] 中共中央文献研究室：《任弼时传》，中央文献出版社、人民出版社1993年版，第474页。
[2] 中共中央文献研究室：《陈云传》（上），中央文献出版社2005年版，第330页。

在你。[1]

会议结束的时候,毛泽东提出,准备在政治局会议上开展讨论。毛泽东说:王明提议检查中央政治路线,我们要提前讨论一次。关于苏维埃运动后期错误问题,停止讨论。希望王明对六中全会以前武汉时期的错误和对目前政治问题的意见,在政治局会议上说明。[2]

可是,没等下次政治局会议召开,王明终于招架不住了。"8日会议的结果,特别是王稼祥和任弼时讲述的季米特洛夫等国际领导人对他的不信任态度,不能不使他如坠深渊,心理上受到相当大的刺激。惶惶不安一天之后,王明竟因过于紧张使心脏承受不住突发休克病倒了。"[3] 这样一来,原定12日举行的政治局会议只得延期。13日上午,中共中央书记处派中央副秘书长李富春去医院参加医生的会诊。鉴于王明的健康状况,医生建议王明至少应卧床休息三个月。王本人也请李富春转告政治局,提出在休养期间不参加书记处工作会议,只参加政治局会议。毛泽东听到这个情况后,立即让任弼时去医院看望王明。

10月13日,中共中央书记处召开工作会议,任弼时报告了王明的情况:王明因病,医生要他休息三个月。他提出不参加书记处工作会议,只参加政治局会议;关于武汉时期的错误,他同

---

[1] 中央档案馆党史资料研究室:《延安整风中的王明——兼驳王明的〈中共五十年〉》,《党史通讯》1984年第7期;中共中央文献研究室:《任弼时年谱》,中央文献出版社2004年版,第409—410页;中共中央文献研究室编:《毛泽东年谱(1893—1949)》(修订本)中卷,中央文献出版社2013年版,第331页。
[2]《胡乔木回忆毛泽东》,人民出版社1994年版,第200页。
[3] 杨奎松:《毛泽东与莫斯科的恩恩怨怨》,江西人民出版社1999年版,第133—134页。

意毛泽东10月8日在书记处工作会议上的结论；关于对目前时局的意见，请政治局同志到他住室去谈，以后由政治局讨论，他病好了再看记录。[1]

由于王明生病不能到会，毛泽东宣布：王明生病，关于武汉时期工作只好停止讨论。关于王明在武汉时期工作中的错误，就以10月8日书记处工作会议的意见作为定论。对他说明，他在武汉时期的工作，路线是对的，但个别问题上的错误是有的，我们就是这些意见。如他还有什么意见，等他病好后随时都可以谈。以上意见委托弼时同志向他说明。

毛泽东还说，关于政治局会议讨论苏维埃运动后期"左"倾机会主义错误的结论问题，我准备在此次政治局会议上只作一个结论草案，提交七中全会。结论的要点是：（一）说明这一时期"左"倾机会主义比之立三路线，形态更完备，时间更长久，结果更悲惨。（二）这一错误的时间问题，从1932年开始，到1934年五中全会时便发展到最高峰。（三）我党二十年来的历史问题。五四运动到大革命时期，是唯物辩证法运用比较好的时期，是我党生动活泼的时期。1927（6）年下半年，是陈独秀右倾机会主义统治时期，其思想是机械唯物论的。立三路线与苏维埃运动后期"左"倾机会主义时期，是主观主义与形式主义。四中全会虽在形式上克服了立三路线，但在实际政策上没有执行正确的转变。遵义会议后，又恢复了按辩证法行事，即按实际办事。从抗战四年来，我党的自觉性比五四时期更提高了，更加生动活泼，更能灵活地运用辩证法。（四）这次讨论，要从检讨过去错误中

---

[1] 中共中央文献研究室：《任弼时年谱》，中央文献出版社2004年版，第411页。

得到经验教训,使全党了解失败为成功之母。要采用治病救人的办法。现在我们党最缺乏对于中国实际的调查与研究,今后使马克思主义的普遍真理与中国革命的具体实践统一起来。(五)要进行加强学习组的领导,对过去被冤屈打击的干部重新作结论等实际工作。[1]

毛泽东在讲话中还对这几个时期主要负责者的情况作了分析,认为大革命后期的错误,主要负责者是陈独秀;立三路线时期的主要负责者是李立三;苏维埃运动后期的主要负责者是博古。罗迈在以上几个时期都犯了严重错误,但在近来的延安工作是努力的;洛甫算犯第二等的错误,主要在宣传方面有许多错误,但在广昌战役后至遵义会议中改正错误较快;王明在四中全会中形式上纠正了立三路线,但后来在实际工作中仍未克服立三路线。[2]

这次会议决定:(一)组织清算党的过去历史委员会,毛泽东、王稼祥、任弼时、康生、彭真参加,以毛泽东为主任,由王稼祥起草文件;(二)组织审查过去被打击干部委员会,陈云、高岗、谭政、陈正人、彭真参加,以陈云为首。

10月22日,中共中央政治局再次召开扩大会议。对于这次会议的具体内容,目前未见有相关史料公布,中共中央文献研究室编纂的《毛泽东年谱》《任弼时年谱》亦没有具体记载(中共中央政治局于10月20日召开过一次会议,但主要内容是讨论时局

---

[1] 中共中央文献研究室编:《毛泽东年谱(1893—1949)》(修订本)中卷,中央文献出版社2013年版,第332—333页。
[2] 《胡乔木回忆毛泽东》,人民出版社1994年版,第222页。

问题），只有《陈云年谱》和《陈云传》中引用了陈云在会上的发言。陈云说：十年内战后期路线错误是确定了的，白区工作、苏区工作都是如此。上海时期我是赞成这个路线的，无功而有过，应负一定的责任。在苏区工会工作中未改变"左"的倾向，把上海工运的一套搬到农村。还说：我在五中全会上作的报告也是错误的。虽然帮助过几个遭受错误路线打击的人，但未从根本上反对过打击人的做法。在兵工生产上尽了点力量，但军事错误中应负"不负责任"的错误。在准备长征时参加过三次书记处的会，实际是"非法"行动，因为所决定的事没有提到政治局讨论。

陈云特地谈到了对毛泽东和王明的认识过程：遵义会议前后，我的认识有一个过程，会前不知道毛主席和博古等的分歧是原则问题。进入苏区前，对毛主席是不熟悉的，且听说是机会主义。见面后，认识上有变化，感觉他经验多。遵义会议后，开始知道毛主席懂军事，红军南渡乌江后，才佩服他的军事天才。到莫斯科及回国后直至"十二月会议"，在独立自主问题上、徐州会战问题上，对他才了解得完满，认为毛主席是中国革命的旗帜。对于王明，陈云说，在上海时期对他很尊敬，在莫斯科时期对他更尊敬，但在人事问题上对他有些不满。在"十二月会议"后，见他目无中央，对他的尊敬就降低了。王明有功，主要表现在反立三路线和提出统一战线方面；也有责任，即在四中全会后未能改变工作路线，在干部问题上有宗派主义倾向。[1]

10月22日的会议王明"因病请假"没有参加。会议结束

---

[1] 中共中央文献研究室：《陈云传》（上），中央文献出版社2005年版，第331—332页。

时,毛泽东也未再作报告。尽管如此,此次政治局会议对于延安整风产生了极大影响。在这个会议上,除了王明外,当年中共临时中央的几位主要成员,都检讨了自己的错误,并且承认苏维埃运动后期确实犯了路线错误,这就为整风运动的发动消除了可能的思想阻力,统一了领导层对这个问题的认识。王明虽然拒绝承认错误,但他在会上的所作所为,实际上已把自己孤立起来了。这些都为整风运动的发动创造了有利条件,后来毛泽东说:"一九四一年九月会议是一个关键,否则我是不敢到党校去作整风报告的,我的《农村调查》等书也不能出版,整风也整不成。"[1]

4. 整风运动由高级干部发展到全党

9月政治局会议后,毛泽东起草了一个关于苏维埃运动后期的错误的书面结论草案,题目为《关于四中全会以来中央领导路线问题结论草案》。据《胡乔木回忆毛泽东》一书介绍,《结论草案》共写了十六个问题,其中第一个问题是"三个时期的路线",对中共六届四中全会以来三个时期路线作结论。《结论草案》说:"中央政治局在收集详细材料经过详细讨论之后,一致认为四中全会及其以后一个时期,中央领导路线虽有缺点、错误,但在基本上是正确的。九一八事变至遵义会议这一时期内,中央的领导路线是错误的。遵义会议及其以后,中央的领导路线是正确的。"[2]《结论草案》的第二个问题是"关于四中全会及其以后一个时期中央路线的估价",既肯定了四中全会的"成功方面",如

---

[1] 中共中央文献研究室:《毛泽东年谱(1893—1949)》(修订本)中卷,中央文献出版社 2013 年版,第 469 页。
[2]《胡乔木回忆毛泽东》,人民出版社 1994 年版,第 223 页。

指出立三时期的错误是路线错误，打击了罗章龙为首的反党右派，恢复了共产国际在中国党内的信任；也论列了四中全会的错误，认为其没有揭发立三路线的思想根源是主观主义和形式主义，埋伏了后来"左"倾错误的思想根源，打击人太多，没有指出党内"左"倾危险的严重性等。

《结论草案》的第三至十三个问题，是分析九一八事变至遵义会议前这一时期的路线错误，据胡乔木介绍，"关于这条路线的主要负责人原来只写了博古同志，后来修改时加上了王明的名字"，改为"王明同志与博古同志"。至于这种修改是何时作的，书中没有具体交代。9月政治局会议虽然与会人员对王明的表现很不满，但毛泽东一开始并没有将主要矛头对向王明，而是认为苏维埃运动后期错误的主要责任者是博古，没有将王明一同点上，而且对于他在武汉时期的工作，也认为"路线是对的"，只是在"个别问题上"有错误。不但如此，关于苏维埃运动后期错误的起始时间，也不是以中共六届四中全会为起点，而是以九一八事变为起点。王明虽然是四中全会上台的，但九一八事变之后不久即离开了国内到共产国际工作。1942年2月21日，毛泽东同王稼祥复电周恩来，仍坚持对过去路线这种分期的看法。电文说："政治局在去年十月间曾详尽检讨了过去路线问题，一致认为四中全会至'九一八'中央路线基本上是正确的，但有好几个严重原则错误。'九一八'至遵义会议（共三年又四个月）中央路线是错误的。遵义会议以后中央路线是正确的。"[1]

---

[1] 中共中央文献研究室：《毛泽东年谱（1893—1949）》（修订本）中卷，中央文献出版社2013年版，第364—365页。

随着延安整风的深入，苏维埃运动后期"左"倾路线错误的起始点，上移到1931年1月的六届四中全会，王明成为这条路线错误的主要负责者。其中，固然有随着高级干部对党的历史经验的总结使认识进一步深化的原因，也与王明在整风运动中的表现密不可分。

在这个过程中，博古对自己曾经犯过的严重错误主动承担责任，诚恳地作了检讨；而王明自9月政治局会议后始终未对自己的错误作过深刻的检讨，并且还搞过一些小动作。1943年初，刘少奇从华中回到延安，王明得知刘少奇曾对华中个别地区执行统一战线政策的过左做法提出批评，乃向刘少奇宣传自己在1941年9月政治局会议的那些意见，并要刘"主持公道"；同年3月，张闻天从晋陕农村调查回到延安后，王明又对他说："这次整风，主要是整我们莫斯科回来的同志，尤其是你，因为你的教条比我们更多。"[1]

1943年9月7日的中共中央政治局会议上（王明称病没有参加），毛泽东在插话时说：内战时期的错误路线，第一个是王明，第二个是博古。王明是这个路线理论的创造者与支持者，博古等是执行者与发挥者。在9月13日的政治局会议上，康生提出：要用历史的方法来检讨王明的投降主义错误，这就是不能孤立地看他抗战时期的问题，而要联系十年内战时期王明主义的来源。过去我们说，"左"的路线应从1931年9月20日决议起，现在看来要重新考虑，因为王明是在四中全会之前就有一个从中国革

---

[1] 中央档案馆党史资料研究室：《延安整风中的王明——兼驳王明的〈中共五十年〉》，《党史通讯》1984年第7期。

命根本问题起的比立三"左"的机会主义纲领——《为中共更加布尔什维克化而斗争》的小册子。1940年,他不经中央同意,又将这本书印发到延安及各抗日根据地。毛泽东听后表示:"现在康生、少奇、恩来等议论,四中全会是错误的,此事大家可以研究。"[1]

1943年10月14日,毛泽东在中共中央西北局高干会上报告时局与学习问题时,"第一次在较大的范围公开点名批评王明路线"。毛泽东说,王明最近两年,一面养病,一面还做破坏活动,向一些同志讲怪话,批评中央不对。我们要有对付党可能发生破裂的准备。[2] 自此之后,整风运动中对苏维埃运动后期路线错误的清算,主要集中到王明身上。关于苏维埃运动后期路线错误,也以1931年1月的六届四中全会为起点,并且对王明在担任中共中央长江局书记时期的右倾错误也一并进行批判。这当然是后话了。

对于九一八事变后路线错误的内容与性质,毛泽东在《结论草案》中说:这条路线在思想方面犯了主观主义与形式主义的错误;在政治方面,对形势的估计,对策略任务的提出与实施,对中国革命许多根本问题都犯了过"左"的错误;在军事方面,犯了从攻打大城市中的军事冒险主义转到第五次反"围剿"中的军事保守主义(同时也包含着拼命主义),最后在长征中转到完全的逃跑主义的错误;组织方面犯了宗派主义错误。

---

[1] 中共中央文献研究室:《毛泽东传(1893—1949)》,中央文献出版社1996年版,第659—660页。
[2] 《胡乔木回忆毛泽东》,人民出版社1994年版,第292页。

《结论草案》的第十四到十六个问题,主要论述同博古路线开展斗争与遵义会议后中央领导路线的性质。其中说:遵义会议"实际上克服了当作路线的'左'倾机会主义,解决了当时最主要的问题——错误的军事路线、错误的领导方式和错误的干部政策,实际上完成了由一个路线到另一个路线的转变,即是说克服了错误路线,恢复了正确路线。"[1]

在此前后,毛泽东还写了题为《关于一九三一年九月至一九三五年一月期间中央路线的批判》的长篇文章,"从思想上、政治上、组织上以及策略方面逐篇地系统地批判了王明'左'倾路线统治时期的九篇有代表性的重要文献,指出它们的主观主义、冒险主义、宗派主义和关门主义的特征"[2]。这篇文章分为九个部分,主要是对苏维埃运动后期中共临时中央的七个决议和指示、张闻天的一篇文章和中共苏区中央局的一个决议,进行逐篇的分析与批判。

这九个文件是:(一)《由于工农红军冲破第三次围剿及革命危机逐渐成熟而产生的党的紧急任务》(1931年9月20日);(二)《中央关于日本帝国主义强占满洲事变的决议》(1931年9月22日);(三)《中国共产党中央委员会为目前时局告同志书》(1931年12月11日);(四)《中国共产党关于争取革命在一省与数省首先胜利的决议》(1932年1月9日);(五)《中央关于一二八事变的决议》(1932年2月26日);(六)《中央致各级党

---

[1] 中共中央文献研究室:《毛泽东传(1893—1949)》,中央文献出版社1996年版,第634页。

[2] 同上书,第634—635页。

部的一封信》(1932年3月30日);(七)洛甫:《在争取中国革命在一省几省首先胜利中国共产党内机会主义的动摇》(1932年4月4日);(八)《中央为反对帝国主义进攻苏联瓜分中国给各苏区党部的信》(1932年4月14日);(九)《苏区中央局关于领导和参加反对帝国主义进攻苏联瓜分中国与扩大民族革命战争运动周的决议》(1932年5月11日)。

这篇文章初稿写出后,毛泽东曾作过好几次修改。初稿题目是《关于和博古路线有关的主要文件》,后来先后改为《关于和"左"倾机会主义路线有关的一些主要文件》《关于一九三一年九月至一九三五年一月间中央路线的批判》,内容上也作了较大的调整。1965年5月,毛泽东又对它作了重要修改,增加了一些文字,标题改为《驳第三次"左"倾路线(关于一九三一年九月至一九三五年一月期间中央路线的批判)》。文章写出后,毛泽东一直没有将其发表,对于其原因,他自己后来说:"这篇文章是在延安写的,曾经送给刘少奇、任弼时两同志看过,没有发表。送出去后也就忘记了。一九六四年有人从档案馆里找出这篇文章的原稿,送给我看,方才记起确有这回事。在延安之所以没有发表,甚至没有在中央委员内部传阅,只给两位政治局委员看了一下,就再不提起了,大概是因为这篇文章写得太尖锐了,不利于团结犯错误的同志们吧。"[1] 这篇长文的部分内容,直到1993年才在中共中央文献研究室编辑出版的《毛泽东文集》中部分发表。

---

[1]《对〈关于一九三一年九月至一九三五年一月期间中央路线的批判〉一文的按语》(1964年3月、1965年1月、5月),《建国以来毛泽东文稿》第11册,中央文献出版社1996年版,第50页。

这些文章毛泽东虽然当时没有发表，但通过文章的写作，使他进一步认识到肃清教条主义的重要性，坚定了他开展整风运动的决心。1942年2月1日，毛泽东在中共中央党校开学典礼上，作了《整顿学风党风文风》（1953年收入《毛泽东选集》时改名为《整顿党的作风》）的报告。2月8日，他在中共中央宣传部召开的干部会议上，又作了《反对党八股》的演说。这两个报告的中心内容，就是提出要反对主观主义以整顿学风、反对宗派主义以整顿党风、反对党八股以整顿文风，同时提出整风运动要采取"惩前毖后，治病救人"的方法。这两个报告实际上是毛泽东公开发出了全党整风的号召。以此为标志，延安整风运动由党的高级干部发展到全党。

"五四指示"后陕甘宁边区的土地征购

1946年5月4日,中共中央发布《关于土地问题的指示》即"五四指示",决定将抗日战争时期的减租减息转变为实行"耕者有其田"的土地政策。这是中共土地政策的一个重大改变,中共党史上著名的土地改革运动亦由此启动。"五四指示"提出的实现"耕者有其田"方式,主要是"群众在反奸、清算、减租、减息、退租、退息等斗争中,从地主手中获得土地"[1]。陕甘宁边区由于其特殊性,则一度试行过利用土地公债征购地主土地由农民承购的方式。对于这个问题,尽管已有学者在其论著中有所论及[2],但未见较为详细的论述,本书拟就此作点梳理与分析。

一、陕甘宁边区开展土地征购的背景

抗日战争胜利后一段时间,中共在农村土地问题的政策仍是

---

[1]《关于土地问题的指示》(1946年5月4日),《刘少奇选集》上卷,人民出版社1981年版,第378页。
[2] 如杨奎松:《关于战后中共和平土改的尝试与可能问题》(《南京大学学报》2007年第5期),《战后初期中共中央土地政策的变动及原因——着重于文献档案的解读》(《开放时代》2014年第5期);彭厚文:《论解放战争初期中国共产党有偿赎买地主土地的政策》(《信阳师范学院学报》2010年第3期)等。

减租减息。1945年8月11日，中共中央作出《关于日本投降后我党任务的决定》，指出："在一切新解放区一律减租，放手发动与组织群众，建立地方党、地方政府与提拔地方干部，以便迅速确立我党在基本群众中的基础，迅速巩固一切新解放区。但是，绝对不可损害中农利益（中农也是基本群众）；富农除封建剥削部分实行减租外，不应加以打击；地主须使之可以过活，没收分配土地是过早的。某些地区已经分配者不再变动，但对地主必须设法救济，对富农必须设法拉拢，对中农受损害者必须补偿损失。"[1]同年11月27日，中共中央又指示各地："在一切解放区发动群众减租与发展生产，为争取当前斗争胜利的重要关键。"[2]因为减租减息是各解放区执行了多年的政策，因此，大反攻前已经解放的老区，减租"主要是清算过去违反减租法令的额外剥削，实行退租与订立新约"[3]。而大反攻后新解放的地区，自1945年秋冬起，主要是发动群众开展对汉奸、特务的控诉、清算运动，用这种方式使群众"收回被汉奸伪人员霸占的土地财产，索回被掠夺讹诈贪污的款项等"[4]。

  1946年上半年，国内局势正处于走向和平还是走向战争的十字路口。对于中共来说，无论是和还是战，都需要有效地组织动

---

[1]《中共中央关于日本投降后我党任务的决定》（1945年8月11日），中央档案馆：《中共中央文件选集》第15册，中共中央党校出版社1992年版，第229—230页。

[2]《中央关于抓紧进行减租运动和生产运动的指示》（1945年11月27日），中央档案馆：《中共中央文件选集》第15册，中共中央党校出版社1992年版，第438页。

[3]《减租减息是一切工作的基础》，《解放日报》1946年3月26日。

[4]《努力发动解放区群众》，《解放日报》1946年1月9日。

员广大解放区农民。这年3月26日,中共中央机关报《解放日报》发表《减租减息是一切工作的基础》的社论指出:"和平民主道路上还有严重的困难和阻碍需要克服,国民党内法西斯反动派和敌伪残余势力依然还有强大的力量,依然在拼命企图破坏全国及解放区人民的和平民主事业,这就必须依靠广大人民、首先是农民群众的力量来粉碎他们的破坏企图。"中共领导人自然清楚,要组织动员群众,就必须给予群众新的物质利益,各解放区特别是其中的老区在经过比较彻底的减租减息之后,农民的愿望与要求实际上已经超越了减租减息,而是希望能进一步地解决土地问题。中共领导人认为,1927年的大革命之所以失败,就在于当时没有有效果地组织动员农民。在1945年4月中共七大上,毛泽东在口头政治报告中一再提醒全党必须注意农民问题,指出:"所谓人民大众,主要的就是农民。不是有一个时期我们忘记过农民吗?一九二七年忘记过,当时农民把手伸出来要东西,共产主义者忘记了给他们东西。"[1]1946年上半年中共与国民党的关系,在一定程度上类似于大革命后期,两党的关系表面上还在维系,国共谈判还在进行,但国共关系究竟走向何方,有没有彻底破裂的可能,这是中共领导人不得不考虑的重大问题。如果国共关系最终破裂,国共之间的矛盾只有通过战争的方式才能解决,如何争取农民就是一个大问题。而要争取农民,在经过多年的减租减息之后,就只能围绕土地所有权去做文章。

正是在这样的背景下,中共中央于1946年5月4日通过了

---

[1]《在中国共产党第七次全国代表大会上的口头政治报告》(1945年4月24日),《毛泽东文集》第3卷,人民出版社1996年版,第305、307页。

《中共中央关于土地问题的指示》（因是 5 月 4 日通过的，故简称"五四指示"）。"五四指示"指出："在广大群众要求下，我党应坚决拥护群众在反奸、清算、减租、减息、退租、退息等斗争中，从地主手中获得土地，实现'耕者有其田'。"[1]那么，怎样实现"耕者有其田"呢？"五四指示"没有沿袭土地革命战争时期直接没收地主土地的办法，提出应采取多种多样的方式解决农民的土地问题，如：没收和分配大汉奸土地；减租之后，地主自愿出卖土地，佃农以优先权买得其土地；由于在减租后保障了农民的佃权，地主乃自愿给农民七成或八成土地，求得抽回三成或二成土地自耕；在清算租息、清算霸占、清算负担及其他无理剥削中，地主出卖土地给农民来清偿负欠。"五四指示"认为，使用上述种种方式来解决土地问题，使农民站在合法和有理地位，各地可以根据不同对象，分别采用。

"五四指示"发布的时候，中共的基本方针是"准备战争，争取和平"[2]。既然要争取和平，各解放区在土地政策上就必须相对和缓，所以"五四指示"中对地主有相当的照顾，各地解决土地问题的主要方式，是在继续执行减租减息政策的基础上开展反奸清算，同时鼓励动员开明绅士献出部分土地。但是，在反奸清算之后地主仍有可能保留较多数量的土地，至于开明绅士献田的数量自然有限，采取这些方式仍可能难以满足农民的土地要求。于是，中共中央认为，如果再辅之以发行土地公债的方式征购地

---

[1]《关于土地问题的指示》(1946 年 5 月 4 日)，《刘少奇选集》上卷，人民出版社 1981 年版，第 378 页。

[2]《习仲勋同志在土地会议总结报告提纲》，1947 年 11 月 23 日。

主土地，既能达到进行土地改革的目的，又不会导致地主阶级的激烈反抗引起大的社会震动，因而，"五四指示"发出之后，中共中央就开始考虑用征购地主土地的办法解决土地问题。

最早提出这个问题的，是1946年6月27日毛泽东起草的给周恩来、叶剑英的电报，其中说："中央正考虑由各解放区发行土地债券发给地主，有代价地征收土地分配农民。其已经分配者，补发公债，如此可使地主不受过大损失。惟汉奸、土豪劣绅、贪官污吏、特务分子不在此例。你们可向中间派非正式地透露此消息。"[1]

7月19日，中共中央在《关于向民盟人士说明我党土地政策给周恩来、董必武的指示》中也说："我党中央正在研究和制定土地政策，除敌伪大汉奸的土地及霸占土地与黑地外，对一般地主土地不采取没收办法，拟根据孙中山照价收买的精神，采取适当办法解决之，而且允许地主保留一定数额的土地。对抗战民主运动有功者，给以优待，保留比一般地主更多的土地。"[2]

同一天，中共中央发出《关于要求各地答复制定土地政策中的几个重要问题的指示》，就土地改革中的几个重要问题征求各中央局、分局的意见，并提出解决农民土地问题的若干具体办法，其中明确提出"地主土地超过一定数额者由政府以法令征购之"，并提出了具体的征购设想。如地主可保留一定数额的土地免于征

---

[1] 中共中央文献研究室：《毛泽东年谱（1893—1949）》下卷，人民出版社、中央文献出版社1993年版，第99页。

[2] 《中共中央关于向民盟人士说明我党土地政策给周恩来、董必武的指示》（1946年7月19日），中央档案馆：《解放战争时期土地改革文件选编（1945—1949）》，中共中央党校出版社1981年版，第19页。

购，其保留数额，根据各地土地的多寡，由各地政府规定，但为了真正使地主在土地改革后能够生活，可以考虑地主每人所保留的土地等于中农每人所有平均土地的两倍（即超过一倍，如中农每人三亩，地主每人可保留六亩）；凡在抗日期间，在抗日军队与抗日民主政府中服务及积极协助抗日军队与抗日民主之地主，应给以优待，每人保留免予征购之土地，可多于一般地主所保留者之一倍左右；每户超过一定数额的土地之大地主，其超过定额之土地，以半价或半价以下递减之价格征购之；政府征购地主土地的地价，由各县政府和当地地主与农民代表大会参照当地土地市价与土地质量之不同评议规定。对于征购办法，中共中央设想由政府发行土地公债，交付地主地价，分10年还本。公债基金或者由得到土地的农民担负一部分，农民每年向政府交付一定数量的地价，分为10年至20年交清，另一部分由政府在自己的收入中调剂。或者根本不要农民出地价，由政府在整个财政税收中调剂。除公债办法外，在抗日战争期间，地主负欠农民的债务，农民亦可当作交付地价折算。[1]

中共中央还在同月起草《为实现耕者有其田向各解放区政府的提议》，交各地区讨论并征求意见，其中也提出："凡地主的土地超过一定数额者，其超额部分由政府发行土地债券，并以法令征购之。"至于地主保留土地的数量、土地价格、公债基金的来源等，与7月19日指示大体相同。中共中央还向各解放区提

---

[1]《中央关于要求各地答复制定土地政策中的几个重要问题的指示》(1946年7月19日)，中央档案馆：《中共中央文件选集》第16册，中共中央党校出版社1992年版，第253—254页。

议：除了法庭依法判决剥夺其公民权者外，所有依法被征购、征收土地的地主，其公民权不受侵犯，凡依法实行并积极赞助土地改革的地主应予奖励。不论是地主还是农民，依法保留之土地及分得之土地的地权及其他财产的所有权均受政府法律的保障，不得侵犯。[1]

随后，有的解放区也提出可用征购地主土地的办法实现耕者有其田。中共中央华东局在这年9月1日作出的《关于土地改革的指示》中提出："为满足农民土地要求，顺利实行耕者有其田，并争取全国广大阶层对我党土地改革政策的同情，对于地主土地超过一定数额者，由政府依法令征购之，其具体办法由政府公布。在实行中必须把群众清算运动与政府征购互助结合，相辅而行。如在新解放区，应以清算为主，清算后地主尚有余额土地者再行征购。老解放区曾经清算而地主尚有余额土地者，一般采用征购办法，勿再从事清算，以免地主发生疑惧。"[2]同年10月25日，中共领导的山东省政府发布《山东省土地改革暂行条例》，亦提出地主土地经清算、献田后所余超过规定数额者，由政府酌量征购，并规定了征购办法。[3]

接到中共中央7月19日的指示后，各解放区对此意见并不

---

[1]《中共中央为实现耕者有其田向各解放区政府的提议》（1946年7月），中央档案馆：《解放战争时期土地改革文件选编（1945—1949）》，中共中央党校出版社1981年版，第21—26页。

[2]《华东局关于土地改革的指示》（1946年9月1日），《中国土地改革史料选编》，国防大学出版社1988年版，第302页。

[3] 见《山东省政府关于公布山东省土地改革暂行条例的命令》（1946年10月25日），中共山东省委党史研究室：《解放战争时期山东的土地改革》，山东人民出版社1993年版，第215页。

一致。据同年 9 月 21 日中共中央对山东解放区土地改革所作出的指示："中央关于征购土地提议,有些地区要求暂缓发表,以免影响群众的反奸清算运动。有些地区要求提早发布,其主要目的是为了在老区内解决抗日地主、抗属地主的土地。"[1] 这里所说的"有些地区要求暂缓发表"就目前所公布的材料看,主要是东北解放区。因为同年 8 月 30 日,中共中央东北局致电中共中央,认为东北根据地尚未建立,目前的中心是要放手发动群众,集中火力打击大汉奸、豪绅、恶霸大地主、顽匪头子,并在群众压力下,迫使一般地主拿出土地,使无地和少地的农民直接的无代价的获得土地,否则将不可能在今年年底以前创造初步根据地的规模。"因此如果最近中央以发行土地公债征购地主多余土地的办法,即公开发布,则我们提议,在东北可在实际上推迟一个时期执行。"[2] 由于各解放区对此意见不一,中共中央乃"将各地意见研究之后,认为目前暂不公布为有利,等过了阳历年各地将土地问题基本解决之后,再看情况决定发布问题"。[3]

就在"五四指示"发布不久,全面内战爆发。尤其这年 10 月 11 日,国民党军占领晋察冀解放区首府张家口,国民党政府于当天宣布于 11 月 12 日召开所谓的国民大会。在这种情况下,国共关系的完全破裂已不可避免,通过谈判的方式实现国内和平

---

[1]《中共中央对山东土地改革的指示》(1946 年 9 月 21 日),《中国土地改革史料选编》,国防大学出版社 1988 年版,第 315 页。

[2]《东北局关于土地问题对各阶层政策的意见》(1946 年 8 月 30 日),《中国土地改革史料选编》,国防大学出版社 1988 年版,第 309 页。

[3]《中共中央对山东土地改革的指示》(1946 年 9 月 21 日),《中国土地改革史料选编》,国防大学出版社 1988 年版,第 315 页。

的可能不复存在。11月21日,毛泽东与刘少奇、周恩来谈话,认为"前一段时间,在中国人民中间以及在我们党内都存在着内战打不打得起来的问题,人们都希望国共不打仗,现在这个问题已经解决了","剩下的便是我们能不能胜利的问题了",而"要胜利就要搞好统一战线,就要使我们的人多一些,就要孤立敌人"。那么,如何对待农村的地主阶级?毛泽东明确提出:"搞土地改革并不影响我们团结地主,抗战时期减租减息也得罪了地主,但仍可以团结他们。"[1]正是基于既要进行土地改革,以进一步动员和组织广大农民,同时搞好统一战线,团结争取地主的考虑,陕甘宁边区于1946年冬进行了土地征购的试点。

二、陕甘宁边区的土地征购条例

陕甘宁边区采取征购的办法进行土地改革,是由其特殊情况决定的。这里有一半地区在土地革命战争时期就已经建立根据地,早已分配了土地,在这些地区,地主和旧富农已基本不存在。另一半地区虽未经土地革命,但在抗日战争时期已进行了比较彻底的减租减息,地主和旧富农的剥削受到了很大削弱,而且边区也未被日军占领过,不能通过反奸清算解决土地问题。鉴于这种特殊性,陕甘宁边区决定以征购这种和缓的方式贯彻"五四指示"。

自中共中央提出通过发行土地债券以法令征购地主土地的方案后,陕甘宁边区就开始考虑采用土地公债的方式解决土地问题

---

[1]《要胜利就要搞好统一战线》(1946年11月21日),《毛泽东文集》第4卷,人民出版社1996年版,第196—198页。

的具体办法。据习仲勋 1947 年 11 月在边区土地会议上的报告，陕甘宁边区的土地征购，"去年 8 月酝酿，11 月试办，12 月公布条例，目的仍是坚决最后消灭封建。只是试着探索出一种比较稳妥的办法"[1]。

陕甘宁边区于这年 8、9 月间开启了试行土地公债的调查。笔者在陕西省档案馆见到一份无作者署名，时间为 1946 年 9 月 17 日的《关于利用公债办法解决土地问题的初步调查——绥德县延家岔土地问题调查之一》。据这份调查材料介绍，该村共有 91 户 428 人，其中地主 17 户，中农 16 户，贫雇农 58 户，共有土地 846.5 垧（其中包括地主在外村的 283.5 垧），以全村人口 428 人计，平均每人有 1.98 垧地，不足 2 垧。全村共有窑洞 267 孔，房子 24 间。抗日战争期间，该村的土地关系发生了很大的变化，1940 年时延家岔全村共有土地 1792 垧，而此时只剩下 530.5 垧，6 年共出卖 1261.5 垧。这主要是由于减租减息政策和合理负担政策的影响，地主占有的土地多，意味着需要交纳的爱国公粮亦多，于是将土地典卖而将所得收入用于发放高利贷，导致地主占有的土地大为减少。与此同时，地主出卖的土地大多转入贫雇农手中。

表 6-1　延家岔村 1943 年以来土地变动情况（单位为垧）

年份	共典卖土地			典买成份及土地数							
	本村	外村	合计	中农		贫农		雇农		佃农	
				户数	地数	户数	地数	户数	地数	户数	地数
1943	33.5	275.5	309	25	94.5	38	190.5				
1944	66	317	383	21	75.5	36	185.5	2	1.5		
1945	36	188	224	11	49.5	14	79.5	1	2	1	2
合计	135.5	780.5	916	57	219.5	88	455.5	3	3.5	1	2

---

[1]《习仲勋同志在土地会议总结报告提纲》，1947 年 11 月 23 日，藏山西省档案馆。

从上表可以看出，该村1943年以来地主的土地大量减少，中农和贫农的土地有了较大增加，但贫雇农的土地仍然偏少，仅为全村平均数的四分之一多一点，而地主的土地是贫雇农土地的10倍多，这也从一个侧面反映当时解决农民土地问题有其必要性。

据调查组了解，17户地主从其政治面貌大体可分"开明""抱中间态度"和"比较狡猾"三类，他们对于解决土地问题的态度也不尽相同。开明的地主对于解决土地问题提出了两种意见，一是献地，理由是献地完全出于自愿，地主献出的地交由公家处理；二为政府用公债购买，他们说，用公债购地对穷人好，穷人一下拿不出钱，给地分几年还地价，这是非常妥善的办法，但公家绝不能把地给二流子，一定要交给老实下苦人。至于地价评定权应交给农会，由农会根据土地的好坏分上、中、下三等定价。也有少数地主提出，公债买地价格应该高些，因为不是当下交易，而是分开几年交，地价低了太吃亏了，如私人买地1垧1石5斗米，公债买地应是1石8斗才好。至于留地，地主们的意见是由农会按家庭人口、劳动力、是否有别的职业等确定，有劳力的应多留地，没劳力的少留地。抱中间态度的地主说，还是献地好。献地出于自愿，省得公家麻烦。比较狡猾的地主则说，要解决土地问题干脆实行分配土地的办法，给地主留5年的度用，剩余的一概归公所有。贫雇农阶层都赞成用公债的办法购买地主多余的土地，然后合理分配给农民。他们说："公债买地不光给穷人解决土地问题，就是对地主也有利。他们的地虽然减少了，可还有钱在呢，这对他说比过去土地革命强。"还有的贫雇农说，用公债解决土地问题比减租来得快，如果土地问题解决了，什么问题都解决了。全村 17 户中农,有 11 户对用什么方式解决土地问题发表了意见,其中 7 户赞成用公债的方式,4 户认为还是献地的方式好。[1]这份材料大体反映出了社会各阶层对于土地征购的态度。

1946 年 10 月底至 11 月初,陕甘宁边区第三届政府委员会召开第二次会议。边区政府主席林伯渠在政府工作报告中指出:"在土地未分地区,为了迅速适当满足无地或少地农民的土地要求,应普遍进行查租和贯彻减租保佃,并试行土地公债,征购地主超额土地,在现耕基础上调剂给无地和少地农民,以达到耕者有其田。"[2]就在这次会议上,边区政府副主席、著名开明绅士李鼎铭就减租情况及土地问题作报告时亦强调:历年来边区土地已有很大变化,地主土地已大部转移到农民手里,但有一部分地主仍占有相当数量的土地,进行着残酷的封建剥削,因此,今后必须继续贯彻减租,并且建议"为了实现耕者有其田,试行土地公债,以调整地主超额土地的办法,交由政委会讨论并订出初步试行办法"。[3]11 月 5 日,陕甘宁边区政府委员会作出决议:"贯彻土地改革,实现耕者有其田。这一工作是发动群众积极参军参战发展生产的中心一环,也是一切备战工作的枢纽。本会一致同意李副主席发言中提出的在土地未经分配区域贯彻减租,并采用土

---

[1]《关于利用公债办法解决土地问题的初步调查——绥德县延家岔土地问题调查之一》,1946 年 9 月 17 日。

[2] 林伯渠:《在第三届政府委员会第二次会议上的报告》(1946 年 10 月 29 日),甘肃省社会科学院历史研究室编:《陕甘宁革命根据地史料选辑》第 3 辑,甘肃人民出版社 1983 年版,第 181 页。

[3]《李鼎铭文集·纪念·传略》,中共中央党校出版社 1991 年版,第 62 页。

地公债征购地主超额土地的办法，以消灭封建剥削，实现耕者有其田。"[1]

1946年9月底陕甘宁边区政府通过试行土地公债的决议后，便开始拟定《陕甘宁边区土地公债试行办法草案》。在最初拟定的办法草案中，试图一方面解决农民土地问题，另一方面又不破裂与地主的关系，给地主留下较多的土地。如笔者见到该草案的1946年10月30号稿第四条规定，地主应留地额，依下列规定：

一、一般地主留地为按其家中每人平均亩数比当地中农每人平均亩数多百分之五十至一倍（即中农每人6亩，地主每人是9至12亩），并注意留给部分近地与质量较好之地。

二、雇人耕种之地主应留地额按其家中每人平均数比当地中农每人平均数多一倍至二倍（即中农每人6亩，地主每人12亩至18亩），但出租部分不在此例。

三、自力耕种之地主，除将其自力耕种的土地全部留下外，仍按前一款之规定留给一般地主应留之地。

另外，最初拟定的条例草案第五条提出，在抗日战争及自卫战争中对边区建设有功勋者，或者参加三年以上革命工作之干部，其家庭系地主者，应予留地比当地中农多一倍至两倍，但只限于本人及直系亲属。第六条提出，地主家庭为鳏寡孤独者，留地时应予酌情照顾；第七条提出，地主家在边区外者，应按其区外之家庭生活状况及参照上述第四条标准，酌予留给适当的土

---

[1]《陕甘宁边区政府第三届第二次政府委员会决议》（1946年11月12日），陕西省档案馆、陕西省社会科学院合编：《陕甘宁边区政府文件选编》第11辑，档案出版社1991年版，第16页。

地，其留给部分，在地主未来边区经营前，由当地政府代为经营。这些对于地主的照顾性规定，边区政府在正式发布征购土地条例时有很大的改变（如地主留地不是中农平均亩数多50%至1倍，而是明确为多50%；对雇人耕种之地主应留地额按不另作特殊规定等）。

1946年12月20日，陕甘宁边区政府正式公布《陕甘宁边区征购土地条例草案》（以下简称《条例草案》），要求"在未经土地改革区域，发行土地公债，征购地主超过应留数量之土地，分配给无地或地少之农民，达到耕者有其田之目的"。

关于征购的对象及地价的确定，《条例草案》规定：凡地主之土地超过下列应留数量者，其超过部分均得征购之。（一）一般地主留给其家中每人平均地数应多于当地中农每人平均地数之百分之五十。（二）在抗日战争及自卫战争中著有功绩之地主，留给其家中每人平均地数应多于当地中农每人平均地数之一倍。（三）地主自力耕种之土地不得征购。《条例草案》还规定：地主如经献地后，所留土地超过应留地数者，其超过部分仍须征购之。不足应留地数者，由县政府呈请边区政府酌予补发部分公债。富农土地不得征购。一切非地主成分因无劳动力而出租之土地，亦不得征购。

征购地主的土地的地价，由当地乡政府协同乡农会及地主具体评定。其评定标准，按各地地价与土地质量之不同，最高不得超过该地平年两年收获量的总和，最低不得低于该地平年一年收获量。地广人稀区域或新开荒地的地价评定标准，不受前项规定的限制。《条例草案》同时规定：被征购土地的地价，采用超额递减办法，地主每人平均所得地价在5石以下者，给全价；超过

5石以上至10石者，将超过5石之数目，减给80%；超过10石以上至15石者，将超过10石之数目，减给60%；超过15石以上至20石者，将超过15石之数目，减给40%；超过20石以上至25石者，将超过20石以上之数目减给20%；超过25石以上至30石者，将超过25石以上之数目减给10%；超过30石以上者，其超过部分不再给价。

关于土地的承购，《条例草案》规定：政府征购的土地，按征购原价的半数，分配给无地或地少的农民。承购地价分十年付清，家境贫苦无力缴付者，经县政府呈请边区政府批准后，可予免付。土地的承购应以现耕为基础，进行合理调剂，使每人所有土地数量与质量，达到大体的平均。原耕地之贫苦佃农及雇农，家境贫苦之革命死难者之遗族，现役军人之直系家属及复员退伍军人，有承购土地之优先权。以上人员每口承购的土地数，连他自己的土地，一共不得超过当地中农每人平均地数。土地承购以乡为单位，在可能与必要时，县政府可在邻近乡进行调剂之。[1]

这年12月28日，陕甘宁边区政府发出指示信，再次强调："为深入战争动员奠定胜利的坚实基础"，必须"迅速彻底完成土地改革"，土地未分配地区，"以贯彻减租并采用土地公债征购地主超额土地"。指示明确表示，现在凡已普遍完成彻底减租的地区如绥德分区各县，首应普遍征购分配；陇东分区之庆阳、合水、镇原三县，安边、富县及关中分区各县未分配土地地区，应在继续发动群众深入查检的基础上进行征购分配，务须于1947年春

---

[1]《陕甘宁边区征购土地条例草案》，《人民日报》1946年12月26日。

耕之前彻底完成土地改革。[1]

三、陕甘宁边区土地征购的试点

《陕甘宁边区征购土地条例草案》公布后，陕甘宁边区的绥德、庆阳、关中三个分区随即派出干部，组成工作团，深入未经分配过土地的县、区、村开展土地征购试点。米脂县河岔区六乡、绥德新店区贺家石村的试点有其代表性。

米脂县河岔区六乡有456户，共有土地10096垧（包括地主在外乡的土地），全乡共有地主77户。河岔区六乡地主集中在杨家沟村，该村共有地主63户。这77户地主占有土地最多时曾达3万余垧，"近年来由于减租减息和负担政策的实施，土地就逐渐减少了"。截至实行土地公债试点时，77户地主占有土地8240垧。之所以选择杨家沟作为试点，因为这里"地主最集中，斗争最复杂最尖锐，问题最多"，同时杨家沟地主的土地分布于米脂各区及绥德等县，"为了取得广泛经验，与便于其他地方的普办"。

此次试点是从1946年11月29日开始的，共费时24天。参加工作团的共有57人，其中延安工作团12人，绥德分区4人，米脂区乡干部29人，全团分为4个工作组。试办过程大体分为宣传动员、调查讨论研究和征购地主土地三个阶段。

宣传动员主要是"一般的时事教育与条例解释"。针对"地

---

[1]《陕甘宁边区政府指示信》(1946年12月28日)，甘肃省社会科学院历史研究室编：《陕甘宁革命根据地史料选辑》第3辑，甘肃人民出版社1983年版，第203页。

主盼变天，农民怕变天"，在时事教育中，对地主的教育主要是"打破幻想，使他们认识我们的力量及政策"，对农民"主要是使他们认识共产党有必胜的力量"。同时向地主说明土地问题一定要解决，土地公债的办法既照顾农民又照顾地主，公债明年就能抵交公粮；对农民的宣传是"着重挖穷根，并教育阶级观念"，并明确告诉农民实行土地公债不是平分土地。

在宣传过程中，分别召开地主会和农会会。在地主会上，工作团进行条例解释后即征求地主的"疑问与意见，了解他们的态度"，而且要做到"多发问少解释"。地主马醒民第一个发言，说土地征购条例很完善、很细致，不过土地问题做起来很复杂，不容易。工作团的人就问他："办的当中，你们觉得有哪些困难？"有地主提出，定土地的上、中、下就难，他们的土地到了农会手中就会没有上地，并且提出公债能不能抵交全年的公粮、公债票是否要拿出实物来还债、现在没有办法交公粮是否让卖地、地主中的老弱孤贫是否留一样的地、留的地是否可以自己处理、留的地不能够还债怎么办等一系列的问题。提出这些问题后地主们纷纷诉苦。工作团表示这些问题会具体调查研究，同时为避免将宣传会变成地主诉苦会，工作团主动转变话题，便问地主们土地公债实行后怎样生活，是自己种地还是雇人种地，以后是经商还是干别的？于是有的地主说，自己雇了长工，慢慢学会种地；也有的说，我们这些人读书多，经商不会，希望政府能帮助找些工作；还有的说，慢慢地学做些事情，不能像以前那样待在家里。农会会的主要内容是"发动斗争组织斗争"。

据工作团了解，进行土地公债的宣传后，各阶级阶层的态度明显不同。地主们"表现很稳重，很少发表自己的意见"，但对工作团说话都很注意，并且"都是哭穷，租子收不齐，公粮交不出，债务还不起，对土地公债表面上赞成，实质上怀疑和不满"；因为条例明确宣布不征购富农的土地，但富农们仍然"表现不放心"；中农则觉得自己轮不到买地，因而"态度平淡"；贫苦农民"都很兴奋"，认为这下可以翻身了，同时要求地主的地不要全部留在乡上，否则农民无地可分。

试点的第二阶段是定成分，同时确定土地的等级与地价。由于该乡地主的土地许多在外乡，一时无法确定土地的等级，试点时间又不能太长，于是工作团决定一律以中地一年的常产量作为地价，其中水地定价分两种，自来水地每垧地价为1石2斗米，非自来水地为每垧9斗米。石窑每孔6斗至2石米不等，土窑每孔4斗米，房子每间最高1斗米，至于马棚、厕所、碾磨等则随窑房不另作价。

试点的第三阶段为征购与承购。在正式征购前成立征购委员会，乡政府委员和农会主任为当然委员，并在全乡大会上选出地主与农民的代表参加征购工作。由于农民不但想买地主的地，甚至富农的地也想购买，工作团明确宣布要保存和发展富农经济，"不能有平产观念"；对地主则宣布全乡中农平均每人土地3垧，在此基础上给地主每人多留50%至1倍，并动员他们参加劳动或投资工商业。在征购过程中，根据地主土地的多少，确定留地数量，留哪块地，留在本村还是外村，最后评定征购窑房。给地主留地，根据条例的规定，分为6种情况：（一）参加革命为军、工属的地主，每人留地4垧半至6垧；（二）老弱孤寡亦留4垧半至6垧；（三）在国民党地区的地主每人留地3垧，但在外有威望者多留些；（四）根据地主的家庭人口多少劳动力情况酌情再加减；（五）破产得厉害的地主可适当照顾;(六)地主留地包括自种地和雇人耕种地。

该乡土地征购的结果,全乡77户地主中,被征购者65户,共征购土地6950垧(其中包括祠堂地和坟地232垧),征购窑226孔,房39间。[1]

绥德县新店区一乡贺家石村也进行了土地公债的试点。该村属于新占区一乡第四行政村,下分9个代表区。该村的地主都姓党,已传到5代,最盛时(清同治年间)曾达九千多垧地,到1940年新政权成立前,地主的土地还有二千多垧,该村的农民则大部分为地主家的佃户。

表6-2 贺家石村实行土地公债前各阶层土地占有情况

阶级成分	户数	人口	劳动力	占有土地(垧)	每人平均(垧)	每个劳动力平均(垧)
地主	7	57	3.5	1433	25.14	40.34
富农	1	15	1	58	3.566	58
富裕中农	3	17	3.5	72	4.235	20.57
中农	45	234	49	159	3.243	15.46
贫农	45	341	86	159	1.095	4.22
赤贫	3	9	2.5			
雇农	5	12	5.5	0.5	0.04	0.09
其他	1	4	0.5			
总计	110	689	151.5	1881.5	2.73	12.42

工作团入村后分成三个组,分别召开三个会议,即地主会、乡村干部会和农会会。地主在会上都持沉默,不表态,"但从他们当时情形及事后反映来看,都不痛快",他们认为该献的地已经献了,其余的地应给留下,现在又要搞征购,有点过分。而乡村干部们因为多数出身贫苦,工作团说明来意后,"他们非常高兴,表示对这一工作信心很高"。至于普通农民,"大家情绪非常高,对常年产量、地价、给地主留多少地、承购土地如何分配,以及窑洞

---

[1] 米脂县委、政府:《米脂县河岔区六乡土地公债试办总结》,1947年1月14日。

征购等问题,都热烈地讨论,提出了具体的意见"。他们提出,对于没有劳动力生活较差的地主,每人可留 5 垧地,而生活好的地主,最多留 3 垧地就可以了;买地时应先给抗属,其次是给没地的,最后给少地的人,至于二流子只要收心务正,也可以买些地。

在发动群众的基础上进行农户调查和定成分。调查的方式分两种,一为召开群众座谈会,二为挨家挨户到群众家里去了解情况。调查结束后,召集干部、积极分子、公正老汉来校正了解到的群众材料,地主的材料则专门召开农会干部会进行校正,其目的是搞清楚每家每户土地的数量与质量。接着再召开农会干部与村民代表联席会,逐家逐户评定成分。

定好成分之后进行土地的征购与承购。首先确定中农的土地标准为每人平均 2.5 垧,主要依据是绥德全县每人平均占有耕地为 2.5 垧左右,而且本村的中农中,除失去劳动力的老年人、抗工属及富裕中农外,最高的每人平均 3 垧,中等的中农家庭 2.5 垧左右,最低的为 2 垧,所以中农每人平均土地为 2.5 垧比较合适。关于地价问题,因条例规定每垧地价最高不能超过两年的收获,最低不能低于一年的收获,经农会讨论,决定每垧地地价为一年半之常年收获量。[1]

表 6-3 贺家石村每垧土地的常年产量及地价(该村土地全部为山地,地价以细粮石为单位)

土地等级	每垧地市价	每垧地常年收获量	现评价
上地	1	0.3	0.45
中地	0.7	0.2	0.3
下地	0.4	0.1	0.15

---

[1]《绥德县新店区贺家石村试行土地公债情况》,1946 年 12 月 11 日。

"五四指示"后陕甘宁边区的土地征购   223

表6-4　贺家石村土地征购后地主留地情况（单位为垧）

地主姓名	人口	劳力	土地总数	出典土地	自耕土地	雇人耕种土地	出租土地	每人应留地	每家应留地	实留土地	征购土地
党仲勋	13	1	101	22	15.835	47.625	15.5	5	65	63.5	37.5
党志义	10	1	154	72	15.5	15.5	51	4	40	40	114
党志倬	5		106	71.5		21	13.5	5	25	25	81
党志伟	10		40	3		25	12	4	40	40	
党述曾	6	1.5	54		31.5	10.5	17	5	30	33	21
党志仁	7		100	25		35	40	5	35	35	65
党思明	6		97.5	22		60	15.5	5.83	35	36	61.5
总计	57	3.5	652.5	215.5	62.875	214.625	164.5	4.82	274	272.5	385

表6-5　贺家石村土地承购情况（单位为垧）

成分	户数	人口	劳动力	自地	典入地主地	承购总数	每人平均承购数	现共有土地数	现有土地每人平均数
贫农	56	228	61.5	167.5	135.5	240.5	1.05	537.5	2.35
赤贫	3	9	2.5			21	2.33	21	2.33
雇农	5	12	5	0.5	3	16.5	1.3	20	1.67
其他	3	26	3	75.8	3	5	0.19	83.5	3.21
总计	67	275	72	243.8	141.5	283	1.03	662	2.407

从表6-4、6-5可以看出，该村7户地主除1户外，其余6户均有土地被征购，被征购多者达到人均十余垧，少者人均3垧多。征购前地主人均土地11.5垧，征购后人均4.8垧，减少了一

半以上。征购前中农以下各阶层人均土地 0.89 垧，征购后人均土地 2.4 垧。征购前地主土地是中农以下各阶层的近 13 倍，征购后仅为 2 倍。

陕甘宁边区陇东分区在合水县板桥乡也进行了土地公债试点。试点从 1946 年 11 月 27 日开始，总共进行了 20 天的时间。工作队进乡后，首先调查了解地主自耕与出租土地的情况，随后"开了一个干部会议，研究了征购的办法，如地主留地、土地常年产量与地价窖价等以后，由乡农会长、乡长、地主商定地价"。试点中，确定的土地常年产量为川台地每亩 2 斗，原地每亩 1.5 斗，山地每亩 5 升，瓦岗川地每亩 1 升。地价按常年产量一年半计算。该乡实际上只征购了第二行政村大地主郭维藩家的土地。郭家有 40 口人，减租前占地 2493 亩，减租时退地 560 亩，此次试点中被征购土地 723 亩，留下土地 500 亩，人均留地 11.9 亩。土地的承购以行政村为单位，该乡共有三个行政村，郭家佃户主要在第二行政村，第一、第三两个行政村基本没人租种郭家土地。根据陕甘宁边区政府土地征购条例草案"土地之承购以现耕为基础"的规定，土地只能分配给第二行政村的佃户与少地农民。第二行政村佃、雇、贫、中农共 54 户，310 口人，自有地 668 亩，新承购 696.9 亩。由于该乡一般农户平均每人有地 2 亩左右，征购得来的土地按佃户平均每人 4 亩进行分配，已有土地超过 4 亩者不分，不足 4 亩者补给缺额。[1]

---

[1] 合水县政府：《合水县城区析桥乡试行土地公债工作总结》(1946 年 12 月 15 日)，中共庆阳地委党史资料征集办公室编：《庆阳的土地革命运动》，1992 年编印，第 417—419 页。

1946年12月24日至1947年1月9日，中共中央和西北局派康生、陈伯达、胡乔木、马文瑞等组成土改工作团，到陇东庆阳县高迎区六乡（即王家原）进行土地征购的试点。参加试点的还有中共陇东地委书记李合邦、分区副专员李培福、中共庆阳县委书记刘泽西、县长杨福祥、中共高迎区委书记赵志明及该乡干部等。该乡共有1033人，耕地9793亩，有540人无地或少地，17户地主拥有土地占全乡总耕地54%。工作团进乡后，首先深入群众宣传试行土地征购的政策，对全乡土地情况进行摸底调查；然后培养选择积极分子，组成征购分配委员会，在此基础上召开群众大会，进行诉苦清算斗争；接着根据地主占地的实际情况，确定征购其超额土地的数量、认购土地的贫雇农的户数和各户的认购数量，进行土地的征购与承购。全乡共征购土地1900余亩，分给68户无地及22户少地的农民，平均每人购地5至6亩。地主每人留地至少9亩，仍超过当地中农土地的50%。[1]

四、土地征购的中止

通过土地公债征购地主土地这种自上而下的方式解决农民土地问题，自然有其优点，但土地征购容易产生干部包办代替和群众产生恩赐观点则是事实，而且地主也常常会卖出坏地留下好地。基于战争将是长期性的考虑，中共中央认为要最终打倒蒋介石，就必须充分发动和组织农民支持战争，而发动与组织农民最好的方式就是土地改革，但土地征购这种自上而下的方式，一方

---

[1] 参见《马文瑞传》编写组：《马文瑞传》，当代中国出版社2005年版，第236页。

面规定"以现耕为基础",往往只有利于原佃户,而不利于多数农民,另一方面也确实不利于发动与组织农民。因此,到1946年底,随着国共关系的彻底破裂,中共的土地政策也开始有所变化,这时起考虑更多的不单是如何解决农民土地问题,而是在实现"耕者有其田"的同时更好地组织发动农民开展与地主的斗争,并且日益倾向于平均分配土地。

这年12月26日,中共陇东地委发出《关于征购土地问题的补充指示》,明确指出在土地征购中必须采取群众路线,不能"只有干部恩赐、包办代替及强迫命令行事",因此,在调查地主土地时,必须发动群众积极参加,在征购中,"对地主抵赖不卖,争提地价,多留土地,争留好地,不废旧约等行为,必须发动群众,撕破面皮,进行斗争,以取得应有果实"。该指示同时认为,土地分配如果仅以现耕为基础,"不仅只能解决少数人的问题,且不应得地之佃富农,得到土地;甚至多租者多得,少租者少得。故在征购土地中,一般应以乡为单位,将一切无地少地的贫苦农民,调查清楚,分给一定数量之土地"。这个文件也改变了原条例草案中不动富农土地的规定,提出"凡生活富裕而出租土地较多之大富农,可斟酌征购其出租之若干部分"[1]。中共陇东地委认为在土地征购应"撕破脸皮,进行斗争",表明对于地主的政策重心已发生变化,由重在团结而转变为重在斗争。

1947年1月24日,中共中央西北局发出《关于发动群众彻

---

[1] 中共陇东地委:《关于征购土地问题的补充指示》(1946年12月26日),《陇东的土地革命运动》,刘凤阁主编:中共庆阳地委党史资料征集办公室1992年编印,第295—296页。

底解决土地问题的指示》。《指示》一方面承认"这一时期经验证明，征购形式很好"，但同时又指出："征购只能在群众斗争深入的基础上去实行，形式是公债征购。内容则是退租算账，算账算来的是大部分，征购卖出的只是残余，看来是由上而下的法律办法，实质却是由下而上的群众斗争。如无深入的群众斗争，压倒地主，则地主不会拿出土地。土地改革的第一个问题是使群众发动起来，地主屈服下去！所有把征购看成一种恩赐，只由干部包办代替，或不经过群众彻底查租算账斗争，便简单去实行征购，都不能达到彻底解决土地问题的目的。"[1]对于土地的分配，《指示》明确提出，不论农民、工人、乡村贫农或小手工业者、小商人、教员以至巫神等，凡要求土地的都应公平分给。原则是没地的都可得到土地。最好把算账斗争所得土地和献地征购地统拿出来平均分配，大家都得到利益。《指示》同时强调，这种平均分配，并不去变动中农的土地，故不等于平分一切土地。只有这样，才能争取百分之九十的农民赞成并参加到土地改革运动中来。

这个指示与陕甘宁边区政府1946年12月12日发出的条例草案相比，在土地分配政策上发生了很大的变化：第一，改变了一般地主留给其家中每人平均地数应多于当地中农每人平均地数的50%的规定，而是"对地主，既要彻底取消其封建剥削，又要适当留给土地，使他们有活路。地主留地可以比一般中农稍多，但应按当地土地情况和群众要求以及其本身情况而定。当地人少地多的可多留一点，否则少留，地主本身动产多或有工商业的可

---

[1]《西北局关于发动群众彻底解决土地问题的指示》(1946年1月24日)，《中国土地改革史料选编》，国防大学出版社1988年版，第332页。

少留，否则多留一点"。第二，改变了"富农土地不得征购"的规定，而是提出"对富农，原则是一般的不去变动，而在地少人多的情况下，征购其出租地的一部分，则是可以的。但切忌打击过重，决不可损及其富农经济部分，否则，他们跑向地主方面，中农也会恐慌，那就是很冒险的"[1]。

2月1日，中共中央政治局召开会议，讨论国内形势和党的任务问题。会议讨论通过的毛泽东起草的《迎接中国革命的新高潮》党内指示中，专门讲到土地问题，认为各解放区已有约三分之二的地区实现了耕者有其田，这是一个伟大的胜利，但还有约三分之一地区的土地问题没有解决，必须放手发动群众。同时，在已实现耕者有其田的地方，"还有解决不彻底的缺点存在，主要是因为没有放手发动群众，以致没收和分配土地都不彻底，引起群众不满意"[2]。而在关于这份党内指示的说明中，毛泽东明确表示西北局和边区政府应该继续解决土地问题，使一切无地的农民都得到土地。"已经分过土地的地方，如果有多数人没有得到土地，只是少数人得到，应该考虑重分，这样可以得到多数群众的拥护。要使农民同地主撕破脸，而不是和和气气。对地主打了再拉，不打只拉就不好。现在有一批干部实际上站在地主方面，应该对他们进行教育。"[3]在这里，尽管毛泽东也讲到对地主要又

---

[1]《西北局关于发动群众彻底解决土地问题的指示》(1946年1月24日)，《中国土地改革史料选编》，国防大学出版社1988年版，第332页。

[2]《迎接中国革命的新高潮》(1947年2月1日)，《毛泽东选集》第4卷，人民出版社1991年版，第1215—1216页。

[3]《对中国革命新高潮的说明》(1947年2月1日)，《毛泽东文集》第4卷，人民出版社1996年版，第222—223页。

打又拉，但他更看重的已是土地改革能不能完成，农民能不能发动起来的问题，而要发动农民，就要让农民敢于同地主撕破脸皮，敢于同地主进行斗争。

陕甘宁边区的土地征购政策也随之发生了实质性的变化。1947年2月5日，中共中央西北局发出《关于修正土地征购条例的指示》，认为陕甘宁边区政府土地征购条例拟制时，"因对土地改革运动的实际发展了解尚少，有若干不妥之处，其中第11条，'土地之承购以现耕为基础'，实与贫雇农要求的平均分配原则相背，妨碍广大群众的发动。第五条'富农土地不得征购'以及地主留地办法'不征购地主自耕土地'等也未尽合乎实际要求，在执行中必须改变"。《指示》尤其强调："条例只是一种工具，即是以政府法令形式用来支持群众的正当要求，要善于运用来推动群众斗争，而不要束缚群众斗争。""征购是好办法，但切戒干部包办，作为政府恩赐，变成简单的买卖关系。征购必须与群众诉苦清算斗争结合起来。""所谓清算，不只是算土地，而包括勾旧账销旧约以及算一件东西算一句话。这样使最大多数群众都发动起来，彻底把地主压服，同时，也使中农得到利益，哪怕得一件旧东西，出一口气也好，吸收他们进来，保持百分之九十农村人口参加并同情这一运动。""清算出来的和征购出来的土地应统一平均分配给无地少地的人，口号应是'大家斗争大家得利'。"[1]尽管西北局指示中并没有否定土地征购的办法，但征购已成为组织动员农民的"一种工具"、一种手段，因而如有更好的"工具"既

---

[1]《西北局关于修正土地征购条例的指示》(1947年2月5日)，《中国土地改革史料选编》，国防大学出版社1988年版，第334—335页。

能解决农民土地问题，更能组织发动农民，征购这种方式被放弃也就成为必然的了。

1947年2月8日，陕甘宁边区政府公布《征购土地修正条例草案》，取消了原《条例草案》第二章第二条第三款"地主自力耕种之土地，不得征购"的规定；将原草案第十一条"土地之承购，应以现耕为基础，进行合理之调剂。使每人所有土地之数量与质量达到大体的平均"，修改为"征购土地之分配，应按人口分配给无地或少地之贫苦人民，使每人所有之土地数量与质量，达到大体的平均"；取消了原《条例草案》第二十五条"土地上之树木及果园，属于佃户栽种者归佃户。属于地主栽种者归地主。荒山自生之森林，随地处理。购地价者，应将不足之部分补给公债"的规定。

同一天，中共中央发出《关于陕甘宁边区若干地方试办土地公债经验的通报》，认为陕甘宁边区若干地方试办土地公债证明，这是解决农民土地问题，最后取消封建土地关系，满足无地、少地农民土地要求的最好办法之一。采用由政府颁布法令以公债征购地主土地的办法，如果与群众的诉苦清算运动相结合，不但不会减弱群众运动，而且使群众的清算更加站在合法地位，使群众感觉到有政府的法令保证而更敢于斗争，使地主感觉到非拿出全部余额土地不可。用清算、献地等办法，常不能把地主余额土地算完、献完，或献出坏地保留好地，如果再加以公债征购的办法，则地主无法保留多余的土地，且可使农民避免某些理由不充足的清算，使农民得到的土地更有合法的保证。但《通报》同时强调，征购"要与诉苦清算配合起来，不把它看作一种单纯的买卖关系"，并且不是用公债征购的办法去代替清算献地等,"而是在采用清算、献地等办法之外,再增加一个征购的办法,多一个办法总比少一个办法要好"[1]。从这里可以看出,尽管中共中央认为征购是进行土地改革"最好办法之一",但征购必须与诉苦清算相结合,征购是为了群众"更敢于斗争",而不简单地进行土地买卖。

1947年3月初,国民党集结了25万人的兵力,对陕北进行所谓的"重点进攻",并于3月15日占据延安。这时,陕甘宁边区的土地改革被迫停止,通过土地公债征购地主土地的方式自然也随之中断。

陕甘宁边区对地主实行土地征购后,中共中央曾考虑将这一办法推广到其他解放区。1947年1月10日,刘少奇就土地改革的几个问题征询意见致电各解放区负责人,请其考虑并搜集意见后答复。其中第一个问题便是"是否由各解放区政府各自颁布法令,发行土地公债,征购一切地主多余的土地,无代价分给农民,以便采用一般合法方式最后取消地主这一个阶级?颁布土地公债法令之时期,是否已到?是否要影响那些土地改革尚未深入的地区及将来新发展地区?因为在这些地区还是要用反奸清算等方式来使地主拿出土地"[2]。

就目前公布的材料,只有晋冀鲁豫解放区就刘少奇提出的问题做了明确回答。1947年2月18日,晋冀鲁豫中央局副书记薄一波在其报告中提出:"颁布法令发行土地公债征购土地办法,

---

[1]《中共中央关于陕甘宁边区若干地方试办土地公债经验的通报》(1947年2月8日),《中国土地改革史料选编》,国防大学出版社1988年版,第338页。
[2] 中共中央文献研究室:《刘少奇年谱》下卷,中央文献出版社1996年版,第62页。

在我区似不迫切需要。因我区土地问题是采取直接的，平均分配的办法解决，谁都认为分配土地是应该的，是大势所趋，清算就是分配土地（农民认为这是土地还家），这在地主及农民中间均已认为合法合理。但颁布这样法令亦无妨害，对解决干部家属及民主人士等的土地问题有好处；且可给群众多一层合法斗争的工具亦有好处。"[1]而晋冀鲁豫解放区进行土地改革，主要采取清算的办法，"对地主的清算相当彻底，普遍的办法是'出题目做文章'，把地主的土地财产全部搞出来，组织管理委员会，实行彻底平分"，随后还开展"填平补齐"，"对地主追究运动极猛烈，土地、房屋等公开财产全部重新分配，地下所埋藏的现金、衣物、器具等亦全部追出"，以满足贫雇农的要求，对地主则"先行扫地出门，然后由群众评议，赠送一些坏地、坏房以示宽大"[2]。

5月1日，刘少奇将薄一波的报告批转给各解放区，肯定了晋冀鲁豫的做法，认为"晋冀鲁豫农民群众的彻底的革命行动，应给我们全党各级领导机关及领导同志以严格的、有益的教育，证明我们许多同志对于群众运动的顾虑、惧怕、不敢放手，因而在指示和决定上规定一些限制和阻碍群众行动的办法是错误的"，必须迅速纠正那种落后于群众，甚至阻碍群众的"右倾机会主义的错误"。批语同时提出，对于地主必须根据全体90%以上的农民群众的意见来处理。对于中小地主及抗日地主、干部家属地主的照顾，必须是出于群众的自愿。"由领导上规定要留给这些地

---

[1]《薄一波关于晋冀鲁豫解放区土地改革情况的报告》（1947年2月18日），中央档案馆：《解放战争时期土地改革文件选编》，中共中央党校出版社1981年版，第54—55页。

[2] 同上书，第51页。

主多于中农一倍两倍土地是错误的，群众痛恨的恶霸地主必须让群众彻底斗争清算他一切土地财产，然后留给他最后生活。"[1]这时，中共中央已经撤出了延安，刘少奇率中央工委来到晋察冀中央局所在地阜平。根据当时党内的分工，毛泽东留在陕北指挥全国战争，刘少奇领导中央工委"进行各项工作"[2]，各解放区土地改革也就由刘少奇负责领导与指导。这份批语意味着采取土地公债征购地主土地，由农民承购来解决农民土地问题的办法，不再被采用，转而采取没收地主的土地财产平均分配给农民的办法。

尽管如此，以上事实证明，"五四指示"后，中共试图通过发行土地债券、征购地主土地这种有偿而不是无偿没收的方式，去满足一部分无地或少地农民的土地要求，也就是通过和平的方式进行土地改革，而不是土地改革运动一启动，中共就以激烈的阶级斗争和暴力方式进行土改。只是因为蒋介石集团顽固地坚持反共反人民的立场，一意孤行发动大规模内战，为了迅速动员广大农民支持革命战争，中国共产党才不得不采取没收地主阶级的土地分给农民的政策。

---

[1]《刘少奇转发薄一波关于晋冀鲁豫区土地改革情况报告的批语》（1947年5月1日），中央档案馆：《解放战争时期土地改革文件选编》，中共中央党校出版社1981年版，第49页。

[2] 中共中央文献研究室：《毛泽东年谱（1893—1949）》下卷，人民出版社、中央文献出版社1993年版，第179页。

老解放区土地改革运动的几个问题

1946年5月4日,中共中央作出《关于土地问题的指示》,以此为标志,将在抗战时期实行的减租减息政策,转变为以实现"耕者有其田"为目标的土地改革政策。一开始,土地改革主要是采取清算、开明地主献田及征购地主土地等方式,1947年全国土地会议提出平分土地的口号之后,实际上是无偿没收地主土地分配给农民。近些年来,对于解放战争时期各解放区进行的土地改革如何评价,当年中国农村的土地究竟是集中还是分散,有没有必要非得通过土地改革这种革命的方式进行农村土地关系的调整,土地改革是促进了农村生产力的发展还是相反,成为学术界讨论较多的一个问题。

一、从为地主"平反"说起

对于解放战争时期解放区开展的土地改革运动,以往学术界和现在的主流媒体都是高度评价的。例如胡绳主编的《中国共产党的七十年》认为:在如此广阔的范围内进行土地改革,是中国几千年历史上一次翻天覆地的社会大变革。它从根本上废除了在中国大地上盘根错节的封建制度的根基,使长期遭受地主阶级残酷压迫和剥削的农民大众翻身做了主人。中国共产党领导中国人民,不仅在反对帝国主义的斗争中,而且在反对封建主义的斗争中,创造出了过去中国任何政党不曾有过的丰功伟绩。[1]

作为"当代中国丛书"之一的《中国的土地改革》一书则认为,解放区进行的土地改革,"在中国历史上第一次大规模地废除封建土地制度,使农民和土地直接结合,这就从根本上动摇了旧中国半殖民地半封建的社会基础","土地改革是人民战争的基础,土改的各个阶段都反映着战争的形势变化,而解放战争的伟大胜利正是中共中央土地改革政策成功的集中体现","土地改革的胜利还为新民主主义政权的建立奠定了经济基础,提供了干部队伍。"[2]

为庆祝中国共产党成立85周年,纪念红军长征胜利70周年,2006年由中央和各省区市主要新闻媒体、重点新闻网站共同推出《永远的丰碑——红色记忆》专栏,对于老区土地改革运动是这样评说的:"轰轰烈烈的土地改革运动,猛烈冲击着几千年来的封建土地制度。特别是在一亿人口的老区和半老区,基本消灭了封建土地制度,打碎了几千年来套在农民身上的封建枷锁,改变了农村旧有的生产关系。这一翻天覆地的变化,使亿万农民在政治上、经济上获得了解放,并由此迸发出难以估量的革命热情。他们踊跃参军参战,担负巨大的战争勤务,并以粮草、被服等物资支援自己的子弟兵。土地改革运动为夺取全国胜利,提供了源源不断的人力、物力支持。"[3]

---

[1] 胡绳主编:《中国共产党的七十年》,中共党史出版社1991年版,第277页。
[2] 杜润生主编:《当代中国的土地改革》,当代中国出版社1996年版,第260页。
[3] 新华社:《解放区轰轰烈烈的土地改革运动》,《人民日报》2007年9月29日。

但是，近些年来，社会上开始出现一些对土地改革的不同评价。例如，有人写文章说找到了小说《半夜鸡叫》中地主周扒皮的原型，此人本名周春富（小说中周扒皮本名就叫周春富），家居辽东半岛中西部的复县（今瓦房店市）黄店屯（小说中的周扒皮是黄家店人）。周春富的祖辈也是"闯关东的"，周家到了周春富这一辈，并不算富裕，虽然从父辈继承了一些土地，但不多。由于周春富不注重浮财的积累，而是认为"只有土地才是结结实实的保障，地里出一家人的吃喝，子孙也能受益。于是，这个勤俭、精明的农家子弟，开始一点点地攒钱、置地。他的勤俭甚至到了苛刻的程度"。据说周春富吃穿都很寒碜，裤腰带都不舍得买，是用破布条搓的。

与《半夜鸡叫》中的周扒皮不同的是，周春富并没有半夜装过鸡叫，也不是那种只督促长工干活的东家，自己也从不闲着，且"他家人养成了习惯，冬天天没亮点了火油灯，家里人做饭的做饭，喂牲口的喂牲口"。东家的人都起来了，伙计们自然也不能赖在被窝里了，而且"周家人和长工一样干活，一大早就赶马车出去，回来挂一胡子霜"。周春富有五个儿子，"大儿子干农活，二儿子管家，三儿子赶车，几个儿子都有分工，个个勤快。脑子也灵，都能挣钱"。多年的努力之下，原本地不多的周春富到1947年的时候，已经有了约240亩土地，雇用了三五个到七八个长工，但没有出租土地，并且还有油坊、磨坊、染坊、粉坊以及一个杂货铺。据说，周春富对长工并不像高玉宝笔下的周扒皮那样苛刻，一个长工一年能挣八石粮食，够养活全家，给短工的工钱也是一天能买十斤米，而且周春富"不是恶人，不霸道"。1947年12月，黄店屯来了土改工作队，在划阶级成分时，周春富被定为地主,随后被镇压了。

这篇文章发表之后,引起了不小的社会反响,用某些媒体的话说"颠覆了以往的地主形象",与此相伴随的是引发了一些人对于土地改革的必要性与正当性的质疑。有人认为,地主并非以往宣传的那样丑恶,他们恰恰是乡村社会的精英,他们中的许多人是勤劳俭朴、经营有方而发家致富的,地主的负面形象都是以往的宣传杜撰出来的,以至于有人提出要为地主们"平反"的问题。

2012年3月27日的《中国经营报》曾发表《中国四大地主的真实面目》一文。其中说,1949年之后出生的人,都不曾见识过生活中真正的地主的横行霸道和凶狠残暴,但几十年来,大家却都感觉地主们就像宣传所说的那样坏。之所以如此,一个最重要的原因,是我们从小到大长期所受一面倒的政治宣传所致。只要一提到"地主",就会不由自主、不约而同地想到至今仍在我们记忆中栩栩如生的刘文彩、黄世仁、南霸天和周扒皮。他们是"地主阶级"的四个活教材,是我们心目中"地主"的化身。不过,从现今已经披露的有限资料来看,这四个人物,无一不是假典型。

作为在《白毛女》影响下成长起来的中国人,尽管谁都没有见识过"黄世仁"和"喜儿",但多年来大家几乎从来都没有怀疑过这个故事的真实性。其实,多年来人们深信不疑的《白毛女》,原来完全是创作出来的。南霸天的原型是海南陵水县当地一个叫张鸿猷的地主。张鸿猷死后4年,红色娘子军才组建。张鸿猷是个善人,他没有欺压百姓,家里也没家丁、枪支、碉堡,只有几个请来帮他四姨太带小孩的小姑娘。张鸿猷没有血债,他家只是教师世家。周扒皮的原型系今大连瓦房店市阎店乡一个姓邹的地主。据当地的老人说,他虽然有小地主刻薄、吝啬的通病,但没有听说过半夜鸡叫的事情。只要稍微想一想,就知"半夜鸡叫"这样的细节是虚假的、捏造的:学鸡叫不必趴到鸡笼子旁边,也不用打开鸡笼子去看,熟门熟路要划什么火柴?就事论事,即使你把长工们早早驱赶到地里,自己不跟着起早去监督,长工们躺在地头怠工,你有什么办法?[1]

2010年第8期的《书屋》杂志发表一篇题为《地主:一个百年难尽的话题》的文章,其中写道:其实,地主在那个社会不是完全阻碍社会发展的力量,他本身有许多积极因素。绝大多数地主们青少年时期都受过严格的教育,是农村中文化素质较高的群体,他们读的是四书、五经,信奉"孔孟之道""己所不欲,勿施于人""老吾老以及人之老,幼吾幼以及人之幼",新一代或者上新式大学,或者到外国留学,有的儒家思想深入骨髓,有的以民主自由思想铸造人格,成为新的绅士。百分之九十五以上的地主有过怜贫恤老、救济鳏寡孤独、助教兴学、救灾赈灾、修桥补路、兴修水利、调解纠纷、倡导文化活动(舞龙灯、赛龙舟、唱大戏等)的善举,举凡农村中一切需要钱、物的公益事业、慈善事业,他们带头发起、热情赞助并充当捐资、献物、出力的主角。经过较好教育进入官场、文坛、教育界、商场、工厂等上层社会的,大多数是地主家的子弟。因此,当年的地主阶层,集政治精英、经济精英和文化精英于一体,理所当然地成为社会的主流。当年地主将土地出租,解决了贫苦农民的就业问题,与资本家办工厂给

---

[1] 余玮:《中国四大地主的真实面目》,《中国经营报》2012年3月27日,《人民文摘》2012年第9期。

城市贫民提供就业机会，与当今外资进入中国解决城乡富余劳动力的就业问题是一码事。地主收租是土地投资的回报，与工商企业利润提成是资本的回报，同样是一码事。总之，"当年，地主阶层以其财富、道德、学识和声望，责无旁贷地担负了政府职能缺失部分的职责，在农村中起着稳定社会的砥柱作用"。而土地改革的结果是，"流氓、地痞、盗贼这些在'土改'中跻身'干部'队伍，使农村基层领导彻底恶质化"，成为建国以来农业生产长期搞不好的根源。[1]

提出要为地主"平反"的，更多的是一些网络博文。如有博文说："土地改革的实质是剥夺中国存在近2000年的士绅阶级的合法财产，无偿得到了土地的混混和无赖抽大烟的自然要跟着共产党闹革命了。"还有人在网上发表公开信，"呼吁中共拿出勇气面对土改的历史错误，还地主及其后代以公道"，并且认为中国农村的贫困和中共的土改有着直接的关系。当年农村的地主其实是乡土中国的精英，用现在的话说，至少也都是"种田能手"。对他们的斗争和剥夺表面上看是把土地"公平"地分给了农民，但实际上严重破坏了中国农村的生产力。中国的农村改革和当前的土地经营权流转等于承认了当年"土改"政策的失败，实际上是经过了几十年又转回了原点。

二、地主、富农的界定

毫无疑问，进行土地改革的前提是农村阶级成分的划分。20

---

[1] 王宏任：《地主：一个百年难尽的话题》，《书屋》2010年第8期。

世纪 40 年代后期和 20 世纪 50 年代初期中国大陆进行的土地改革运动，主要的内容是没收地主阶级的土地分配给无地或少地的农民。要研究土地改革运动的是非得失，就必须首先对何为地主作一点讨论。

农村主要有两大对立的阶级，即地主与农民，而农民又分不同的阶层，其中可以细分为富农、中农、贫农和雇农。什么人应划为地主和富农，1933 年 10 月，毛泽东写作的《怎样分析农村阶级》一文，对此分别作了这样的界定：

占有土地，自己不劳动，或只有附带的劳动，而靠剥削农民为生的，叫做地主。地主剥削的方式，主要是收取地租，此外或兼放债，或兼雇工，或兼营工商业。但对农民剥削地租是地主剥削的主要方式。有些地主虽然已破产了，但破产之后仍不劳动，依靠欺骗、掠夺或亲友接济等方法为生，而其生活状况超过普通中农者，仍然算是地主。军阀、官僚、土豪、劣绅是地主阶级的政治代表，是地主中特别凶恶者。富农中亦常有较小的土豪、劣绅。帮助地主收租管家，依靠地主剥削农民为主要的生活来源，其生活状况超过普通中农的一些人，应和地主一例看待。依靠高利贷剥削为主要生活来源，其生活状况超过普通中农的人，称为高利贷者，应和地主一例看待。

富农一般占有土地，但也有自己占有一部分土地，另租入一部分土地的。也有自己全无土地，全部土地都是租入的。富农一般都占有比较优裕的生产工具和活动资本，自己参加劳动，但经常地依靠剥削为其生活来源的一部或大部。富农的剥削方式，主要是剥削雇佣劳动（请长工）。此外，或兼以一部土地出租剥削地租，或兼放债，或兼营工商业。富农多半还管公堂。有的占有相当多的优良土地，除自己劳动之外并不雇工，而另以地租债利等方式剥削农民，此种情况也应以富农看待。富农的剥削是经常的，许多富农的剥削收入在其全部收入中并且是主要的。[1]

按照这个标准，作为周扒皮原型的周春富虽然一家有土地二百余亩，但从他雇佣长工数人而土地不出租且经营油磨坊等的情况看，他应当划为富农兼工商业者。至于小说中的"周扒皮"，作者没有交代他家的土地占有情况，但从小说一开篇所说的三十来户人家的黄家店有一半是周家的佃户判断，其成分应当属于地主。

可见，地主与富农的共同特点是对农民进行剥削，其不同之处在于地主剥削的主要方式是收取地租，富农剥削的主要方式是雇工。地主与富农还有一个更重要的区别，即地主自己不劳动或不从事主要劳动，富农则从事劳动并且是主要劳动者。富农虽然属于农民阶级的范畴，但这个阶层带有剥削性质，所以人们习惯将之与地主并列，称之为地主富农，其实富农与地主并不是同一个阶级。

说起地主，人们自然容易联想到四个人，即小说《半夜鸡叫》中的周扒皮、歌剧《白毛女》中的黄世仁、泥塑《收租院》中的刘文彩、芭蕾舞剧《红色娘子军》中的南霸天(《半夜鸡叫》和《收租院》曾进了小学课本，《白毛女》《红色娘子军》拍成了电影，产生了广泛的社会影响)。这是当年文艺作品塑造出来的四个典型的地主形象，也是相当多的中国人对于地主最深刻的记忆。

其实，不论是周扒皮，还是黄世仁、南霸天和刘文彩，都是艺术家塑造出来的艺术形象。艺术是允许虚构的。艺术家塑造艺术形象时当然也要忠实于历史，但艺术创作可以进行合理的加

---

[1]《毛泽东选集》第1卷，人民出版社1991年版，第127—128页。

工，也就是从艺术创作的原则上，是允许将各种坏地主、恶霸地主的种种恶行集中在"周扒皮""南霸天"等人物身上加以体现，使之成为恶霸地主的典型。虽然这些艺术形象或许可以找到具体的原型，但与现实中的地主不是完全画等号的，即是说他们是艺术化了的地主形象。这四个典型地主形象中，只有刘文彩不是虚构的人物，而是确有其人。当然，作为泥塑《收租院》中的刘文彩，应当讲也是艺术人物。至于以往在刘文彩庄园建立的"地主庄园陈列馆"中，对于刘文彩罪恶的陈列，是否有不实的地方，那是另外一个问题。

准确地说，这四个艺术形象应当称之为恶霸地主，并且是集恶霸地主罪恶之大成者。

应当指出的是，"恶霸"与"地主"是两个不同的概念。按照1950年8月中央人民政府政务院《关于划分农村阶级成分的决定》规定，恶霸是指"依靠或组成一种反动势力，称霸一方，为了私人的利益，经常用暴力和权势去欺压与掠夺人民，造成人民生命财产之重大损失，查有实据者"[1]。恶霸横行乡里，欺男霸女，为非作歹，无恶不作，恶霸尤其是恶霸地主最为农民所痛恨，但恶霸并非都是地主，地主也不是人人都是恶霸，那种同时具有地主和恶霸两种身份者，便是通常讲的恶霸地主。毛泽东在1948年初曾有过推算，地主和旧式富农占全国人口的十分之一，全国共有三千六百万人[2]。如果其中地主占一半，那么全国的地主总数在

---

[1] 中共中央文献研究室：《建国以来重要文献选编》第1册，中央文献出版社1992年版，第406页。

[2] 《在西北野战军前委扩大会议上的讲话》(1948年1月15日)，《毛泽东文集》第5卷，人民出版社1996年版，第24页。

一千八百万至两千万人,其中可称为恶霸地主者毕竟是少数。据当年的调查,在农村中恶霸地主一般只占地主的十分之一。

地主与农民的身份不是固定不变的。大体说来,除了那种祖、父辈本身是地主,靠继承上辈的土地财产成为地主者外,一个人地主身份的形成,大致可以分为这样几种情况:

一是在科举时代出身贫寒的普通知识分子,通过获取功名得到官职,"三年清知府,十万雪花银",由此积累一定数量的财富,在官场失意或告老还乡后购买土地成为地主。当然这种情况随着科举制度的废除不再产生。

二是进入北洋军阀统治时期后,中国出现了大大小小各类军阀,他们依仗军事实力和政治特权,强占或用极低的价格购买大量土地成为大地主。袁世凯在河南彰德、辉县等地有田产4万亩。徐世昌在河南辉县也有田5000亩。山东军阀靳云鹏在邹县、济宁一带占有土地3万亩;直系军阀王占元在鲁西北和冀南占有土地5万亩。阎锡山在山西省占有土地不下20万亩。西北军阀马鸿逵有土地10万余亩。[1] 各类军阀的亲信或家人也用同样的办法搜刮土地。刘文彩就是依仗其弟刘文辉(曾任川军第一混成旅旅长、第九师师长、国民革命军第二十四军军长等职)积累财富购置土地成为大地主的。不过,这类地主占有的土地数量虽大,但他们人数并不多。

三是普通农民上升为地主者。这些人原本就是普通农民,由于某种机缘,慢慢积累了一些财富,购进了若干土地,随着土地的增多自己耕种不了,乃将土地出租给其他农民以收取地租。当

---

[1] 参见章有义:《中国近代农业史资料》第2辑,三联书店1957年版,第13—19页。

地租剥削达到一定量的时候，这样的农民也就演变为地主了。这类地主在整个地主阶级中占了相当的比重。

对于这个问题，毛泽东在1930年进行寻乌调查时，就已经做了剖析。据毛泽东的调查，在江西寻乌县，大地主只占地主全数的1%，中地主占19%，小地主占80%。寻乌的小地主包含两个部分。一部分是从所谓老税户传下来的，这部分人的来源多半是由大中地主的家产分拆，所谓"大份分小份"，即由大中地主分成许多小地主。这部分的人数在整个地主阶级中占32%。除上述老税户部分外，另有一个占地主全数48%的不小的阶层，那就是所谓"新发户子"。这一个阶层的来历，与从老税户破落下来的阶层恰好相反，"是由农民力作致富升上来的，或由小商业致富来的。他们的经济情形是一面自己耕种（雇长工帮助的很少，雇零工帮助的很多），一面又把那弯远的瘦瘠的土地租与别人种而自己收取租谷。他们看钱看得很大，吝啬是他们的特性，发财是他们的中心思想，终日劳动是他们的工作。他们的粮食年有剩余，并且有许多不是把谷子出卖，而是把谷子加工做成米子，自己挑了去大圩市，以期多赚几个铜钱。他们又放很恶的高利贷，所有放高利贷，差不多全属这班新发户子"[1]。

这说明，农民与地主的身份并非是固定不变的。地主如果破产，就有可能下降为贫农乃至雇农；即便祖辈是大中地主，但经过诸子继承家产分拆之后，大地主变成中地主，中地主变成小地主，小地主再分家就可能变成一般农民。普通农民也有可能由于"力作致富"或"由小商业致富"而上升为地主。小说《半夜鸡叫》

---

[1]《毛泽东文集》第1卷，人民出版社1993年版，第197页。

中的周扒皮原型周春富其实就是这种人。像周春富这样由农民上升为地主者，在中国农村并非个别现象。一个农民一旦上升为地主，其本人也可能仍参加一点劳动，也可能仍过着勤俭的生活，但其必定将土地出租给农民以收取地租从而带有剥削性质，其身份也就由普通劳动者演变成剥削阶级了。

其实，关心土地改良和生产工具改进的不是地主而是富农。因为地主占有土地的目的，不是自己耕种，而是出租给农民，然后收取一定数量的地租。例如，寻乌地租形式往往有两种，即见面分割制和量租制。前者是禾熟时地主与农民同往禾田，农民把谷子打下和地主对分；后者是不设丰歉租率固定。既然土地已经租给他人耕种，一般情况下地主不必关心土地的经营状况，也不会关心土地改良与生产工具改进的情况，他所关心的是地租的收取。与地主将土地租给他人耕种不同的是，富农则是雇佣长工或短工到自己的土地上进行劳作，如果土地得到了改良，生产工具得到了改进，使用了相对先进的农业生产技术，生产效率得到了提高，土地的收益也就会相应增多，而他付给雇工的工钱是一定的，这就意味着富农的收入也会增多。从这个角度看，虽然地主与富农都集中了一部分土地在自己手中，而且都是通过占有他人的劳动进行剥削，但地主集中土地并非为了集约经营和规模化生产，所关心的也是地租的收取而非农业生产的改进，客观上有利于农村生产力发展的不是地主而是富农。正因为如此，不论是"五四指示"，还是《中华人民共和国土地改革法》，对于地主与富农都采取了区别对待的政策。

三、旧中国土地是集中还是分散

土地改革本身不能增加新的土地，只能是对现有土地进行再分配。所以，进行土地改革的前提，是农村的土地占有状况不合理，人口占少数的地主富农占有大量的土地，并通过出租土地或雇工耕种而剥削他人劳动，贫雇农却因土地不够甚至没有土地，只得租种他人的土地或出卖劳动力而受人剥削。如果说农村的土地并不集中，地主没有占有较大数量的土地，贫雇农也并非无自己的田可耕，自然没有必要进行一场几乎涉及解放区农村全部人口的土地改革运动。

很长一段时间，在论证土地改革必要性时，基本上是认为不到农村人口10%的地主富农占有70%至80%的土地，而占人口90%的雇农、贫农、中农，只占有20%至30%的土地。

1947年12月，中共中央在陕北米脂县的杨家沟召开扩大会议。此时各解放区的土地改革正在如火如荼地开展，毛泽东在其《目前形势与我们的任务》的报告中，用了很长的篇幅谈及土地改革问题，并且指出："地主富农在乡村人口中所占的比例，虽然各地有多有少，但按一般情况来说，大约只占百分之八左右（以户为单位计算），而他们占有的土地，按照一般情况，则达全部土地的百分之七十至八十。"[1]对于这个比例数，毛泽东早在1930年所作的《兴国调查》中已经得出，他当时了解到的情况是，兴国第十区即永丰区土地的分配情况是地主40%，公堂10%，富农30%，中农15%，贫农5%，而其中的公堂土地又实际掌握在

---

[1]《毛泽东选集》第4卷，人民出版社1991年版，第1251页。

地主富农手中；而该区的人口成分，地主占 1%，富农占 5%，中农、贫农、雇农、手工工人、小商人、游民共占 94%，故而得出结论："真正的剥削阶级（地主富农），人数不过百分之六，他们的土地却占百分之八十，公堂土地又许多在富农掌握中，若不平分富农的土地，多数人土地不足的问题便难解决。"[1]

1950 年 6 月，中共中央决定在新解放区开展土地改革，中央人民政府为此制定了《中华人民共和国土地改革法》。刘少奇在中央人民政府会议上就这部法律的内容作说明时指出："就旧中国一般的土地情况来说，大体是这样：占乡村人口不到百分之十的地主和富农，占有约百分之七十至八十的土地，他们借此残酷地剥削农民。而占乡村人口百分之九十的贫农、雇农、中农及其他人民，却总共只占有约百分之二十至三十的土地，他们终年劳动，不得温饱。"刘少奇同时又说："这种情形，经过了最近十余年来的抗战和人民解放战争之后，是有了一些变动，除开已经实行了土地改革的地区不说外，有一些地区的土地是更加集中在地主的手中，例如四川及其他地区，地主占有土地约占百分之七十至八十。而在另外一些地区，例如长江中游和下游地区，土地占有情况则是有一些分散的。根据我们最近在华东及中南一些乡村的调查材料来看，一般的情况大体是这样：地主占有土地及公地约占百分之三十至五十，富农占有土地约占百分之十至十五，中农、贫农、雇农占有土地约占百分之三十至四十，小土地出租者占有土地约占百分之三至五。乡村中全部出租土地约占百分之六十至七十。

---

[1]《毛泽东农村调查文集》，人民出版社 1982 年版，第 199—200 页。

富农出租土地约占百分之三至五，富农自耕土地约占百分之十。"[1]

那么，当年地主富农占有的土地是否果真那么集中？实际上，对于农村土地的占有情况，早在20世纪20年代和20世纪30年代，就有机构和学者进行过调查，当然结果不完全相同。

据国民党农民部土地委员会1927年6月发布的对全国土地占有概况的估计，当时占人口总数6.3%的地主，占有土地总数的62%；占人口总数8.1%的富农，占土地总数的19.44%；占人口总数10.8%的中农，占土地总数的13.26%；占人口总数55%的贫农、雇农等其他劳动人民，只占有土地总数的6.16%。按照这个统计，全国地主富农占人口总数的12.4%，占有的土地为81.44%。[2]这大概是地主富农占有80%的土地之说的最初来源。

根据陈翰笙20世纪30年代初组织的调查，河北定县，自耕农占70%，佃农仅5%，然而经过调查的14617户农户之中，有70%的农户占有耕地不到全数的30%。其中无地可耕的农户占11.8%；全家土地25亩以下者占59.7%，户均土地10.09亩；25亩以上50亩以下者占18.3%，户均土地32.8亩；100亩以上300亩以下者占2.1%，户均土地153.5亩；300亩以上者只占农村户数0.2%，户均土地469.1亩。保定调查的10个村1565户农户中，65%的农户不是无地可耕就是耕地不足，其中地主富农占农户总数的11.7%，占有41.3%的土地，而88.3%的中农、贫农及雇农只占有58.7%的土地。在江南，土地集中的情况也很严重。无锡的地主仅占农村户口6%以下，却占耕地47%，占户口

---

[1]刘少奇：《关于土地改革问题的报告》，《人民日报》1950年6月30日。
[2]《第一次国内革命战争时期的农民运动资料》，人民出版社1983年版，第4页。

69%的贫农和雇农，占有的土地仅为14.2%。在浙江临安县，贫农占人口的48%，所有耕地仅占13%。而在中原的河南南阳县，有65%人口都是贫农，他们所有的耕地，仅占全部农地的五分之一。广东占74%的贫农，占有耕地不及五分之一，同时2%的人家，却占有耕地二分之一以上。[1]

此后，钱俊瑞、薛暮桥等人也相继对全国土地占有情况作过调查与分析。1934年钱俊瑞以陶直夫的笔名发表《中国现阶段的土地问题》一文，估计全国有耕地为14亿亩，全国耕地有直接所有权耕作关系的户数为6000万户，其中地主240万户，占全国总户数的4%，占有土地7亿亩，占全国土地的50%；富农260万户，占户数的6%，占有2.52亿亩，占全国土地的18%；中农1200万户，占户数的20%，占有土地2.1亿亩，占全国土地的15%；贫农及其他阶层4200万户，占户数的70%，占有土地2.38亿亩，占全国土地的17%。地主富农占全国总户数的10%，占全国土地的68%。[2]

1935年，薛暮桥根据国民政府农村复兴委员会等机关1933年对广东、广西、浙江、江苏、河北、陕西6省的调查，对各类农户占有土地的情况作了推算，结论是地主占全国总户数的3.5%，占土地的45.6%；富农占总户数的6.4%，占土地的18%。二者合起来人口占约10%，土地占63.6%。中农占总人口的19.8%，占土地的17.4%；贫农及雇农占总人口的70.5%，占土地的18.4%。中

---

[1]《陈翰笙文集》，中国社会科学出版社2002年版，第37—41页。
[2]《钱俊瑞选集》，山西人民出版社1986年版，第225页。

农及以下各阶层占总人口90%，而只占有土地的35.8%。[1]

新中国成立后，为启动新解放地区的土地改革，华东、中南、西南及西北等有土改任务的各大区，均组织了大规模的农村土地情况调查。据中南土改委员会的调查，中南地区的土地占有可分为三种情况。一是土地最分散的地区。根据湖北沔阳县小河口村、武昌县黄土坡村、石山村，河南宝丰县官营村、洛阳县孙村，江西高安县10个乡、弋阳县复兴乡等21个村的调查，地主占人口的3%，占有全部土地的15%（包括学田、族田、会社田等公田）；富农占人口的5%，占土地的15%；中农以下阶层约占人口的92%，占有土地的60%。二是土地集中程度一般的地区。根据湖北汉阳县三区第一行政村、黄陂县石桥村，河南洛阳县冢头村，江西宜春县新坊村，湖南沅陵县信平乡，广东龙川县水背村等25个村的调查，地主占人口的3%强，占土地的30%（包括公田）；富农占人口的5%至6%，占土地的15%；中农以下阶层占人口的90%以上，占有土地的50%。三是土地集中地区。根据湖北黄陂县新义村，河南潢川县罗弯地村，江西南昌县一个村，湖南湘阴县和丰乡等23个村的调查，地主占人口的3%至4%，占土地的50%（包括公田），最多的达到90%（包括公田）；富农占人口的5%，占土地的15%以上；中农以下阶层占人口的90%以上，占土地的20%—30%。在中南各省中，湖南、广东两省的土地集中程度最大，其土地集中地区约占全省农村人口的70%至80%；次为湖北省，土地集中地区约占全省人口的40%；江西、河南二省

---

[1] 薛暮桥：《旧中国农村经济》，农业出版社1980年版，第19页。

的土地则比较分散。[1]根据这个调查,中南在土地最集中的地区,地主富农占人口的8%,占土地的70%至80%,而在土地最分散的地区,地主富农的人口亦占有8%左右,而占有的土地为30%。

又据华东区的统计,全区共有地主485428户,占总户数的3.07%,人口2612643人,占总人口的4%,共有土地37265955.29亩,占有土地的26.17%,平均每人占有土地14.26亩。半地主式的富农50924户,占总户数的0.32%,人口271102人,占总人口的0.41%,共有土地1952643.21亩,占土地总数的1.37%,人均占有土地7.20亩。富农306061户,占总户数的1.94%,人口1794629人,占总人口2.75%,共有土地8321251.86亩,占土地总数的8.84%,人均占有土地4.64亩。地主富农占总户数的5.33%,占总人口的7.16%,占土地的33.38%,人均土地10.73亩。中农、贫农、雇农共有13572677户,占总户数的85.83%,人口55734914人,占总人口的85.3%,共有土地74263893.01亩,占土地总数的52.15%,其中中农人均占有土地2.01亩,贫农人均占有土地0.86亩,雇农人均占有土地0.34亩。其余的土地分别为工商业者、小土地出租者、手工业工人占有,或为公田。华东地区的公田占全部土地的10.32%。[2]

情况比较特殊的是陕西关中地区。这里"农村土地不很集中,地主占农村户口不到百分之一,加上富农共占百分之六左右,共占土地百分之二十左右;中农占户口百分之四十到五十,占土地

---

[1] 张根生:《从中南区农村情况看土地改革法》,《人民日报》1950年9月6日。
[2] 华东军政委员会土地改革委员会:《华东区土改成果统计》(1952年12月),中国社会科学院、中央档案馆:《1949—1952中华人民共和国经济档案资料选编》(农业经济体制卷),社会科学出版社1992年版,第10页。

百分之五十到六十"[1]。

由此可见，虽然当时中共领导人在其报告中作了不到 10% 的地主富农占有 80% 的土地，占 90% 人口的中农及以下社会阶层只占有 20% 的土地的估计，但通过各地的具体调查，除了少数土地特别集中的地区地主占有土地的 70% 至 80% 外，大多数地区地主富农占有的人口少于 10%，占有的土地在 30% 至 50% 之间。

从 20 世纪 80 年代后期开始，有学者对地主富农占有 80% 的土地提出质疑，认为全民族抗战以前全国土地分配的基本轮廓为：无地户约占农村总户数的 30% 至 40%，有地户中地主富农占有土地的 50% 至 60%，中贫农占 40% 至 50%。稳妥一点说，地主富农占地 60% 左右。中贫农占 40% 左右。[2]

此后，陆续有学者就此发表自己的意见。有研究者提出，中国地域广阔，情况复杂，但就多数地区看，约占人口总数 10% 的地主、富农，占有土地总数的 50% 至 52% 左右，约占人口总数 90% 的劳动人民，占有土地总数的 48% 至 50% 左右。在解放前几十年间，各地区地权变化的情况很复杂，但总的来说，地权是越来越分散，并非越来越集中。[3]

亦有研究者指出，就全局看土地分配大体有两种不同情况：第一类是土地不太集中区，地主、富农占农户总数 6% 至 10%，占有耕地 28% 至 50%。第二种情况是土地高度集中区，占农户

---

[1]《关中新区工作的检讨和当前任务——习仲勋同志在关中新区地书联席会上的总结报告》，《人民日报》1949 年 8 月 30 日。

[2] 章有义：《本世纪二三十年代我国地权分配再估计》，《中国社会经济史》1988 年第 2 期。

[3] 郭德宏：《旧中国土地占有状况及发展趋势》，《中国社会科学》1989 年第 4 期。

9%的地主富农，占有65%的土地。但是，这种土地高度集中区包括的范围很小，户数甚少，没有代表性，不能反映全国问题。从全局看，旧中国之地主、富农只占全国28%到50%的耕地，他们从来没占有60%以上之耕地，但个别县、乡是例外。[1]

总体来看，这些年来，学术界根据历史文献和档案史料，对新中国成立前的土地占有情况重新进行了估计分析，虽然这些数据各不相同，但基本上都认为当时土地集中的情况并没有以往宣传的那样严重，地主富农并非占有80%的土地，而多认为只占有50%左右的土地。

土地的占有关系是一个复杂的问题。有的地区土地集中的程度高，有的地方土地则相对分散。对于这个问题，不论是20世纪30年代学者们的调查，还是20世纪50年代初各地为配合土地改革而进行的调查，均有材料说明。特别是具体到某一个局部地区，有的村庄或许一户地主也没有，而有的村庄可能集中了一批地主。

虽说当年中国农村土地集中的情况并非以往宣传的那样严重，但地主富农所占有的土地远远多于中农更不说贫农，恐怕是一个历史事实。地主富农占有50%左右的土地，是多数学者认可的数字，考虑到地主富农所占的人口一般在10%以内，仅此简单推算，地主富农的土地也是数倍于普通农民。问题在于中农及以下各阶层占有的人口达90%，而且并非是这90%的人口占有地主富农之外的全部农村土地，如果除掉其中10%左右的公田和城镇工商业者在农村占有的土地，中农及以下各阶层占有的土地就不足50%。而在中农、贫农和雇农三者间，据华东地区的统计，中农

---

[1] 乌廷玉：《旧中国地主富农占有多少土地》，《史学集刊》1998年第1期。

占全部农村人口的 36.4%，占全部土地的 33.65%；贫农占全部人口 45.71%，占全部土地的 18.01%；雇农占全部人口的 3.19%，占全部土地的 0.49%。也就是说，占全部人口近 50% 的贫雇农，所占有的土地不到 20%。所以，即使地主富农占有的土地根本没有达到以往所说的 80% 而是减半，中国农村的土地占有状态仍不能说是合理的。正如有学者所指出的："在土地分配存在着相当不平衡的情况下，作为基本的生存要素，拥有更多的可以自主的土地是农民衷心的期盼。所以，当土地革命广泛开展后，没收地主土地在农民中平分，对农民具有极大的吸引力。"[1]

农民除了占有的土地远远少于地主富农之外，其他生产资料亦严重不足，如没有耕畜或者畜力很少，造成生产效率的低下。而且农民的生产资金普遍短缺，常常需要借贷才能解决生产、生活中遇到的困难，当年农村的借贷又往往是高利贷形式，使得许多农民背上沉重的债务负担。经济地位决定社会地位。农民特别是贫雇农由于土地不足，收入有限，一年辛苦劳作勉强维持温饱，遭到天灾人祸日子则更加艰难。他们的这种经济地位决定了他们生活在乡村社会的底层，基本处于没有"话语权"的状态。但是，每个生活在社会底层的人都渴望改变自己的经济地位，都希望获得社会地位的平等和应有的尊严，即在乡村社会有自己的"话语权"。对于当时的中国农民来说，他们不但希望得到土地，也盼望得到平等与尊严，中共的工作就是告诉他们，只要他们与自己一起革命，就能够得到他们这些盼望已久的东西，以农民为

---

[1] 黄道炫：《1920—1940 年代中国东南地区的土地占有——兼谈地主、农民与土地革命》，《历史研究》2005 年第 1 期。

主体的中国革命也就由此发生。[1]

四、由减租减息转变为土地改革之因

十年内战时期,没收地主土地分配给无地少地的农民,是中国共产党最重要的经济政策,所以这个历史阶段又叫土地革命战争时期。进入抗日战争阶段后,中共政策上最大的改变,就是提出建立广泛的抗日民族统一战线,以团结包括地主在内的全国各阶级、各阶层的人们共同抗日。在这种情况下,十年内战时期没收地主土地的政策显然不能再延续下去,于是采取减租减息政策。

减租减息政策不但减轻了农民负担,而且还使抗日根据地的土地关系发生了很大变动,通过各种形式使地主富农的一部分土地转移到农民手中。据陕甘宁边区 1945 年的调查,葭县高家寨子村 1941 年以来,全村贫农、中农共买进土地 72 垧,卖出土地 9 垧,净进土地 63 垧,典进、赎回土地 163 垧,典出、抽走土地 101 垧,净进土地 62 垧。1940 年地主占有全村耕地 71.66%,至 1943 年,地主占有的耕地下降到 66.27%。[2]绥德县杨家塔村 13

---

[1] 对于农民为什么能参加中共领导的革命,土地集中、家庭贫困与农民革命的关系,海内外学者有着不同的看法。有学者认为,土地集中、家庭贫困与农民革命之间有着天然的内在联系;亦有学者认为,土地分配与革命运动没有必然联系。对此,李金铮的《农民为什么参加中共革命》(《近代史研究》2012 年第 4 期)就相关学术观点作了全面的梳理。

[2] 华子扬:《生产大运动与边区人民经济生活》(1944 年 8 月 19 日),陕甘宁边区财政经济史编写组等:《抗日战争时期陕甘宁边区财政经济史料摘编》第二编(农业),陕西人民出版社 1981 年版,第 347—348 页。

户地主，四年中卖出土地619亩，占土地总数的31%。相反，农民大量买地，米脂县印斗区三乡某村41户农民，中农3户有土地130垧，其他38户贫农都是租种地主的土地，自有土地只有40垧，1943年、1944年两年共买入土地180垧，增加土地4至5倍。[1]

据中共晋绥分局调查研究室1945年冬至1946年春对老区9个县20个村7年来（新政权建立以来）土地及阶级关系的调查，"地主分化没落，人数减少，经济力量大大削弱"。这20个村原有地主62户，占总户数的5.2%，调查时减少至27户，占总户数的2%，地主占总户数的比重下降为3.2%。原有的62户地主中，能够保持地主地位的只有22户，约占1/3，其余的40户改变了原来的经济地位，其中6户转为富农，29户变为中农，3户变成贫农，1户变为其他，还有1户绝户。这20个村地主占有的土地总量，也由1939年的38.5%，下降到1946年的5%，减少了33.5%，每户平均减少土地41.62亩。与地主人数减少相伴随的是中农大量增加。这20个村原有中农375户，占当时总户数的31.3%，调查时增加到795户，占总户数的59.9%，在总户数中，中农的比重增加到28.6%。这些新增加的中农中，有240户是由贫农上升的，占现有中农总数的30%，由雇农及工人上升的25户，占3.2%。这充分说明，经过减租减息，晋绥地主的土地已有相当一部分转移到了农民手中。[2]

---

[1] 贾拓夫：《关于边区土地政策问题的报告》(1945年3月15日)，陕甘宁边区财政经济史编写组等：《抗日战争时期陕甘宁边区财政经济史料摘编》第二编（农业），陕西人民出版社1981年版，第348页。

[2] 晋绥分局调查研究室：《农村土地及阶级变化材料》，第3—4页，1946年编印。

据晋察冀边区北岳区 28 县 88 个村的调查，全民族抗战前占农村总户数将近大半的贫雇农，每户平均有 2.5 亩至 7.5 亩的耕地，而只占总户数 2.02% 的地主，占有土地平均每户达 97 亩以上。地主富农在农村总户数中占 9.29%，占有的土地为 38.04%，占有的水地为 45.7%，而中农、贫农、雇农和工人占总户数的 85.34%，占有土地 61.01%，占有水地 52.93%。经过减租减息，据对其中 24 个村的调查，1937 年至 1942 年，当出的 834.57 亩土地中，地主富农 599.04 亩，贫雇农和中农 235.53 亩；在当入的 1019.87 亩土地中，地主富农 90.2 亩，而中农及以下阶层 929.67 亩。据北岳区的典型调查，地主的总户数由 2.42% 下降到 1.91%，占有的土地从战前的 16.43% 下降到 1942 年 10.17%。[1]

这说明，经过减租减息，地主不但户数在减少，他们占有的土地也大幅度下降，中农的数量和他们占有的土地都有较大幅度的上升，贫农的数量在下降而占有的土地略有上升。

虽然减租减息使各解放区的土地占有关系发生了很大变化，但从总体上减租减息后农民的土地仍少于地主富农，封建土地关系依然存在。例如，苏北的淮海区在反奸清算、减租减息之后，全区有地主 11052 户，占有土地 1342950 亩，平均每户 120 亩左右；以每户 8 口人计算，人均拥有土地 15 亩多，相当于中农的 5 倍。晋冀鲁豫的太行区反奸减租后，地主人均土地仍有 13.7 亩，中农为 3.1 亩，而贫农只有 2.1 亩，地主人均土地相当于中农的

---

[1] 方草：《中共土地政策在晋察冀边区之实施》（1944 年 12 月 23 日），《中国土地改革史料选编》，国防大学出版社 1988 年版，第 200—204 页。

4.5倍、贫农的6.5倍。[1]苏北解放区阜宁县钱庄乡全乡542户，地主仅1户，占全乡户数的0.2%；富农27户，占5%；中农217户，占40%；贫农297户，占54.8%。该乡各阶级人口的比例与户口相同，而在土地占有上，贫农仅占全乡土地的29.3%，平均每户8.53亩，每人1.83亩；富农土地虽然只占全乡的11.9%，但平均每户有38亩，人均6.5亩，为贫农的3.5倍；地主尽管只有1户，但占有土地1021.2亩，占全乡土地的11.9%，人均占有土地87.6亩，约为全乡贫农人均土地的47.9倍。[2]

  实现"耕者有其田"是中共的一贯主张。十年内战时期实行的土地革命，是用直接没收地主土地的方式来解决农民土地问题。全民族抗战时期为了团结地主一道抗日，采取了相对温和的减租减息政策，但并不意味着中共放弃了"耕者有其田"的理念。1940年1月，毛泽东发表著名的《新民主主义论》一文，指出："这个共和国将采取某种必要的方法，没收地主的土地，分配给无地和少地的农民，实行中山先生'耕者有其田'的口号，扫除农村中的封建关系，把土地变为农民的私产。农村的富农经济，也是容许其存在的。这就是'平均地权'的方针。这个方针的正确的口号，就是'耕者有其田'。在这个阶段上，一般地还不是建立社会主义的农业，但在'耕者有其田'的基础上所发展起来的各

---

[1]《中共中央关于向民盟人士说明我党土地政策给周恩来、董必武的指示》（1946年7月19日），中央档案馆：《解放战争时期土地改革文件选编》，中共中央党校出版社1981年版，第20页。

[2] 曹荻秋：《在土地改革中拉平问题与对中富农政策的研究》（1946年8月4日），《中国土地改革史料选编》，国防大学出版社1988年版，第279页。

种合作经济，也具有社会主义的因素。"[1]

1945年4月的中共七大上，毛泽东在其书面政治报告中又重申："抗日期间，中国共产党让了一大步，将'耕者有其田'的政策，改为减租减息的政策。这个让步是正确的，推动了国民党参加抗日，又使解放区的地主减少其对于我们发动农民抗日的阻力。这个政策，如果没有特殊阻碍，我们准备在战后继续实行下去，首先在全国范围内实现减租减息，然后采取适当方法，有步骤地达到'耕者有其田'。"[2]

为什么要解决农民的土地问题，最终实现"耕者有其田"？1944年7月14日，毛泽东在会见英国记者斯坦因时的一段谈话，便是很好的说明。斯坦因问毛泽东："你所考虑的新民主主义经济和新民主主义社会的主要内容是什么？"毛泽东回答说："新民主主义的主要经济特征是土地革命。""在没有进行土地改革的中国其他地区，仍然是封建土地所有制下的分散的个体小农经济，农民被土地束缚着，没有自由，彼此很少往来，过着愚昧落后的生活。这种经济是中国古代封建主义和独裁专制的基础。未来的新民主主义社会不可能建立在这样的基础上，中国社会的进步将主要依靠工业的发展。""因此，工业必须是新民主主义社会的主要经济基础。只有工业社会才能是充分民主的社会。但为了发展工业，必须首先解决土地问题。没有一场反对封建土地制度的革命，就不可能发展资本主义，西方国家许多年前的发展已十

---

[1]《新民主主义论》(1940年1月)，《毛泽东选集》第2卷，人民出版社1991年版，第678页。

[2]《论联合政府》(1945年4月24日)，《毛泽东选集》第3卷，人民出版社1991年版，第1076页。

分清楚地表明了这一点。我国到一九三七年为止的国内战争时期的土地革命,其性质与西方一些先进国家过去所进行的土地革命基本上相同,土地革命扫除了封建障碍,为资本主义民主制度的发展开辟了道路。"[1]

由此可见,中共进行土地改革(从广义上讲,没收地主土地分配给农民和实行减租减息都是土地改革的形式)的目的,实际上具有两个层面:一是以此调动农民参加中共领导的革命的积极性,二是为实现国家的工业化扫清道路。土地改革并非仅"是中共为了与国民党争天下进行社会动员的手段",从根本上讲是中共革命理念使然。

在抗战胜利后的一个时期,中共并没有立即改变减租减息政策,相反,仍将之作为组织、动员群众的重要内容。1945年8月11日,中共中央作出《关于日本投降后我党任务的决定》,指出:"今冬明春,必须在一万万人民中,放手发动减租(已经减好的照旧),在一切新解放区一律减租,放手发动与组织群众,建立地方党地方政府与提拔地方干部,以便迅速确立我党在基本群众中的基础,迅速巩固一切新解放区。但是绝对不可损害中农利益(中农也是基本群众),富农除封建剥削部分实行减租外,不应加以打击,地主须使之可以过活。没收分配土地是过早的。某些地区已经分配者不再变动,但对地主必须设法救济,对富农必须设法拉拢,对中农受损者必须补偿损失。"[2]同年11月27日,中共

---

[1]《同英国记者斯坦因的谈话》(1944年7月14日),《毛泽东文集》第3卷,人民出版社1996年版,第183—184页。
[2]《中共中央关于日本投降后我党任务的决定》(1945年8月11日),中央档案馆:《中共中央文件选集》第15册,中共中央党校出版社1992年版,第229—230页。

中央又指示各地："在一切解放区发动群众减租与发展生产，为争取当前斗争胜利的重要关键。"[1]

因为减租减息是各解放区执行了多年的政策，因此，大反攻前已经解放的老区，减租"主要是清算过去违反减租法令的额外剥削，实行退租与订立新约"[2]。而大反攻后新解放的地区，自1945年秋冬起，主要是发动群众开展对汉奸特务的控诉、清算运动，用这种方式使群众"收回被汉奸伪人员霸占的土地财产，索回被掠夺讹诈贪污的款项等"[3]，并在反奸清算的基础上实行减租减息。

在广大的新解放区，随着反奸清算、减租减息的群众运动进入高潮，"农民要求突破减租减息所规定的具体政策，直接分配土地。这种情况的出现，其直接原因是新区在除奸反霸斗争中收回了一批土地。新区几年来土地关系变动中又有许多不合理的因素需要调整。但更为重要的因素是减租减息是党在抗日战争时期中的土地政策，日本侵略者被打败了，干部群众便要求突破它，以便更直接满足农民的土地要求"[4]。

这时，一方面，经过减租减息，解放区农民获得土地的要求更加强烈，如果不满足农民的这种要求，中共就有可能重犯大革命后期的错误，中共必须对农民的这种要求作出明确的表态。经

---

[1]《中央关于抓紧进行减租运动和生产运动的指示》(1945年11月27日)，中央档案馆：《中共中央文件选集》第15册，中共中央党校1992年版，第438页。

[2]《减租减息是一切工作的基础》，《解放日报》1946年3月26日。

[3]《努力发动解放区群众》，《解放日报》1946年1月9日。

[4] 太行革命根据地史总编委：《太行革命根据地史料丛书之五——土地问题》，山西人民出版社1987年版，第33—34页。

历过大革命失败的中共领导人,自然对当年陈独秀压制农民运动造成的严重后果记忆犹新;另一方面,为了应对可能发生的国共内战,迫切需要通过土地问题的解决去组织动员农民,以使他们能够坚定地站在中共一方。在这种情况下,怎样解决农民的土地问题,日益严重地摆到了共产党人面前。因此,中国共产党"不能没有坚定的方针,不能不坚决拥护广大群众这种直接实行土地改革的行动,并加以有计划的领导,使各解放区的土地改革,依据群众运动发展的规模和程度,迅速求其实现"[1]。对此,薄一波回忆说,一方面"群众已经提出了自己的实际要求,并且为实现这些要求已开始自发地行动起来",中共中央必须对群众的这种要求将采取何种态度和政策作出明确的回答;另一方面,"一些地方出现了新的要求和新的做法(如当时一些根据地农民已不满足于减租减息,而是迫切要求分给土地),而另一些地方可能还暂时没有出现这种新的要求和做法,或者虽已经有了,但具体的要求和做法上不尽相同",这就需要中共中央决策层在土地这个农民最关心的问题上出台一个统一的政策。[2]

经过抗日战争,中国共产党及其领导的人民武装力量有了巨大的发展,但敌强我弱的基本态势没有根本改变。到1946年7月,国民党方面拥有总兵力430万人,其中正规军200万人;人民解放军总兵力约127万人,其中野战军61万人,双方总兵力之比约为3.4∶1。国民党统治着全国约76%的面积、3.39亿人口,

---

[1]《关于土地问题的指示》(1946年5月4日),《刘少奇选集》上卷,人民出版社1981年版,第377页。

[2] 薄一波:《七十年的奋斗与思考》上卷,中共党史出版社1996年版,第403—404页。

还控制着所有的大城市和绝大部分的铁路交通线，拥有几乎全部近代工业和雄厚的人力物力资源；而解放区的土地面积只占国土总面积的24%，人口约1.36亿，近代工业很少，基本上处于经济比较落后的农村。因此，一旦国民党发动内战，如何动员解放区广大群众特别是农民应对这种局面，就成为中国共产党人面临的一个重大问题。[1]

这年5月4日，中共中央召开扩大会议。参加会议的有毛泽东、任弼时、林伯渠、徐特立、康生，以及中共晋冀鲁豫中央局副书记薄一波、华中分局书记邓子恢和山东分局副书记黎玉等。会议经过讨论，通过了《中共中央关于土地问题的指示》（因是5月4日通过的，故简称"五四指示"）。

"五四指示"指出：各地党委在广大群众运动面前，不要害怕普遍地变更解放区的土地关系，不要害怕农民获得大量土地和地主丧失土地，不要害怕消灭农村中的封建剥削，不要害怕地主的叫骂和诬蔑，也不要害怕中间派暂时的不满和动摇；相反，要坚决拥护农民一切正当的主张和正义的行动，批准农民获得和正

---

[1] 对于这个问题，有学者认为，"五四指示"发出不久，中共中央于这年6月1日作出"全国内战不可避免"的判断，但真的到了"大战在即"的时刻，在要不要利用激烈的土改方式来动员农民问题上，却变得犹豫起来。原因在于，其一，毛泽东相信中共尚未做好全面战争的准备，故一方面坚持寸土必争、寸步不让，另一方面却不希望马上开战；其二，毛泽东从战争需要和新区巩固的重要性出发，认为解决土地问题至关重要，但由于他此时的基本思想还是和，而非想战，故深知维护统一战线和联合中间势力的重要性，因而中共中央一度提出发行土地公债，有代价地征收地主土地分配给农民这种温和的土改方案，并且在陕甘宁边区试行了和平赎买土地。见杨奎松：《关于战后中共和平土改的尝试与可能问题》，《南京大学学报》（哲社版）2007年第5期；又见杨奎松：《读史求实——中国现代史读史札记》，浙江大学出版社2011年版，第39—61页。

在获得土地。指示要求各地党委必须明确认识到,解决解放区的土地问题是目前最基本的历史任务,是目前一切工作的最基本的环节。必须以最大的决心和努力,放手发动与领导群众来完成这一历史任务。"五四指示"是土地改革历史上一个十分重要的文件,这标志着中共土地政策的重大改变,即由以往的减租减息转变到直接实行"耕者有其田"。随后,各解放区根据"五四指示"的精神,启动了大规模的土地改革运动。

五、老解放区土改之意义

由于中国半殖民地半封建社会特殊的国情,决定了中国共产党进行的革命,不能以城市暴动的方式一举取得政权,而只能在农村积聚革命力量,走农村包围城市的道路。因此,自1927年国共合作破裂、确立武装反抗国民党反动统治的总方针后,中共长期在农村开展武装斗争,农村成为中国革命的主要区域。

既然革命的重心在农村,这就决定了革命的参加者主要是农民。组织动员农民参加革命,成为革命成功的先决条件。虽然那是一个产生革命激情的年代,也是一个产生革命理想主义者的年代,对于革命的组织者、发动者而言,革命是为了实现自己崇高的理想,他们中的许多人可以为了自己心目中的理想献出所有的一切。然而,长期劳作于偏僻农村的农民,不可能有革命组织者那种崇高的理想和坚定的信念,更不会有天然的革命自觉。中国农民在通常情况下总是惯于忍受,历史上农民揭竿而起的事例虽然屡有发生,但这种情况往往出现于农民走投无路之时。以蒋介石为首的南京国民政府建立后,农民的处境没有丝毫的改善,但客观而言，农村的现状也并未因南京政府的建立而迅速恶化。于是一个重大的问题摆在革命的组织者和领导者面前：怎样才能动员农民参加革命？

农民能否参加革命，启发他们的阶级觉悟固然重要，但农民考虑更多且更直接的，则是参加革命能否带来实际的利益。如果革命带来的只有危险与牺牲，而不能改善其经济条件与政治地位，农民是不可能投身于革命的。同时，革命的目的虽然是解放生产力并最终发展生产力，但革命本身是对现存社会制度的冲击与摧毁，因而在革命的进程中可能会造成对生产力的破坏。也就是说，革命本身不能促进生产，发展经济，增加社会财富。革命的组织者和领导者所拥有的仅是革命的勇气、胆识和信念，而除此之外别无长物，要让农民从革命中得到物质利益和政治权益，就只能对现有的社会经济资源和政治资源进行再分配。唯一可行的办法，就是把地主阶级的土地和其他财产，没收之后分配给农民，同时打破旧有的农村社会秩序，剥夺地主阶级（乡绅）原在农村的社会控制权，让参加革命的农民分享对乡村社会的领导权力。1930年毛泽东在作兴国调查时就发现，中农和贫农之所以参加革命很勇敢，就中农而言，这个阶层在土地革命中是得利的：平分土地后他们的土地不但不受损失，而且多数还分进了部分土地；过去娶亲要花很多钱，几乎等于中农的全部财产，土地斗争后，婚姻自由，娶亲不要钱；过去办丧事要花很多钱，有些中农由此负债破产，土地斗争后破除了迷信，这个钱也不用花了；土地革命后地主和富农的权力被打倒，中农不再向他们送情送礼了，也可节省一项费用。更重要的是，"过去，中农在地主富农统治之下，没有话事权，事事听人家处置；现在，却和贫雇农一起有了话事权"。贫农在土地革命中则是得利最大的阶层，因为他们分了田（这是根本利益），分了山，革命初起时，分了地主及反革命富农的谷子，物价便宜了能吃便宜米，废除了买卖婚姻可以娶到老婆，最主要的，就是"取得了政权"，成为"农村政权的主干"和"农村中的指导阶级"[1]。可见，农民为什么拥护革命？是因为革命给他们带来了物质利益和政治权利。所以1927年至1936年的国共内战中，土地关系的变动就成了中共动员农民参加革命的最有效方式，而这段历史也就被称为土地革命战争。

进入抗日战争时期，中共的土地政策发生了重大改变，由十年内战时期没收地主土地的政策转变为减租减息政策。因为抗日战争是一场民族战争，需要动员全民族抗日，即使地主，只要他不愿当亡国奴，有抗日要求，也要团结争取他参加抗日民族统一战线，使其为抗战出力。这样一来就出现了一个难题：要农民抗日，必须给农民物质利益；要地主抗日，不能再沿用过去没收地主土地的政策。于是，中共提出了减租减息的政策。土地还是地主的，但要减轻农民的负担。这样，地主的根本利益没有受到损害，农民也从减租减息中得到了实际的好处，因为减轻了负担，并且地主不得随意退佃。

1945年8月抗战胜利后，虽然全国人民热切地盼望和平，不希望再发生战争，但国共两党的领导人都清楚，战争是不可避免的。自抗战进入相持阶段后，国共之间已是磨擦不断，有时甚至

---

[1]《兴国调查》（1930年10月），《毛泽东农村调查文集》，人民出版社1982年版，第217、220—221页。

快到了重新内战的边缘。抗战期间，国共两党的力量其实都得到了发展。虽然人民希望和平，中共也为和平付出了巨大的努力，但无奈醉心于专制独裁的蒋介石一心要用战争的方式解决共产党问题，因而抗战一胜利，内战的硝烟便再起。到了1946年春夏之际，形势已经基本明朗了，中共也只得在力争和平的同时加紧做应对全面内战的准备。在经过长期的战争之后，如何动员解放区农民继续参军参战，成为中共领导人不得不着重考虑的首要问题。而抗战期间在土地问题上减租减息这种地主与农民都能接受的政策，显然不能再维持了，因为租息其实已没有可再减的空间，农民的要求是从地主手中得到土地。"五四指示"虽然名义上还是利用减租减息做文章，但目的是实现"耕者有其田"，变革土地关系。

在全面内战即将爆发之际，土地改革的启动，就显示出了特别重大的意义。一方面，它满足了农民的土地要求，使他们深切地感到，只有中国共产党才能使他们真正成为土地的主人，从而坚定了他们跟共产党走的决心；另一方面，要保卫自己刚刚获得的土地，保卫胜利果实，仅仅推翻了本村的地主还不够，还要打倒地主阶级的总后台蒋介石。对于当时解放区的普通农民来说，他们对于国民党与蒋介石的印象是相对抽象的。那么，怎样将抽象的蒋介石变成具体的蒋介石？中共除了广泛宣传战争的自卫性质外，还通过土地改革运动使农民认识到，其实他们身边的地主及其爪牙，就是南京的蒋介石在本村本乡的代理人，就是一个个小蒋介石。不彻底打倒南京的蒋介石，村里的小蒋介石就会组织"还乡团"进行反攻倒算。而要打倒蒋介石，就必须武装起来保卫解放区，大家都去参军参战，打败来犯的国民党军队。因此，伴随着土地改革运动的深入，各解放区掀起了参军参战的热潮。

不可否认，在中共领导的解放区，由于卓有成效的宣传鼓动工作，农民有着较高的政治觉悟，但是，国内战争毕竟不同于反侵略战争，已经不能再用民族战争为旗帜动员农民。要使解放区农民参军参战，就必须揭示这场战争的必要性和正义性，必须使他们明了这场战争的胜败，不只关系到共产党的成败，而且与他们自身的利益密切相关。要让农民参加战争必须给其看得见的物质利益，中共在没有外援的情况下，除了土地关系的重新调整和社会财富的重新分配，并无其他资源可供利用，于是，进行土地改革就显得尤为必要。这次国共内战，以国民党的彻底失败而告结束，其结果，国民党失去了在大陆的统治，中共赢得了全国执政地位。这其中，当然有诸多的原因，但其中一个重要的原因在于通过土地改革，激发了解放区军民参加战争的热情，在于解放区的亿万农民成为中共的坚定支持者。

土地改革还实现了中共基层组织与农村基层政权的有机融合，使党的基层组织植根于中国社会的最底层。自古以来，中国的国家权力基本上只延伸到县一级单位，至于县以下的广大农村并无政权组织。南京国民政府建立后，国民党曾大力推行保甲制度，并以此为依托，开始了对中国基层政权的建设，企图使国家权力下移至乡村。但国民党在这方面的努力并不成功，"即使从国民党的角度出发，保甲制的实行也是完全的败笔"。"从实行的效果看，只是将国家政权在形式上伸延到了每家每户，但实际上则是将原来土豪劣绅地方势力的恶行合法化，并且背在了国家政权的身上。"[1]至于国民党组织自身，虽然在抗战期间"党机器的组织触角延伸到了县以下乡村基层社会，其组织扩张和渗透能力达到了它建党和执政以来的鼎盛。然而，由于国民党党机器长期以来所积淀的组织功能障碍和内在积弊并没有得到很好的梳理和清除，战时党组织在量上的膨胀和扩张，不仅没有展示出党力的强健和壮大，相反组织的涣散随着组织的扩充而同步增长"[2]。这就意味着国民党不论党的组织还是其控制的政权组织，其实都没有在广大乡村生下根来，对中国社会的控制基本上止于县一级，其社会动员能力在乡村甚为微弱，以至于征兵都不得不用抓壮丁这种拙劣而极易引起民怨的办法。

中共自从建立农村根据地之后，就十分重视根据地的基层政权建设。早在十年内战时期，就曾规定县以下设区、乡、村工农兵代表大会（即苏维埃），分别为区、乡、村最高权力机关。抗日战争和解放战争时期，各解放区在县以下也普遍设立区、村政府。与此同时，在区（乡）、村各级亦相应地建立党的组织，但在土地改革运动前，村一级的党组织和党员身份基本不公开，普通民众虽然知道村中有党的组织，但往往不清楚村中究竟何人是党员，党员和党组织只在暗中发挥作用。各解放区在进行土地改革的同时，还开展了对原来乡村政权的改造。1947年在土改复查和平分土地的过程中，曾一度建立以贫农团为核心的农会，取代了原村一级基层政权班底，并对原来的乡村干部用"搬石头"的

---

[1] 张鸣：《乡村社会权力和文化结构的变迁（1903—1953）》，陕西人民出版社2008年版，第112页。
[2] 王奇生：《战时国民党党员与基层党组织》，《抗日战争研究》2003年第4期。

方式进行整肃，这自然扩大了打击面。但中共很快意识到"搬石头"的严重性，发现将原有的干部当作阻挠土改的"石头"全部搬掉并不妥当，于是立即进行了纠偏，要求老区和半老区将贫农团改组为贫雇农小组，建立县以下各级农民（或人民）代表会作为土地改革运动领导机关，然后在此基础上实行普选，成立乡村人民代表会议或代表大会，并改选乡村政府。同时，中共在土地改革运动的后期决定结合土改开展整党，并将原来长期处于秘密状态的党组织和党员身份公开。这样，党支部不再隐于乡村政治活动的幕后，而是直接活跃于前台，形成了基层政权组织和基层党的组织并行的乡村权力运行机制。随着党组织的公开，党支部逐渐取代村政府在乡村的权威。这种体制的出现，大大强化了中共对乡村社会的领导能力。

土地改革运动不只是农村以土地为核心的社会财富的重新分配，同时也是在变动土地所有关系的过程中进行各种社会资源的再分配，是一次前所未有的乡村社会改造。近代以来，中国农村的领导权控制在乡绅阶层手中。乡绅阶层"主要由科举及第未仕或落第士子、当地较有文化的中小地主、退休回乡或长期赋闲居乡养病的中小官吏、宗族元老等一批在乡村社会有影响的人物构成"[1]，这些人总体上属于地主阶级。普通的农民特别是其中的贫雇农，除了整日考虑自己的温饱生计，在乡村社会基本上无甚地位，没有话语权利，这些人占了农村的大多数。随着土地改革的进行，原有的乡绅阶层多被划为地主阶级，变成了要被打倒的目标，而一向生活于农村社会底层的贫雇农，组织了贫农团，一

---

[1] 沈葵：《近代中国乡绅阶层及其社会地位》，《光明日报》2001年11月13日。

时成为乡村社会的主宰。土地改革运动用革命的形式，实现了农民与地主两个阶级社会地位的互换，使农民产生了改天换地的感觉。

曾亲历过解放区土改的美国友人韩丁在他的《翻身——中国一个村庄的革命纪实》一书的扉页中，曾写了这样一段话："每一次革命都创造了一些新的词汇。中国革命创造了一整套新的词汇，其中一个重要的词就是'翻身'。它的字面意思是'躺着翻过身来'。对于中国几亿无地和少地的农民来说，这意味着站起来，打碎地主的枷锁，获得土地、牲畜、农具、房屋。但它的意义远不止如此。它还意味着破除迷信，学习科学；意味着扫除文盲，读书识字；意味着不再把妇女视为男人的财产，而建立男女平等关系；意味着废除委派村吏，代之以选举的乡村政权机构。总之，它意味着进入一个新世界。"

自然，"翻身""解放"这样的词语，并不是农民的创造，但农民很快接受和认同了土改等于"翻身""解放"的阐释，并变成其内心的认知与感受。中共在组织、发动这场运动之初，就将土改赋予了"解放""翻身"的含义，一些地方的土改工作队，被称为"翻身队"，土改运动又被称为"翻身运动"，随后进行的土改复查则称为"翻身大检查"。土改等同于"翻身""解放"的话语阐释，是土改运动能够成功发动、广大农民踊跃参加的重要原因。农民们清楚，他们的翻身与解放，固然离不开自己起来同地主阶级斗争，而他们之所以有能力、有权力进行这种斗争，则是因为背后有中共这个强大的支持者。于是，农民也就很自然地将"翻身""解放"同党联系起来，认为这一切都是党带来的，必须听党的话，跟着党走。正是这种认识的产生，使中共获得了农民对自己执政地位的充分认同。从这个意义上讲，土地改革运动获得了巨大成功。

土地改革更主要的目的是解放农村生产力，为国家工业化扫清道路。只有消灭了封建土地制度，才能实现国家的工业化，这个历史过程世界各国皆然。当然，封建土地制度的改变方式可以有多种，既可用革命的即暴力的方式，也可以用和平的改良的方式。如果从给社会带来的震荡而言，后者的影响肯定要小于前者。中国大陆之所以用革命的方式完成土地制度的变革，很大程度上与国共内战有关。"五四指示"制定之时，解决农民土地问题的方式主要是清算、动员地主献田和由政府征购地主的土地，其中的清算虽然也有斗争的成分，但这几种方式总体上讲还是和平土改。当时的考虑也是国共内战还没有全面爆发，国共之间的谈判还在进行，中共方面对和平还抱有希望，故而没有采取十年内战时期那种直接没收地主土地的政策，其中一个重要的原因就是不愿因土改而过分刺激国民党。1946年10月，国民党军队占领晋察冀解放区的首府张家口，随后又不顾中共与民盟的反对，宣布将召开所谓国民大会。1946年11月中旬，周恩来率中共代表团从南京返回延安，历时一年多的国共谈判彻底破裂，在土改问题上也就不再存在刺激国民党的问题，所以土改也就由清算等形式转变为直接没收地主的土地。

一个不能回避的问题是，土改的目的是为了解放生产力，可是，老区土改之后有的地方生产并没有马上发展，甚至有的地方还有所下降，对于这个现象如何解释？有研究者认为："由于政策不明确、指导思想不对头、组织引导不当以及流氓分子的煽动等原因，一些地方在土地改革中发生了破坏工商业、破坏生产设施等过火现象。由于对地主、富农特别是富农打击过重,造成了中农的恐慌,也曾使一些中农乱宰杀牲畜,毁坏生产工具。至于地主、富家由于抗拒或报复,有意地进行破坏,那更是必然发生的现象。所有这些对生产力的直接破坏和损害,不能不影响生产力的发展。"[1]这个分析是有道理的。

不但如此,由于土地改革运动延续的时间过长(从"五四指示"发布到1948年上半年结束,大体两年时间),运动的过程过多(经过了清算、复查、平分土地、纠"左"到最后确定地权),结果农民把许多本应用于生产的时间与精力放到参加运动上,而且由于运动始终在进行当中,地权没有确定,农民对于土地没有归属感,也不愿在已分得的土地上有较大的投入。由于"左"倾错误的影响,一些地方对地主富农实际上没有区别对待,将富农的土地财产也没收了,甚至将中农"长余"的土地也拿了出来,这就不能不影响富农及中农的生产,而这两个阶层在农业生产中有着极其重要的地位。另外,由于1947年全国土地会议通过的《中国土地法大纲》决定:乡村中一切地主的土地及公地,由乡村农会接收,连同乡村中其他一切土地,按乡村全部人口,不分男女老幼,统一平均分配;地主及其家庭,分给与农民同样的土地及财产。这样,乡村一些原来不从事或者较少从事农业生产的地主、手工业者以及少量的无业游民,也分得了与农民同等数量的土地,他们中的有些人并没有多少农业生产的经验与能力,他们经营土地的产出自然会低于原租种地主土地的贫雇农。还应看到,解放区进行土地改革时,正是战争最激烈的两年,人民解放战争经历了由战略

---

[1] 郭德宏:《土地改革史若干问题论纲》,《近代史研究》1987年第3期。

防御到战略反攻的转变,与此相伴随的是解放区承担极其繁重的战争勤务,大量的青壮年劳动力除被动员参军外,还被作为支前民工直接开赴前线,这就意味着从事农业生产的劳动力大为减少,从而影响农业生产的发展。所以,土改之后,农业生产短期内没有大的发展甚至还有下降,是由许多原因造成的。

六、余 论

从阶级属性上地主属于剥削阶级,是革命的对象。通过土地改革,地主赖以剥削他人的土地已被没收分配给农民,被剥夺土地的地主身份发生了变化,他们同样依靠自己的劳动获取生活来源,逐步向劳动者转化。因此,在土改完成、地主经过一段时间的改造之后,应给予应有的公民权利。

对于这个问题政策本来是明确的。1948年1月15日,毛泽东在西北野战军前委扩大会议上的讲话中明确指出:"我们对封建剥削要非常恨,但地主本人还是劳动力,经过改造过几年还有选举权。对地主要安置好,安置不好会出乱子,我们就不可能取得胜利。"[1]在这次会议上,任弼时更是具体提出:"地主劳动五年、富农不剥削三年即可改变成分","因为他们的土地财产(富农的是征收其多余财产,不是全部财产)已经平分了,又有这许多年的劳动,是可以把人加以改造的。"[2]当时,一些解放区也明文规定,地主在经过一定的年限之后改变成分。1948年2月,中

---

[1]《毛泽东文集》第5卷,人民出版社1996年版,第24页。
[2] 任弼时:《土地改革中的几个问题》,《人民日报》1948年3月28日。

共晋冀鲁豫中央局发出《关于土地改革整党与民主运动的指示》，其中提出："关于成份转化问题，地主在当地民主政权成立以前，已经转入劳动，或其他成份满一年者，或在当地民主政权成立以后，已经转入劳动或其他成份满五年者；旧富农在当地民主政权成立以前已经转变为其他成份满一年者，或在当地民主政权成立以后已经转变为其他成份满三年者，应依其转变后的情况，改变其成份。"[1]

1950年8月4日，政务院第44次会议通过《关于划分农村阶级成份的决定》，其中规定：凡地主成分，在土地改革完成后，完全服从政府法令，努力从事劳动生产，或作其他经营，没有任何反动行为，连续五年以上者，经乡人民代表大会通过，县人民政府批准后，得按照其所从事之劳动或经营的性质，改变其地主成分为劳动者的成分或其他成分。其不努力从事劳动生产或作其他经营，或有任何反动行为，或有违抗人民政府法令行为者，则不在此例。老解放区的富农在土地改革完成后合于上述条件满三年者，亦得以同样的方式改变其成份。不合于上述条件者，则不得改变。[2]

1951年5月10日，中共中央致电有土改任务的各中央局，提出："在土地改革业已完成、对地主的斗争已经相当彻底的地区，领导上应该说服农民主动地向那些表示服从的地主和缓一下，以便争取多数地主参加劳动，耕种自己所分得的土地，维持

---

[1]《中共晋冀鲁豫中央局关于土地改革整党与民主运动的指示》，《人民日报》1948年2月29日。

[2]《中央人民政府政务院关于划分农村阶级成份的决定》，《人民日报》1950年8月21日。

自己的生活。对于地主阶级中的知识分子或有其他技能、可以从事教书或其他职业者,应允许他们从事其他职业,或分配教书工作给他们。对于确实没有农业劳动力,而能做生意者,可以允许他们做生意。""在他们从事农业劳动时,如有实际困难,亦应帮助他们解决,他们的底财,可以允许他们挖出来,投资生产,不再没收,他们以后生产所得,不论多少,均不再没收。"[1]在此之前,中共中央华北局提出:"新区富农,一律按人民待遇。老区富农,一般应经过群众同意恢复其公民权。地主中如有劳动积极、表现进步者,或已具备改变成分条件者,经群众同意亦可恢复其公民权,并可吸收其中有代表性者参加各界代表会议,以利团结和生产。"[2]应当说,这些规定对于改造地主富农、促进社会的稳定和生产的发展都是有益的。

在 1957 年反右派运动之前,对地主富农的政策基本上是和缓的。1953 年起,农村掀起了大规模的农业合作化运动,对于地主富农也规定在"本县和本乡的劳动农民已经有四分之三以上参加了合作社的时候,对于已经依照法律改变成份的过去的地主分子,和已经多年放弃剥削的富农分子,可以经过社员大会审查通过、县级人民委员会审查批准,个别地接受他们入社"[3]。到 1956 年,全国大多数地区的地主富农被批准加入农业合作社。据有关资料统计,老解放区原来的地主富农被评为正式社员的一般占

---

[1]《中央关于土改后地主分子参加劳动问题的指示》(1951 年 5 月 10 日),《建国以来刘少奇文稿》第 2 册,中央文献出版社 2005 年版,第 325—326 页。

[2]《华北局关于执行中华人民共和国土地改革法与保护过去土改成果的指示》(1950 年 6 月 24 日),《中国土地改革史料选编》,国防大学出版社 1988 年版,第 642 页。

[3]《农业生产合作社示范章程草案》,《人民日报》1955 年 11 月 11 日。

50%左右，候补社员占40%左右，管制生产的占10%左右。新解放区原来的地主富农被评为正式社员的一般占20%左右，候补社员占60%左右，管制生产的占20%左右。[1]

中共十一届三中全会恢复了实事求是的思想路线，随后对社会关系进行重大调整。1979年1月，中共中央作出《关于地主、富农分子摘帽问题和地、富子女成份问题的决定》，规定凡是多年来遵守政府法令、老实劳动、不做坏事的地主富农分子，经过群众评审，县革命委员会批准，一律摘掉帽子，给予农村人民公社社员的待遇。地主、富农家庭出身的农村人民公社社员，他们本人的成分一律定为公社社员，享有同其他社员一样的待遇。从此，地主、富农成为一个历史概念。

---

[1] 参见冯建辉：《党对地主富农及其子女政策的变迁》，《炎黄春秋》2000年第12期。